FINANÇAS COMPOR TAMENTAIS

desejos,
tentações
e felicidade

inter saberes

Emerson Weslei Dias

FINANÇAS COMPOR TAMENTAIS
desejos, tentações e felicidade

intersaberes

Rua Clara Vendramin, 58 :: Mossunguê
CEP 81200-170 :: Curitiba :: PR :: Brasil
Fone: (41) 2106-4170
www.intersaberes.com
editora@intersaberes.com

Conselho editorial
Dr. Alexandre Coutinho Pagliarini
Drª. Elena Godoy
Dr. Neri dos Santos
Dr. Ulf Gregor Baranow

Editora-chefe
Lindsay Azambuja

Gerente editorial
Ariadne Nunes Wenger

Assistente editorial
Daniela Viroli Pereira Pinto

Preparação de originais
Gilberto Girardello Filho

Edição de texto
Caroline Rabelo Gomes
Guilherme Conde Moura Pereira
Palavra do Editor

Capa
Iná Trigo (*design*)
TatiVovchenko/Shutterstock (imagem)

Projeto gráfico
Bruno Palma e Silva

Diagramação
Cassiano Darela

Designer responsável
Iná Trigo

Iconografia
Regina Claudia Cruz Prestes

Dados Internacionais de Catalogação na Publicação (CIP)
(Câmara Brasileira do Livro, SP, Brasil)

Dias, Emerson Weslei
  Finanças comportamentais: desejos, tentações e felicidade / Emerson Weslei Dias. Curitiba: InterSaberes, 2022.

  Bibliografia.
  ISBN 978-65-5517-290-4

  1. Comportamento 2. Controle (Psicologia) 3. Decisões 4. Desejos 5. Dinheiro 6. Felicidade 7. Finanças 8. Finanças pessoais 9. Mercado financeiro I. Título.

21-90221   CDD-332

Índices para catálogo sistemático:
1. Finanças comportamentais: Economia financeira   332
Cibele Maria Dias – Bibliotecária – CRB-8/9427

1ª edição, 2022.

Foi feito o depósito legal.

Informamos que é de inteira responsabilidade do autor a emissão de conceitos.

Nenhuma parte desta publicação poderá ser reproduzida por qualquer meio ou forma sem a prévia autorização da Editora InterSaberes.

A violação dos direitos autorais é crime estabelecido na Lei n. 9.610/1998 e punido pelo art. 184 do Código Penal.

sumário

Prefácio   9
Apresentação   13
Introdução   19

Capítulo 1
No princípio era o verbo
1.1 Economia   25
1.2 Psicologia   29
1.3 Psicologia econômica   30
1.4 Finanças comportamentais   30
1.5 Economia comportamental   31
1.6 Neuroeconomia   32
1.7 Educação financeira   34

Capítulo 2
Motivações, desejos e a escassez
2.1 Motivação humana   40
2.2 Teorias motivacionais   42
2.3 Motivação é coisa de sua cabeça   46
2.4 Escassez que nos faz escolher   49

Capítulo 3
Racional sim, mas limitado
3.1 Heurísticas e vieses   60
3.2 Custo de oportunidade   65
3.3 Conflitos societários   69
3.4 Lidar com conflitos   75

Capítulo 4
Teoria da utilidade e teoria da perspectiva
4.1 Teoria da utilidade   81
4.2 Por que buscamos coerência?   83
4.3 Teoria da perspectiva   89

Capítulo 5
O comportamento econômico
5.1 Comportamento econômico e pobreza   103
5.2 Comportamento econômico e personalidade   105
5.3 Dissonância cognitiva   110
5.4 Escolha intertemporal   111
5.5 Escolha intertemporal e princípio do prazer   115
5.6 Escolhas e recompensas   117
5.7 *Shows*, empreendimentos e comportamento   121

Capítulo 6
Razoavelmente emocional
6.1 Contribuições da psicanálise   132
6.2 Pensar cansa, mas não mata nem enlouquece   137
6.3 Dois sistemas   142
6.4 Personalidade, condição e natureza humana   144
6.5 A gente é massa   146
6.6 Tulipomania   148
6.7 Comportamento coletivo   150
6.8 Tulipas, Asch e nós   151

Capítulo 7
Como tomamos decisões na vida?
    7.1 Perceber   161
    7.2 Avaliar   167
    7.3 Escolher   174

Capítulo 8
Incerteza e risco
    8.1 Buracos, aviões e mosquitos   181
    8.2 Ativos e passivos   183
    8.3 Quantificando o risco   185
    8.4 Meu risco, minhas regras   194

Capítulo 9
O preço... Freud explica
    9.1 Mentiras sinceras interessam   200
    9.2 Mentiras caras interessam mais   204
    9.3 Negócios à parte! Freud também explica?   210
    9.4 O futuro a Deus pertence   215
    9.5 Indígenas, meteorologia, investidores e expectativas   220

Capítulo 10
Mercado e mídia
    10.1 *Marketing* sensorial: os cinco sentidos da perdição   228
    10.2 As armas da persuasão   236
    10.3 Rituais   243
    10.4 Narrativas   246

Capítulo 11
Navegando nos mercados
    11.1 Mercado financeiro   259
    11.2 Mercados, âncoras e regressões voláteis   264
    11.3 Excesso de confiança   272
    11.4 Canto das sereias   285

11.5 *Nudges*   287
11.6 Sereias da vida moderna   291
11.7 Paternalismo libertário   300
11.8 Arquitetura de escolha   304

Capítulo 12
Poupar, gastar ou investir: eis a questão
12.1 Tentações e mais tentações   312
12.2 *Marshmallow* e sacolinhas   314
12.3 Investidores, poupadores, consumidores e seus vieses   317

Capítulo 13
Sobre felicidade e ser feliz
13.1 Felicidade interna bruta   335

Considerações finais   343
Referências   349
Sobre o autor   371

prefácio

Se o seu interesse é aprender apenas sobre finanças comportamentais, faço um alerta de que este é o livro errado – caso ainda esteja apenas folheando na livraria, ainda dá tempo de trocar.

Já se, além de finanças comportamentais, você tiver interesse em aprender sobre história, filosofia, psicologia, relacionamentos e ainda, de quebra, ter bons causos para contar nas rodas de amigos e nos almoços de família, recomendo bastante a leitura.

Para quem ainda não conhece bem o tema principal do livro, tente pensar nas finanças comportamentais como uma versão 2.0 ou 3.0 da educação financeira, tanto para quem ensina como para quem aprende.

Sob uma ótica de racionalidade perfeita, e ignorando também a profunda desigualdade de renda existente na sociedade, durante muitos anos se concluiu que o indivíduo que tomava decisões financeiras erradas o fazia apenas por falta de conhecimento técnico.

No rol de hábitos errados poderíamos incluir gastar sistematicamente mais do que se ganha, fazer compras a prazo em vez de juntar dinheiro para pagar à vista com desconto, gastar por impulso, investir em produtos financeiros ineficientes e caros, não se planejar para a aposentadoria, contratar aplicações em desacordo com o perfil de tolerância a risco, e assim por diante.

Para resolver o problema das decisões erradas, bastaria então colocar as pessoas na sala de aula por algumas horas, ensinar sobre juros compostos, explicar os diferentes produtos financeiros, fazer as pessoas se sentirem mal com as escolhas delas e, dali para a frente, esses indivíduos deixariam de errar nas decisões financeiras.

O que se percebeu ao longo do tempo, no entanto, é que isso não funciona. Ao menos, não para todo mundo e o tempo todo. Não é que o conhecimento técnico seja irrelevante. Mas ele se enquadra no que consideramos como condição necessária, mas não suficiente para atacar as causas da decisão financeira ruim.

Para deixar mais claro, basta dar o exemplo do comportamento alimentar. Quase todos nós sabemos que uma alimentação balanceada, que misture proteína, legumes, vegetais, carboidratos e frutas – o famoso prato colorido –, é mais saudável. Mas nem por isso as pessoas deixam de "enfiar o pé na jaca" de vez em quando e exageram na sobremesa, no refrigerante ou, às vezes, devoram um saco de salgadinho industrializado em poucos minutos.

Entre saber o que é certo ou melhor e conseguir fazer a escolha correta existe uma distância maior do que imaginavam os estudiosos que se baseavam na racionalidade plena para estudar a sociedade, em especial quando o fator tempo – satisfação imediata ou futura – entra na equação.

E, ao constatarmos que a racionalidade não é perfeita, ninguém está a dizer que somos completamente irracionais nas decisões. O mundo não é binário. Aliás, o mesmo indivíduo pode ser mais racional (do ponto de vista clássico) no aspecto financeiro da vida, mas ter um comportamento distinto ao cuidar da saúde, por exemplo, ou vice-versa.

O interessante é que, ao nos conhecermos melhor, vamos nos julgar menos uns aos outros e, de preferência, procurar criar atalhos ou "empurrõezinhos" que nos levem a tomar as melhores decisões.

Se parece que a ideia é nos proteger de nós mesmos, é disso mesmo que eu estou falando. Em um exemplo pessoal, tenho mais facilidade em reduzir o consumo de cerveja no ato da compra no supermercado do que em não abrir a lata ou garrafa se ela estiver trincando na geladeira. Com o dinheiro é parecido. É muito mais fácil preservar uma aplicação quando ela está em uma conta ou em um banco/corretora diferente do que quando o investimento tem resgate automático na conta-corrente que você usa habitualmente.

Antes de finalizar esse prefácio, queria dar uma má notícia e uma boa notícia para quem se interessa por finanças comportamentais.

A má é que a turma da publicidade e do *marketing* já aprendeu muito antes dos economistas, contadores e planejadores financeiros sobre o comportamento humano. E eles usam teoria e prática desenvolvidas ao longo de décadas para tentar desviar o indivíduo do "bom caminho" financeiro, incluindo tentações em todas as paisagens e telas possíveis que cruzarem o caminho dele.

A boa notícia é que o conhecimento sobre a psicologia aplicada à economia está se desenvolvendo rapidamente, já gerou alguns prêmios Nobel para os pioneiros na área e está cada vez mais ao alcance de quem se interessa pela temática. Este livro do professor Emerson Weslei Dias é um ótimo exemplo disso. De fácil leitura e com uma organização que permite tanto a leitura linear como a consulta pontual, trata-se de um excelente guia para quem quer conhecer ou se aprofundar no assunto, com todas as referências muito bem documentadas. E tudo com muito bom humor, o que torna a leitura bem mais leve.

Aproveite.

Fernando Torres é jornalista e editor do Valor Investe (www.valorinveste.globo.com), do jornal *Valor Econômico*

apresentação

Segundo os pesquisadores suecos Frey e Stutzer (2002), os economistas tradicionais enfatizam que a satisfação do agente econômico racional está ligada ao desenvolvimento econômico. Contudo, essa visão é confrontada por pesquisadores laureados com prêmios Nobel, como Herbert Simon, em 1978, e Daniel Kahneman, em 2002, com suas contribuições à teoria da racionalidade limitada do agente econômico, além de Robert Shiller e Richard Thaler, economistas comportamentais laureados em 2013 e 2017, respectivamente, por suas contribuições à economia comportamental.

Esse começo está teórico-acadêmico demais, e você quer ler este livro porque ele trata de finanças comportamentais, certo?

Vamos reescrever assim: Os economistas "raiz" entendem que as pessoas são racionais e, portanto, fazem escolhas sempre visando obter o maior benefício. Isso fez com que muitos economistas ganhassem prêmios Nobel. Porém, os economistas comportamentais (sim, eles existem) entendem que as pessoas não são racionais – quando muito, sua racionalidade é limitada –, por isso suas escolhas nem sempre são as que lhes trazem maior benefício. Esse entendimento também gerou ganhadores de prêmios Nobel. Assim, a visão sobre como nós, agentes econômicos, tomamos decisões vem mudando.

Como assim? Quer dizer que não somos racionais? E, neste momento, você está pensando que o escritor pode até não ser, mas você, que sempre escolhe aquilo que é melhor para si, é, sim, racional, correto?

Bem, se você é humano, também não é tão racional assim. Sinto muito em lhe dizer. Sabe por quê?

Quem nunca consumiu um alimento ou uma bebida que estava vencida na geladeira? Provavelmente, o produto não custava mais que R$ 10,00, porém o risco de ter sido contaminado por alguma bactéria, de causar, no mínimo, um desarranjo intestinal, uma internação hospitalar ou até algo pior, certamente, vale mais do que "salvar" R$ 10,00.

Houve uma análise do custo-benefício? Ou foi um risco assumido acreditando-se que, de fato, nada aconteceria? Isso é super-racional, não é mesmo?! Espere até ler o Capítulo 8 do livro!

Quem nunca deixou de comprar algo mais barato só para não dar a sensação ao vendedor de que você não gostou e, por isso, preferiu comprar o produto de outro, mesmo que pagando mais caro? Essa atitude foi a melhor opção do ponto de vista financeiro? Você vai se surpreender quando ler o Capítulo 7 do livro.

E por que você acredita que um empresário vendeu seu negócio por US$ 12.000.000,00 a menos que o melhor preço? Porque ele tinha tido uma briga de egos, anos atrás, com o atual potencial comprador de sua empresa; então, decidiu não lhe vender, mesmo sendo o melhor preço. É racional um empresário renunciar a US$ 12.000.000,00? Ao ler os Capítulos 7 e 9, você terá essa resposta.

A maioria das pessoas gasta mais tempo escolhendo a cor da parede da casa que acabou de comprar do que analisando as taxas de juros do contrato de financiamento ou, até mesmo, escolhendo qual casa seria comprada! Mas onde deveria ter sido investido mais tempo? Na casa, que consumirá centenas em dinheiro, ou na parede, que terá um desembolso pífio de custo de tinta e mão de obra do pintor em comparação com o preço total do investimento?

Tendemos a escolher o fácil em detrimento do inteligente. Afinal, optando-se pela comanda única, no fim do jantar, é só dividir pelo número de participantes. Quantos prejuízos já foram tomados com essa facilidade?

Além disso, o novo contexto de pagamentos automáticos, em que basta um clique ou uma digital, facilita ainda mais o gasto sem controle de dinheiro. Por essas e outras razões, é fundamental compreender, cada vez mais, o modo como decidimos e escolhemos alocar nosso dinheiro. Caso contrário, estaremos fadados ao endividamento e ao comprometimento de nosso futuro financeiro.

Quem nunca pagou um plano de academia e não frequentou sequer uma semana de ginástica? Quem nunca mandou mensagens de texto ou falou ao telefone enquanto dirigia? Quem nunca atrasou a entrega de algo importante porque ficou respondendo coisas sem importância em redes sociais? Quem nunca tomou um remédio sem prescrição médica? Quem nunca gastou muito mais tempo e ficou em uma condição com menos conforto só para economizar uma "merreca" em uma viagem?

Todas essas atitudes foram tomadas, de fato, escolhendo a melhor opção do ponto de vista financeiro? Obviamente, não! E, à medida que você for lendo os capítulos desta obra, isso ficará cada vez mais claro.

Dale Carnegie (2012) – cujo sobrenome originalmente era grafado Carnagey, mas foi modificado para que ele parecesse da família do magnata Andrew Carnegie –, na década de 1930, escreveu seu *best-seller* intitulado *Como fazer amigos e influenciar pessoas*, tido por muitos como o primeiro livro de autoajuda do mundo. Nessa obra, ele ensina que, ao lidarmos com pessoas, não devemos esquecer que não estamos em contato com criaturas lógicas, e sim com indivíduos repletos de emoções, como ciúmes, inveja, preconceitos, e ainda, muitas vezes, motivados por orgulho e vaidade.

Então, compreender que o ser humano é fortemente impactado pelas emoções não é tão novidade assim e – cá entre nós – todo mundo já sabia.

Ademais, podemos afirmar que Carnegie estava atrasado, pois Cícero, que viveu entre os anos 106 e 43 a.C., certa vez assim se pronunciou: "Os homens decidem muito mais problemas por meio do ódio, amor, luxúria, raiva, tristeza, alegria, esperança, medo, ilusão ou alguma emoção interna, que pela realidade, autoridade, qualquer norma legal, precedente judicial ou estatuto" (Cícero, citado por Baldwin; Bommer; Rubin, 2015, p. 143).

Nesta obra, buscamos recuperar tudo isso à luz do mundo atual, com os estudos em neurociência e o avanço das pesquisas em ciências sociais.

Você já sabe que deve fazer a gestão de seu dinheiro, mas precisa compreender também o papel das emoções nessa equação, isto é, as finanças comportamentais.

Do Capítulo 1 ao 13, é isso o que discutimos neste livro. Todos os capítulos são temáticos, de modo que você pode, se quiser, lê-los fora da ordem apresentada. Eles são integrados, mas ao mesmo tempo independentes.

Entretanto, você perceberá na leitura que os temas estão sempre amarrados entre os capítulos. Esse arranjo foi bem arquitetado para que você pudesse lê-los de forma independente e encontrar mais explicações de algo que já tenha sido citado ou que ainda será mencionado em um capítulo posterior.

No Capítulo 1, explicamos e conceituamos as diferentes visões entre economia e psicologia e toda a interface que existe entre essas duas vertentes das ciências sociais. No Capítulo 2, enfocamos questões que dão sentido ao que foi abordado no anterior, pois tratamos de desejos humanos, aquilo que nos move, nos faz tomar alguma ação. Já no Capítulo 3, apresentamos nossas limitações, aquilo que nos impede de satisfazer em plenitude o que buscamos.

O Capítulo 4 constitui um divisor de águas, pois apresenta a contestação sobre a grande teoria econômica e mostra o que justifica a existência do campo das finanças comportamentais, que é a teoria da perspectiva. No Capítulo 5, abordamos o comportamento econômico.

O Capítulo 6 é especial, uma vez que vai além da teoria econômica e revela como ainda somos um grande rebanho tentando encontrar respostas. No Capítulo 7, chegamos à questão central do livro: o modo como decidimos e fazemos escolhas. Esse capítulo sustenta a tese do livro, pois nele explicamos por que fazemos o que fazemos.

No Capítulo 8, tratamos dos riscos e, no Capítulo 9, dos preços. No Capítulo 10, discutimos questões acerca do mercado, da mídia e do quanto podemos ser influenciáveis sem sequer percebermos.

Já no Capítulo 11, apresentamos mecanismos de defesa que podem nos ajudar a ficar protegidos de nós mesmos. No Capítulo 12, explicamos os vieses que caracterizam as mentes do poupador, do investidor e do consumidor. E, encerrando o livro, no Capítulo 13, versamos a respeito do que mais nos interessa: a felicidade!

introdução

Imagine que você tem em mãos um bilhete com seis números e está acompanhando um sorteio da nova loteria que premiará o vencedor com R$ 150 milhões em dinheiro. Os números do bilhete em suas mãos são os seguintes: 1, 10, 16, 28, 45 e 53.

Você começa a fazer planos sobre o que faria com tanto dinheiro em mãos: viajar, trocar de casa e de carro, pedir demissão do trabalho ou vender o negócio e curtir. E mil ideias passeiam por sua cabeça, de modo que você até se esquece de que o apresentador do sorteio é um rapaz da TV que você acha engraçado.

Começa o sorteio e você está com sorte: o primeiro número sorteado é 53; o segundo, 1; na sequência, 28, 45 e 10. Falta apenas um número.

Os responsáveis pelo sorteio colocam a mão na bola giratória, que guarda várias outras bolinhas, e começam a girá-la. O apresentador relembra os patrocinadores do evento, fala sobre o clima, menciona que alguém vai ficar milionário e, quando a bola para de girar, ele aperta o gatilho, sai uma bolinha e está lá o número sorteado: 15.

As regras do sorteio são claras: para levar o prêmio, é necessário acertar os seis números. Isto é, mesmo que acerte cinco deles, você nada leva. Qual é sua sensação em relação a esse sorteio?

E se o sorteio fosse refeito? Digamos que agora você tem em mãos o mesmo bilhete, mas uma nova rodada de sorteio começa, com o prêmio de R$ 200 milhões. Os números sorteados são: 5, 11, 26, 38, 40 e 58.

Novamente, você não ganhou nada, mas as sensações no primeiro e no segundo sorteios não são diferentes? Por que isso acontece, se em ambas as situações você não ganhou nada? Seriam iguais se fôssemos racionais, porém a emoção toma conta nesse momento. A frustração com o primeiro sorteio ocorre por causa de um mísero número errado; já no segundo sorteio, todos os números são diferentes daqueles que constam no bilhete que você tem em mãos. Todavia, isso não tem a menor importância, pois, em ambos, você simplesmente não ganhou.

Nas Olimpíadas, fica evidenciado o nível de felicidade dos medalhistas. Como sabemos, a medalha de ouro vale mais, depois a de prata e, por fim, a de bronze, nessa ordem. Mas qual seria a ordem de felicidade dos atletas ao ganharem tais medalhas?

Certamente, o vencedor da medalha de ouro é o mais feliz. E em segundo lugar estão os medalhistas de bronze! Isso porque eles terminam com vitórias, ao passo que os ganhadores da medalha de prata terminam com uma derrota. Assim, por mais que estes possam fazer mais dinheiro vendendo suas medalhas, o valor financeiro não equivale ao valor psicológico.

Tudo isso tem explicação (ou, ao menos, uma tentativa de explicação) no campo das finanças comportamentais, que é o tema central deste livro.

O estudo de finanças comportamentais não vai dizer a você qual é o melhor investimento a ser feito, tampouco vai educá-lo financeiramente. Diferentemente disso, a proposta aqui é mostrar-lhe o quanto as emoções estão presentes em suas decisões, nas mais variadas formas; e não são somente suas emoções que afetam sua vida, mas também as emoções dos outros e do mercado.

Nesse sentido, nosso objetivo é analisar o comportamento econômico e a tomada de decisão, examinando as influências cognitivas, sociais e emocionais.

Conseguimos tomar decisões melhores quando enfrentamos os desafios diários do ambiente – que todos nós encontramos – mais conscientes de nossos próprios comportamentos e dos motivos pelos quais agimos de maneira tão propícia à realização de más escolhas.

Nós, humanos, somos bem complexos e, quando a situação envolve dinheiro, somos mais complexos ainda, mas aqui vamos tentar simplificar isso. Vamos começar?

No princípio
era o verbo

No princípio era o verbo, mas a economia estava só e decidiu procurar companhia; precisou render-se aos caprichos da psicologia e então se juntaram. Têm sido felizes e geraram frutos: a psicologia econômica, as finanças comportamentais, a neuroeconomia... E a família continua crescendo.

As finanças comportamentais advêm da economia e da psicologia. O problema é que, definitivamente, ninguém entende dessas duas coisas. Essa não é uma ofensa aos profissionais de tais áreas, apenas uma constatação de que nenhum profissional as domina de forma plena e, como em qualquer ciência, estão sempre incorrendo em novas descobertas. Daí o desafio de se falar em finanças comportamentais, que são, naturalmente, um tema inter e multidisciplinar.

capítulo 1

1.1 Economia

A palavra *economia* deriva do grego *oikonomia*, que significa "administração da casa", remetendo a uma ideia de administrar os recursos do domicílio, escassos e geralmente finitos. Silva e Luiz (1993, p. 26) compreendem que "o problema fundamental da economia é a impossibilidade de se produzir bens e serviços em quantidades ilimitadas para satisfazer as necessidades humanas permanentemente ampliadas".

Desse modo, ao mesmo tempo que os fatores da produção (capital, trabalho, terra, recursos de forma geral) existem em quantidades limitadas, as necessidades humanas são completamente opostas, isto é, ilimitadas. Esse fenômeno é o que se conhece em economia como a **lei da escassez**.

Portanto, a economia é, por definição, **o estudo da alocação dos bens escassos** e funciona como um sistema que reúne diversos elementos participantes, conforme se depreende do trecho a seguir:

> *Os elementos que participam do processo econômico levam o nome de agentes econômicos e são representados por pessoas e instituições que desempenham diferentes papéis na economia.*

Como exemplos, o consumidor, aquele que adquire os bens e serviços, o empresário, que organiza os fatores de produção, e o trabalhador, que vende sua força de trabalho. (Silva; Luiz, 1993, p. 15)

Além dos elementos citados, ainda existem as leis, os regulamentos e as organizações de fiscalização, controle e fomento à economia.

Lionel Robbins, em 1932, definiu a economia como a "ciência que estuda o comportamento humano como inter-relação entre fins e meios escassos que têm usos alternativos" (O livro..., 2013, p. 13). Porém, o escocês Thomas Carlyle, historiador do século XIX, definiu a economia como uma "ciência lúgubre, sombria, triste e bastante desprezível e aflitiva, pois só tratava de dinheiro" (O livro..., 2013, p. 12).

A economia clássica surgiu apenas no século XVIII, com a publicação do livro *A riqueza das nações*, em 1776, pelo filósofo Adam Smith (1996), o qual sustenta o argumento de que as pessoas tomam decisões econômicas com base na razão e em seu interesse próprio, não pensando no bem da sociedade: "Não é da benevolência do açougueiro, do cervejeiro ou do padeiro que esperamos nosso jantar, mas da consideração que eles têm pelo seu próprio interesse" (Smith, 1996, p. 74). O autor evidencia, por meio de seus textos e exemplos, que, em todo país, sempre é e deve ser do interesse da grande massa comprar tudo o que deseja daqueles que vendem por preços mais baixos.

Assim, Smith (1996) ajudou a consolidar o que chamamos de *economia clássica*, que examina a economia livre de mercado, competitiva, regida pelas próprias leis. Em suas palavras:

> Ao preferir fomentar a atividade do país e não de outros países ele [o homem] tem em vista apenas sua própria segurança; e orientando sua atividade de tal maneira que sua produção possa ser de maior valor, visa apenas a seu próprio ganho e, neste, como em muitos outros casos, é levado como que por mão invisível a promover um objetivo que não fazia parte de suas intenções. (Smith, 1996, p. 438)

Além do conceito de "mão invisível" do mercado, também é de Smith (1996) a ideia do "homem econômico racional", aquele que sempre toma as melhores decisões para si, visando aumentar sua satisfação.

Está nas origens da economia a ideia do agente econômico racional, o *Homo oeconomicus* ou *economicus*, o indivíduo autocentrado, egoísta, otimizador de sua utilidade, capaz de fazer as melhores escolhas possíveis, objetivando sempre aumentar seu grau de utilidade. Essa concepção foi sistematizada por um dos pais do liberalismo econômico, John Stuart Mill, em 1836 (Ferreira, 2008).

Smith também tratou das questões da divisão do trabalho, dinâmica por meio da qual um trabalhador alocado a uma tarefa específica torna-se mais produtivo do que aquele que faz todas as etapas da produção de um único bem, gerando crescimento econômico e valor aos produtos. Enfim, ele descreveu o que conhecemos hoje pelo nome de *capitalismo*.

Vale destacar que, quando Adam Smith escreveu sua obra, os conceitos de produção, troca e distribuição de bens e serviços eram baseados na sociedade rural da época. No final do século XVIII, a Primeira Revolução Industrial ainda estava em seu início, e foi essa revolução que transformou por completo a sociedade, trazendo elementos que só seriam explicados em uma fase posterior, na Segunda Revolução Industrial, por volta do final do século XIX, marcada pelo advento da eletricidade e da produção em massa, além do fordismo, do taylorismo, do conceito de corporações e dos grandes conglomerados industriais etc. Isso possibilitou que chegássemos ao que se compreende hoje como economia de mercado e cadeias de produção globalizadas.

A economia como ciência é basicamente dividida em duas áreas de exame: a **macroeconomia** e a **microeconomia**. A primeira estuda os temas ligados ao crescimento e ao desenvolvimento dos países e à mensuração da riqueza, da produção e da renda das empresas e da população, bem como ao comércio exterior, às importações e às exportações e suas consequências. O grande indicador macroeconômico de um país é o Produto Interno Bruto (PIB)*, que, basicamente, corresponde à soma do valor monetário de bens e serviços produzidos em determinada economia (Dickinson, 2011). Esse indicador foi criado com base nas ideias do

---

* A fórmula para medir o PIB de um país é: consumo + gastos do governo + investimento privado + exportações – importações.

economista Simon Kuznets, em 1937, e foi oficializado como ferramenta padrão para avaliar a economia de um país em 1944, após a Conferência de Bretton Woods*. Já a microeconomia examina a interação das pessoas ou, no linguajar econômico, dos agentes econômicos e suas relações dentro da economia, ou seja, a famosa **lei da oferta e da demanda**: quem compra, quem vende, qual é o preço, como é a concorrência etc.

A economia evoluiu ao longo dos séculos, sempre em uma visão mais voltada à racionalidade do agente econômico, até que, nos anos 1970, se iniciaram os estudos da economia comportamental. Mais precisamente, foi uma publicação de Daniel Kahneman e Amos Tversky, em 1979, intitulada "Prospect Theory: an Analysis of Decision Under Risk", que formou o alicerce dessa ramificação da economia.

A economia comportamental procura descrever o funcionamento dos mercados e de seus agentes com base em outras ciências além da economia. Ela busca compreender os efeitos de fatores psicológicos e sociais nas decisões dos agentes econômicos para além do contexto em que estão inseridos.

Também é preciso dizer que Herbert Simon foi precursor de Tversky e Kahneman, com seu conceito de **racionalidade limitada**. Seu artigo "Rational Decision Making in Business Organizations" – originalmente o discurso de quando recebeu o Prêmio Nobel de Economia em 1978 – trazia as palavras de Alfred Marshall proclamando que a economia era uma ciência psicológica:

> *Economia política ou economia é um estudo da humanidade nos negócios comuns da vida; examina a parte da ação individual e social que está mais intimamente ligada à conquista e ao uso dos requisitos materiais do bem-estar. Assim, é, por um lado, um estudo da riqueza e, por outro lado, e mais importante, parte do estudo do homem.* (Marshall, citado por Simon, 1979, p. 493, tradução nossa)

Desse modo, a economia, a rainha das ciências sociais, por meio desses trabalhos voltados à compreensão do comportamento econômico a partir

---

* Oficialmente conhecida como Conferência Monetária e Financeira das Nações Unidas, foi um encontro com representantes de 44 nações que se reuniram de 1º a 22 de julho de 1944 em Bretton Woods, New Hampshire, nos Estados Unidos, para acordarem uma série de novas regras para o sistema monetário internacional pós-Segunda Guerra Mundial.

do surgimento das ciências comportamentais, nunca mais seria a mesma, culminando, em 2002, na premiação de Kahneman, um psicólogo, com o Nobel em Economia.

1.2 Psicologia

A psicologia como ciência surgiu com os estudos do médico e filósofo Wilhelm Wundt, em 1879, na Universidade de Leipzig, na Alemanha. Wundt criou o primeiro laboratório totalmente dedicado ao estudo da consciência humana. Seu intuito era realizar pesquisas sistemáticas sobre a mente e o comportamento humano, testando, inicialmente, os processos sensoriais básicos, como observação de feixes de luz, aromas etc.

Vale mencionar que os estudos iniciais de psicologia de Wundt tiveram inspirações nos trabalhos de 1834 do fisiologista Ernst H. Weber e ganharam força pelas contribuições de William James. Este último colaborou significativamente para o fomento das ideias de Wundt, a ponto de ambos serem identificados como os "papas" da psicologia (Wundt, do velho, e James, do novo mundo econômico) (Mlodinow, 2013).

Psyche (espírito, alma) e *logia* (estudo) são dois termos gregos que formam a raiz etimológica da palavra *psicologia*. Trata-se da área de conhecimento que se dedica ao estudo dos processos mentais e comportamentais e visa compreender os motivos das ações do indivíduo, investigando temas como emoções, sentimentos, processos mentais, sonhos, memórias, percepções, personalidade, aprendizagem, doenças, sociabilização, traumas etc.

Embora o objeto de estudos da psicologia sempre estivesse presente na filosofia – desde os gregos, como Aristóteles –, foi nos últimos cem anos que ela aflorou como ciência e se ramificou para diversas áreas de atenção, como a psicologia comportamental, a cognitiva, a social, a experimental, passando pelo behaviorismo, pela psicologia positiva, pelas teorias de aprendizagem, pela *Gestalt*, entre outras, até a psicologia econômica, que é nosso maior foco de interesse.

1.3 Psicologia econômica

A psicologia econômica, na visão de Vera Rita de Mello Ferreira (2008), visa estudar o comportamento econômico de indivíduos (frequentemente denominados *consumidores* ou *tomadores de decisão*), grupos, governos e populações, com o fito de alcançar uma maior compreensão sobre como as pessoas influenciam a economia e são, ao mesmo tempo, influenciadas por ela. Como definem Erich Kirchler e Erik Hölzl (2003, p. 29, tradução nossa), trata-se de "uma busca para compreender a experiência humana e o comportamento humano em contextos econômicos".

Diferentemente dos economistas, os psicólogos econômicos não desprezam as anomalias, mas fazem delas seu objeto de estudos. Não cabe, portanto, qualquer imperialismo científico de outras disciplinas – sempre se busca a interdisciplinaridade.

Ao longo dos capítulos desta obra – especialmente no Capítulo 5 –, analisamos muitos estudos e aplicações da psicologia econômica. Aliás, este livro tem sua base estrutural construída principalmente por meio dessa área.

1.4 Finanças comportamentais

Para Robert Shiller (2000), a expressão *finanças comportamentais* refere-se à pesquisa sobre mercados financeiros, a qual leva em consideração os detalhes do comportamento humano, incluindo a psicologia humana e a sociologia.

Como alerta Ferreira (2008), em seu livro *Psicologia econômica: como o comportamento econômico influencia nas nossas decisões*, as finanças comportamentais seriam uma ramificação específica situada na interface psicologia-economia, o que não se converte em uma tarefa fácil, já que a psique humana (isto é, a mente) é algo ainda muito misterioso – não somos capazes, por exemplo, de descrevê-la como descrevemos mesas, árvores e, mesmo, átomos.

Do lado da economia, também não existe tarefa fácil, como bem disseram Lewis, Webley e Furnham (1995, p. 10, tradução nossa): "a economia é importante demais para ser deixada [apenas] nas mãos de economistas". Logo, há um enorme trabalho nessa pequena interface entre ambas (Ferreira, 2008, p. 323).

O objetivo das finanças comportamentais é o estudo do comportamento econômico e da tomada de decisão dos indivíduos, ou agentes econômicos, na linguagem da economia. Isso é feito por meio da análise das influências cognitivas, sociais e emocionais no comportamento econômico. Enquanto a economia tradicional preceitua que basta gastar menos do que se ganha para ter economias para o futuro, os pesquisadores da economia comportamental estão preocupados em entender os motivos pelos quais uma coisa tão simples como guardar dinheiro não é realizada pela maioria das pessoas.

Essa disciplina busca, assim, compreender os mercados financeiros sem desconsiderar os aspectos psicológicos dos indivíduos que os compõem, ou seja, busca compreender por que os mercados são ineficientes. Na realidade, na visão de Richard Thaler (1993, p. XVII, tradução nossa), finanças comportamentais são "apenas finanças com a cabeça aberta" – trata-se de uma espécie de irmã da economia comportamental.

1.5 Economia comportamental

Richard Thaler (2015) conta que, em recepções em sua casa, ao observar amigos que lhe pediam para afastar o prato de castanhas – caso contrário, acabariam comendo demais e não teriam apetite para o jantar –, percebeu a irracionalidade do agente econômico – isso nos idos de 1970.

Da insatisfação de economistas com as explicações oferecidas para questões observadas na prática, que diferiam das teorias tradicionais, surgiu a economia comportamental, anteriormente chamada de **economia psicológica** por George Katona, o pai da psicologia econômica. No início dos anos 1980, Thaler (2015) argumentava que havia circunstâncias em que os consumidores agiam de maneira inconsistente em relação à teoria econômica. Assim, o autor propôs que a **teoria da perspectiva*** fosse usada como base para uma teoria descritiva alternativa.

*   A Seção 4.3 trata integralmente dessa teoria.

Ele discutia temas como subponderação dos custos de oportunidade; falha em ignorar os custos irrecuperáveis (*sunk costs*); comportamento de pesquisa; escolha de não escolher e arrepender-se; pré-compromisso; autocontrole. Além disso, introduziu a noção de contabilidade mental (Ferreira, 2008; Sewell, 2007).

Aliás, foi Thaler (2015) quem usou pela primeira vez o termo *contas mentais*, que diz respeito às contas que definitivamente nunca fecham, por serem apenas mentais*. É importante mencionar que o autor se referia a esse fenômeno originalmente como *contabilidade psicológica***, porém, depois de Amos Tversky e Daniel Kahneman publicarem um artigo nomeando o fenômeno de *contas mentais*, o próprio Thaler incorporou esse termo.

Para Ávila e Bianchi (2015, p. 14), "os economistas comportamentais tentam incorporar a seus modelos um conjunto heterogêneo de fatores de natureza psicológica e de ordem emocional, conscientes ou inconscientes, que afetam o ser humano de carne e osso em suas escolhas diárias". Eles buscam um maior realismo no entendimento das escolhas individuais e dos processos de mercado em que se manifestam.

Nas palavras de Samson (2015c, p. 1, tradução nossa), pode-se definir economia comportamental como "o estudo das influências cognitivas, sociais e emocionais observadas sobre o comportamento econômico das pessoas".

1.6 Neuroeconomia

Desde o marco inaugural da economia, em 1776, com o livro de Adam Smith, até os dias atuais, as ciências evoluíram em escala global em virtude do pesado investimento financeiro de empresas em pesquisa e desenvolvimento de equipamentos. Assim, a partir dos anos 2000, surgiu também a noção de neuroeconomia, outro importante campo de estudos do comportamento humano.

---

*   *Mental accounting*, no original em inglês. Esse conceito é explorado em mais detalhes na Subseção 7.2.8.

**   *Psychological Accounting*.

A neuroeconomia combina os estudos da neurociência com os fenômenos e as teorias econômicas, utilizando-se de poderosos equipamentos que produzem diagnósticos por imagens neurais – chamados de *positron emission tomography* (PET) –, além do uso de ressonância magnética funcional (FMRI), eletroencefalograma (EEG), aparelhos de medida de dados psicofisiológicos, estimulação magnética transcraniana (EMT), modulação por corrente contínua (TDCS), entre outras máquinas, ferramentas e técnicas.

Nesse contexto, busca-se a compreensão de como tomamos decisões, de quais áreas do cérebro são responsáveis por tais decisões e como afetam o comportamento econômico.

Samson (2015b, p. 57) cita, por exemplo, que "pessoas sacrificariam mais dinheiro para impedir a dor em outros do que nelas próprias". O autor apresenta os resultados de um experimento no qual se observou que o aumento da quantidade de serotonina no cérebro dos participantes resultou em uma maior aversão a danos tanto à própria pessoa quanto a outras. Por outro lado, o aumento de dopamina no cérebro dos participantes reduziu apenas a aversão aos danos aos outros.

Haushofer e Fehr (2014) apontam para estudos socioeconômicos que correlacionaram renda e incidência de depressão, transtornos de ansiedade, estresse e infelicidade, por meio da investigação dos níveis de cortisol, o hormônio do estresse em indivíduos.

Paul J. Zak (2017) é um neurocientista conhecido como *Doctor Love* e *vampiro* dos economistas – *love* pelo seu estudo da oxitocina, o hormônio do amor e da confiança, e *vampiro* por conta de sua intensa análise sanguínea dos profissionais da economia, buscando compreender a neuroquímica observada enquanto estes tomam decisões. Para ele, a neuroeconomia mede a atividade cerebral enquanto as pessoas tomam decisões, visando esclarecer por que agem de determinada maneira, em vez de descrever seus comportamentos com palavras pejorativas, como no caso de *irracionais*. Como filho de um engenheiro, Zak (2017) alega que seus experimentos em neurociência sempre procuram criar soluções para problemas reais que as pessoas enfrentam na vida.

Essas são possibilidades que a neuroeconomia traz, na medida em que objetiva compreender, do ponto de vista fisiológico, o processo de tomada de decisão humano, que envolve, entre outros aspectos, a economia e as finanças. Os cientistas buscam interpretar como funciona o cérebro quando se toma uma decisão de investimento, poupança ou consumo, por exemplo. A neuroeconomia é, portanto, um esforço interdisciplinar.

1.7 Educação financeira

Segundo a Organização para a Cooperação e Desenvolvimento Econômico – OCDE (2005), educação financeira é

> *o processo mediante o qual os indivíduos e as sociedades melhoram a sua compreensão em relação aos conceitos e produtos financeiros, de maneira que, com informação, formação e orientação, possam desenvolver os valores e as competências necessários para se tornarem mais conscientes das oportunidades e riscos neles envolvidos e, então, poderem fazer escolhas bem informadas, saber onde procurar ajuda e adotar outras ações que melhorem o seu bem-estar. Assim, podem contribuir de modo mais consistente para a formação de indivíduos e sociedades responsáveis, comprometidos com o futuro.* (OCDE, citada por Dias, 2016, p. 37)

O grande enrosco é que não necessariamente pessoas com uma boa educação financeira escapam das armadilhas muitas vezes autoimpostas quando o assunto é dinheiro ou tomadas de decisão que o envolvam.

Pesquisas da Associação Brasileira das Entidades dos Mercados Financeiro e de Capitais (Anbima) têm mostrado isso constantemente. Mesmo os poupadores (parte muito pequena da população) ou com algum nível de educação financeira nem sempre fazem as melhores escolhas.

Você acha que os *experts* em finanças não têm seus problemas financeiros? Dan Ariely e Jeff Kreisler (2019) comentam, em sua obra *A psicologia do dinheiro*, que uma pesquisa revela que 46% dos consultores financeiros americanos não têm planos de aposentadoria.

Essa notícia reforça as palavras do jornalista Fernando Torres no prefácio desta obra: "Sob uma ótica de racionalidade perfeita [...], durante muitos anos se concluiu que o indivíduo que tomava decisões financeiras erradas o fazia apenas por falta de conhecimento técnico". Não é bem assim, pois os *experts* também têm problemas em lidar com o próprio dinheiro. Não basta apenas conhecer produtos financeiros e cálculos matemáticos, atuariais e futuros, tampouco se educar financeiramente. Tudo isso é importante, mas constitui apenas parte do campo de estudos da relação entre pessoas, decisões e dinheiro.

Em resumo

Nas palavras de Ariely e Kreisler (2019, p. 216), "uma compreensão detalhada da fragilidade humana é o melhor primeiro passo para melhorar nossa tomada de decisões em geral e as decisões financeiras em particular".

Uma vez que a psicologia nos fornece algumas respostas muitas vezes vagas sobre nosso próprio funcionamento e, em certos momentos, a economia também não nos ajuda tanto a compreender o mundo em que vivemos, o melhor que podemos fazer é juntarmos essas duas ramificações das ciências sociais e, assim, tentarmos entender por que somos como somos e como podemos melhorar e ter mais acertos em nossa vida, mesmo que nas pequenas coisas do dia a dia.

Afinal, uma das principais lições das ciências comportamentais é que mudanças, mesmo as pequenas, importam. Nossa intenção, neste livro, é fornecer a você, leitor, uma pequena contribuição nesse sentido.

Motivações, desejos e a escassez

"A fonte da nossa insatisfação reside nas nossas tentativas, continuamente renovadoras, de aumentar o limite constituído pelas pretensões, enquanto o outro fator, que o impede, permanece imutável."

Arthur Schopenhauer (2001a, p. 28-29)

Como disse o economista estadunidense Thomas Sowell (citado por O livro..., 2013, p. 13), "A primeira lição da economia é a escassez: nunca há algo em quantidade suficiente para satisfazer os que o querem e a primeira lição da política é desconsiderar a primeira lição da economia".

capítulo 2

Em outras palavras, você nem sempre consegue o que quer: *You Can't Always Get What You Want* (Jagger; Richards, 1969). Essa é, aliás, uma frase marcante que dá nome a uma das canções mais famosas dos The Rolling Stones, tocada no *show* no formato *live* durante o período de isolamento social devido à crise da pandemia de covid-19. Todavia, apesar de sabermos (será?) que a satisfação plena é inalcançável, queremos tudo, como diz a música *Comida*, dos Titãs: "A gente não quer só comida, a gente quer comida diversão e arte" (Fromer; Antunes; Britto, 1987).

Alguém, em algum momento na história, afirmou que o progresso é baseado no desejo inato e universal dos seres humanos de querer viver além dos próprios meios. Nesse sentido, o progresso ocorre pela busca da satisfação humana, que nunca cessa. Esse antagonismo de forças permeia nossa existência, e o comportamento psíquico obviamente reflete o comportamento econômico.

Se, por um lado, temos muitos desejos de ir além, por outro, satisfazê-los completamente é impossível, o que nos traz angústias e frustrações. Essa é a ideia central da economia e, como Adam Smith (1996) indicou em *A riqueza das* nações, nossas necessidades são de caráter infinito, mas os recursos para nos satisfazerem são de caráter finito. Por isso, muitos usam a seguinte descrição para se referirem ao problema central da economia: as necessidades são infinitas; os recursos é que são escassos.

Você tem sede de quê? Você tem fome de quê? Qual é a diferença entre necessidades e desejos ou, ainda, motivações?

2.1 Motivação humana

Para explicar o que é motivação, podemos recorrer à frase de Paul Meyer (citado por Dias, 2015, p. 49): "A motivação é um desejo mantido em expectativa devido à crença de que será alcançado".

Será mesmo que desejos geram motivações ou são as necessidades que se transformam em desejos e isso nos motiva?

O fato é que o ser humano precisa pensar em como fazer suas escolhas, refletir sobre o que gosta, como se motiva, de que forma lida com os recursos que tem e mesmo com aqueles que não tem ou que gostaria de ter. Tudo isso é inerente ao ser humano.

Platão já assinalava, em *O banquete* (2012b), que o ser humano é movido por desejos, simbolizados pelo deus Eros:

> Eros não se limita a ser um impulso das almas humanas para a beleza humana, sendo assim a **atração de todos os seres vivos para uma multiplicidade de coisas, a qual atua nos corpos de todos os animais e de tudo o que se desenvolve sobre a Terra**, e praticamente em tudo o que existe; e aprendi quão grandioso, maravilhoso, e universal é o governo desse deus sobre todas as coisas, quer humanas quer divinas. (Platão, 2012b, p. 76, grifo nosso)

Por sua vez, o filósofo Epicuro, mestre da felicidade, dividiu as necessidades humanas em três classes, algo que Diógenes Laércio (citado por Schopenhauer, 2001a, p. 72) explicitou mais tarde: "Dos desejos, alguns são naturais e necessários, outros, naturais e não necessários, outros ainda, nem naturais, nem necessários, gerados pela vã opinião".

As **necessidades naturais e necessárias** podem ser traduzidas como comer, beber, abrigar-se do frio e do extremo calor com algum vestuário etc. Se elas não são satisfeitas, causam dor e, até mesmo, a morte. Por outro lado, são fáceis de serem satisfeitas. Com fome, basta alimentar-se; com sede, basta beber.

A segunda categoria compreende os **desejos naturais e não necessários**, cuja satisfação é mais difícil, pois, apesar de serem naturais, não necessariamente causam dor quando não alcançados. Por exemplo, relações sexuais são naturais, mas têm um grau de necessidade menor do que se alimentar. Quanto tempo você vive sem sexo e quanto tempo você vive sem comer ou beber nada? Nem toda relação sexual é boa. Nem sempre há o prazer na prática do ato, e muitas pessoas buscam se satisfazer com diferentes parceiros(as).

Psicólogos da Universidade de Tecnologia de Queensland, na Austrália, em sua pesquisa sobre disforia sexual, descobriram que muitos indivíduos, de todo o mundo e de ambos os sexos, sofrem do mesmo fenômeno (O que é..., 2018). A disforia é o reverso da euforia e acomete muitas pessoas após o ato sexual. A pesquisa revelou que os fatores que a desencadeiam podem estar relacionados a hormônios que afetam a área cerebral responsável pela regulação de sentimentos e emoções, ao estresse psicológico, a disfunções sexuais e a fatores culturais (O que é..., 2018). Logo, a satisfação sexual já não é tão fácil quanto a dos desejos naturais e necessários.

Por fim, Epicuro menciona os **desejos não naturais e não necessários**, entre os quais estão o luxo, a pompa, o brilho, o poder, a glória etc. São necessidades infinitas e, portanto, bastante difíceis de serem satisfeitas: "é difícil, senão impossível, determinar os limites de nossos desejos razoáveis em relação à posse", conforme o filósofo Schopenhauer (2015, p. 49).

Yuval Harari (2016) narra um episódio ocorrido em 1519, durante a invasão do México pelo espanhol Hernán Cortez e seus conquistadores. Quando os nativos – os astecas que usavam ouro para fazer esculturas e joias, mas não como moeda – questionaram Cortez sobre o porquê de os espanhóis terem tanta paixão por ouro, o conquistador respondeu: "Porque eu e meus companheiros sofremos de uma doença do coração que só pode ser curada com ouro" (Cortez, citado por Harari, 2016, p. 181). É interessante notar que os indígenas produziam suas trocas por meio de suas moedas, que eram os grãos, os tecidos etc. O ouro era apenas objeto decorativo, algo natural, mas não necessário.

Posteriormente, Schopenhauer (2015, p. 50), que viveu entre 1788 e 1860, em seus *Aforismos sobre a sabedoria de vida*, concordou com Epicuro e Diógenes ao afirmar que "a riqueza assemelha-se à água do mar; quanto mais dela se bebe, mais sede se tem. O mesmo vale para a glória". Além disso, o autor foi enfático ao declarar que a arte de ser feliz consiste na verdadeira sabedoria de vida, que implica, obrigatoriamente, a reflexão sobre a quantidade indispensável de nosso querer (Schopenhauer, 2001a).

2.2 Teorias motivacionais

Nos anos 1950, nos Estados Unidos, junto com o forte movimento das pesquisas em ciências sociais que ganhavam cada vez mais espaço nas corporações americanas, surgiu a teoria da hierarquia das necessidades, de Abraham Maslow, um psicólogo de Nova Iorque que teve como mentor Alfred Adler, o pai do conceito de complexo de inferioridade. Maslow tornou-se um dos fundadores da psicologia humanista, que, em vez de colocar foco na doença ou no anormal, se preocupava com a saúde mental positiva (Kleinman, 2015).

Sua teoria é formulada da seguinte maneira: o ser humano preenche necessidades ao longo de sua vida ou, pelo menos, tenta preenchê-las. À medida que tais necessidades são alcançadas, outras surgem, porém com características diferentes.

O próprio Maslow (1954, p. IX) admite que o título planejado, inicialmente, para sua obra *Motivation and Personality* foi *Higher Ceilings for Human Nature* (Tetos mais altos para a natureza humana), em uma clara alusão ao problema motivacional apontado anteriormente por Epicuro.

A ideia de Maslow foi estruturada em um formato de pirâmide, o que conferiu didatismo a sua teoria e fez com que muitas pessoas até hoje a conheçam como *a pirâmide de Maslow* (Figura 2.1), embora ele nunca tenha usado o termo *pirâmide*, e sim *hierarquia das necessidades*.

Figura 2.1 – As motivações humanas segundo Maslow

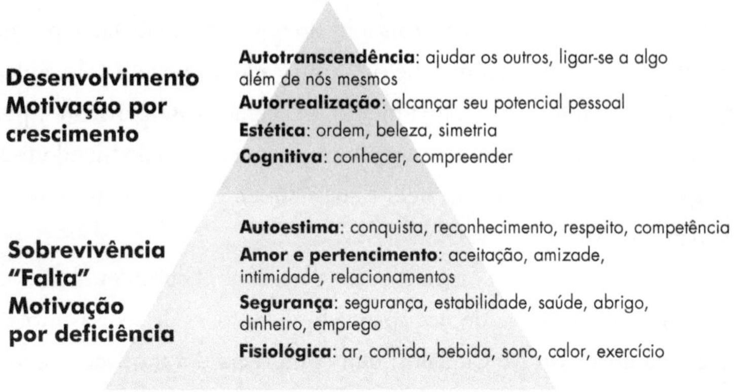

Desenvolvimento Motivação por crescimento
- **Autotranscendência**: ajudar os outros, ligar-se a algo além de nós mesmos
- **Autorrealização**: alcançar seu potencial pessoal
- **Estética**: ordem, beleza, simetria
- **Cognitiva**: conhecer, compreender

Sobrevivência "Falta" Motivação por deficiência
- **Autoestima**: conquista, reconhecimento, respeito, competência
- **Amor e pertencimento**: aceitação, amizade, intimidade, relacionamentos
- **Segurança**: segurança, estabilidade, saúde, abrigo, dinheiro, emprego
- **Fisiológica**: ar, comida, bebida, sono, calor, exercício

Em resumo, para Maslow, temos necessidades mais básicas, como as físicas e as biológicas; de segurança e estabilidade; sociais e amorosas; aquelas relativas ao ego e à estima. Essas diferentes motivações decorrem da necessidade de sobrevivência e da falta. Porém, uma vez realizados esses desejos, surgem necessidades de desenvolvimento e crescimento. Nesse escopo entram a autotranscendência, a autorrealização, as motivações estéticas e as cognitivas (Dias, 2015).

Evidentemente, um supermilionário que desfruta, em seu luxuoso transatlântico, de momentos de autotranscendência, pensando em como resolver a desigualdade mundial, e que, por um choque em um *iceberg*, venha a ser atirado ao mar frio voltará a ter necessidades mais básicas, como a de respirar e a de se salvar. Nesse instante, estará afastado de suas motivações mais superiores, ao menos enquanto estiver na batalha pela sobrevivência.

Igualmente, também é possível que existam pessoas que, mesmo vivendo sem muitas perspectivas além da sobrevivência, tenham desenvolvido relações de afeto, de estima e até de autorrealização. Essa, aliás, é uma crítica constante à teoria de Maslow, que carece, em certos aspectos, de maior rigor científico.

Isso nos mostra que, sim, o contexto em que estamos inseridos é muito relevante. Harari (2016) comenta que o jovem que vivia em uma aldeia há mil anos provavelmente era mais feliz do que o jovem de hoje, porque o simples fato de ser jovem e belo, comparado ao povo de sua aldeia, aumentava sua autoestima. Atualmente, perdemos esse privilégio, pois, com as redes sociais, os jovens comparam-se com outros do mundo todo, e sempre haverá alguém mais belo e mais atraente – a juventude por si só já não basta.

Em seus estudos sobre organizações (empresas), Gibson et al. (2006) comentam a perspectiva de um apanhado de autores de teorias motivacionais, como David McClelland, que compreende a motivação como dividida em níveis:

- **Necessidades de realização (*achievement*)**: necessidades de sucesso, avaliadas segundo algum padrão pessoal, como a valorização do sucesso, o gosto por metas desafiadoras e a ambição elevada.
- **Necessidades de poder (*power*)**: necessidades de exercer domínio, de influenciar outras pessoas, por exemplo, na busca por posições que tenham poder, na valorização do poder como forma de satisfação pessoal ou de realização de metas coletivas.
- **Necessidades de afiliação (*affiliation*)**: necessidades de relacionamento e amizade, valorização das relações humanas, preferência por atividades que proporcionem contatos.

No âmbito das teorias de motivação no trabalho, Gibson et al. (2006) também destacam Frederick Herzberg, que apresenta a chamada *teoria dos dois fatores*: primeiro, os fatores motivadores e, depois, as condições de higiene (no sentido médico, de prevenção ambiental). Esses fatores não provocam crescimento na capacidade de produção do trabalhador, contudo, se não existirem, poderão gerar perdas em razão das condições de trabalho.

Nesse sentido, os fatores motivadores são o trabalho em si e a realização; o reconhecimento pela realização; o desafio do trabalho; a responsabilidade; o crescimento e o desenvolvimento; o orgulho e o prestígio. Já os fatores de higiene estão no ambiente, compreendendo programas e administração; supervisão; condições de trabalho; relações interpessoais; dinheiro; *status*; segurança; estabilidade; e políticas de administração de pessoal.

Ainda no campo das motivações dos trabalhadores, Clayton Alderfer (citado por Gibson et al., 2016) propõe a teoria ERG (*existence*, *relatedness* e *growth*), a qual implica:

- **Existência (*existence*)**: envolve as necessidades básicas, fisiológicas e de segurança de Maslow.
- **Relacionamento (*relatedness*)**: compreende as necessidades de relações pessoais significativas e as necessidades de estima de Maslow.
- **Crescimento (*growth*)**: engloba a necessidade ou o desejo intrínseco de crescimento pessoal e autorrealização. Aqui há uma diferença em relação ao pensamento de Maslow, pois Alderfer acredita que a satisfação das necessidades não é sequencial, mas simultânea. Ela opera segundo dois princípios: (1) mais de uma necessidade pode funcionar ao mesmo tempo e (2), se uma necessidade de ordem elevada permanece insatisfeita, o desejo de satisfazer uma de ordem inferior aumenta.

A seguir, na Figura 2.2, apresentamos um comparativo das teorias motivacionais descritas até o momento.

Figura 2.2 – Comparativo das teorias motivacionais

	Maslow (hierarquia das necessidades)		Herzberg (teoria dos dois fatores)	Alderfer	McClelland
Necessidades de nível mais alto	Autorrealização	Motivadores	O trabalho em si • Responsabilidade • Progresso • Crescimento	Crescimento	Necessidade de realização
	Estima				
	Sociais, de pertinência e de amor		Realização Reconhecimento		Necessidade de poder
Necessidades básicas	Segurança e estabilidade	Condições de higiene	Qualidade das relações interpessoais entre colegas, com supervisores, com subordinados	Relacionamento	
			Estabilidade no emprego	Existência	Necessidade de afiliação

Fonte: Gibson et al., 2006, p. 145.

Mais recentemente, Daniel Pink (2010), em sua proposta de motivação 3.0, apresentou os seguintes motores para a motivação:

- **Autonomia**: baseia-se na combinação de tarefa, tempo, técnica e time. Corresponde à ideia de que todos precisam e querem algum tipo de autonomia para exercer sua criatividade, deixar sua marca, e, como um artista, mostrar sua arte, mesmo que isso seja apenas seu trabalho rotineiro. Compreende o direito à liberdade, ao espaço, ao lugar de fala etc.
- **Excelência**: podemos simplificar esse conceito por meio da ideia de que precisamos ser competentes em alguma coisa. Como afirma Carol Dweck (citada por Pink, 2010, p. 111), "o esforço é uma das coisas que dão sentido a nossa vida. Significa que nos importamos, que algo é importante para nós e que estamos dispostos a trabalhar por isso". Sem o esforço, nossa existência seria pobre.
- **Propósito**: trata-se daquilo que transcende um contexto, ou seja, que vai além do instante em que se vive. O propósito possibilita encontrar algum sentido no que se faz e para a vida que se tem. "O propósito produz energia propulsora para a vida", afirma Mihaly Csikszentmihalyi (citado por Pink, 2010, p. 119), teórico criador do conceito de *flow*, compreendido como a experiência ótima de vida. Victor Frankl associou essa noção a uma frase de Nietzsche (citado por Frankl, 1987, p. 3): "Quem tem um porquê viver, pode suportar quase qualquer como".

2.3 Motivação é coisa de sua cabeça

Paul Zak (2017), com seus experimentos em neurociência, evidencia que grupos de indivíduos com um claro senso de propósito formam fortes laços e atuam em altos níveis de *performance*. Culturas inclusivas e envolventes geram e sustentam o compromisso com o propósito. Para as pessoas, conseguir o suficiente para comer é uma exigência da vida, porém o objetivo da vida, espera-se, deve ser um pouco mais amplo e desafiador que apenas comer, e o mesmo ocorre com os negócios. Segundo o autor, gerar lucro não é mais o propósito de uma corporação. Todo mundo fica feliz quando a bolsa de valores sobe, mas, no longo prazo, a motivação requer propósitos.

De certa forma, trabalhamos para termos dinheiro e desfrutarmos de mais tempo para fazermos o que gostamos, quando, na verdade, se passássemos o tempo fazendo apenas o que gostamos, o caminho para esse desejo seria menor.

Considerando que este é um livro sobre finanças comportamentais, devemos observar que o dinheiro não aparece tanto nas questões motivacionais ou de satisfação de desejos e necessidades. No entanto, ele é parte importante desse debate, conforme estudaremos no Capítulo 13, em que abordaremos o tema da felicidade.

O dinheiro não é um objetivo final de vida. Devemos perceber que ele é apenas um meio de troca, um meio para um fim específico. Contudo, por ser tangível, diferentemente da felicidade, do bem-estar e do propósito, tendemos a concentrar o enfoque de nossas tomadas de decisão apenas nele, em vez de olharmos para as metas mais significativas (Ariely; Kreisler, 2019).

Na obra *Retórica*, Aristóteles (2015, p. 73) afirma:

> *Seja, pois, a felicidade o viver bem combinado com a virtude, ou a autossuficiência na vida, ou a vida mais agradável com segurança, ou a pujança de bens materiais e dos corpos juntamente com a faculdade de os conservar e usar; pois praticamente todos concordam que a felicidade é uma ou várias destas coisas.*

Para o filósofo, a felicidade está na busca do equilíbrio na satisfação das vontades.

Pelo que sabemos hoje sobre o cérebro humano, há três grandes áreas que nos dão alguma indicação de como funcionamos: o neocórtex, o sistema límbico e o cérebro reptiliano (Figura 2.3).

Embora a parte inteligente esteja no neocórtex, o sistema límbico e o reptiliano comandam vontades, instintos, desejos e motivações que ainda são muito primitivos.

Figura 2.3 – Esquema do cérebro humano

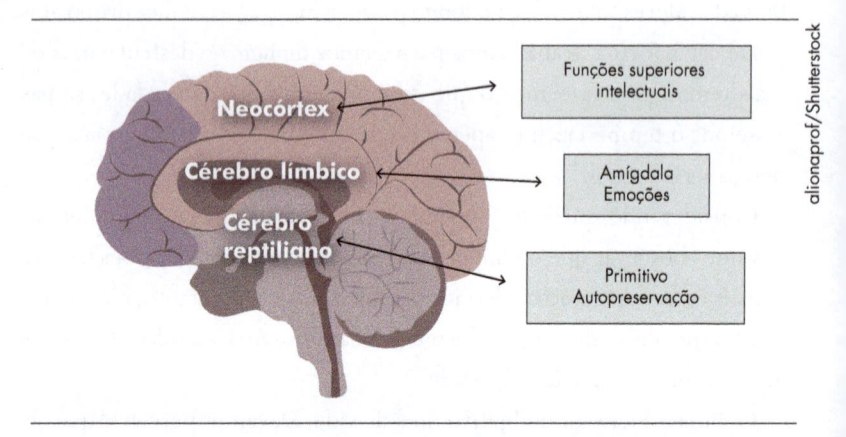

- Neocórtex → Funções superiores intelectuais
- Cérebro límbico → Amígdala / Emoções
- Cérebro reptiliano → Primitivo / Autopreservação

Uma analogia simples para entendermos nosso cérebro primitivo é a do relógio analógico existencial com 60 minutos, portanto, 1 hora (Figura 2.4).

Figura 2.4 – O relógio analógico existencial

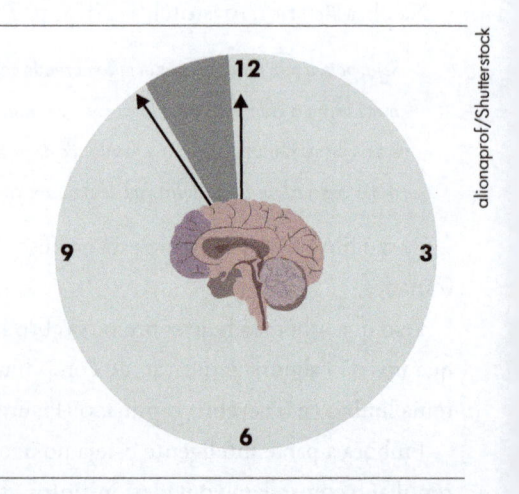

Se nós, seres humanos, dividíssemos a história de nossa existência em um tempo de 60 minutos, seria como se tivéssemos passado 55 minutos no módulo primitivo, das emoções mais primitivas, tentando apenas sobreviver. Somente nos últimos cinco minutos é que desenvolveríamos um pouco de nosso raciocínio mais apurado – a razão para alguns, a intelectualidade para outros.

Entretanto, os 55 minutos gritam muito fortemente dentro de nós. Ainda é muito incipiente o efeito dos últimos cinco minutos em nosso comportamento.

Na canção *Coração selvagem*, Belchior expressa esse cenário: "Não quero o que a cabeça pensa, eu quero o que a alma deseja" (Belchior, 1977).

Lidar com a angústia de querer satisfazer todas as nossas necessidades, com os parcos recursos de tempo, financeiros e cognitivos que temos, é, sem dúvida, um grande desafio da vida real de todos nós.

Por isso, é difícil não sermos vencidos por um simples brigadeiro ou um pudim de leite fora da dieta. Também é difícil não sermos ludibriados por impostores e mantermos nossa capacidade racional de pensamento, não nos deixando deslumbrar por forças emocionais quando as "sereias" que prometem riqueza, felicidade e amor instantâneos nos tentam a responder a seu chamado (Vries, 2010).

Versaremos sobre esse canto das sereias na Seção 11.4. Por enquanto, vamos fazer um exercício e pensar sobre o que desejamos ter e o que já possuímos – uma pequena introdução à aversão à perda. Feche os olhos e pense em tudo o que não tem. Geralmente, ao fazermos isso, costumamos, em seguida, pensar em algo como: "E se isso fosse meu?".

Ao pensarmos assim, tornamo-nos conscientes de nossa privação, um sentimento desconfortável. Portanto, em vez disso, pense no que já tem e pergunte-se: "Como seria se eu perdesse isso?". A sensação de perda não é boa, logo, deveríamos pensar mais frequentemente sobre o que já temos, e não sobre o que nos falta.

2.4 Escassez que nos faz escolher

"Todos os dias quando acordo, não tenho mais o tempo que passou" (Manfredini, 1986). Esse é um trecho da música *Tempo perdido*, da banda Legião Urbana. Talvez o tempo seja nosso recurso mais escasso. Por isso, precisamos alocá-lo bem, afinal, se não pretendemos rasgar dinheiro, por que desperdiçamos tempo quando é por meio de seu uso ou sua alocação que conseguimos, inclusive, ganhar dinheiro?

A escassez, como pontuamos, corresponde à primeira lei da economia: nunca há algo em quantidade suficiente para satisfazer a todos. As necessidades são infinitas, mas os recursos são escassos. Temos mais desejos que tempo, dinheiro e energia para realizá-los (Dias, 2016).

Certamente, você já ouviu frases como:

- "É só até sábado!"
- "Últimas unidades disponíveis!"
- "Vagas limitadas!"
- "Inscreva-se! Só tem mais algumas horas!"
- "É só para os primeiros dez que ligarem!"

Todas essas frases mexem conosco de alguma forma, dando-nos a ideia de que vamos perder algo. Trata-se do medo de ficar de fora – guarde bem essa expressão, muito utilizada no inglês sob o acrônimo Fomo (*fear of missing out*), porque ela será retomada mais adiante.

O ser humano tem aversão à perda. Perder dói em uma proporção de 2,5 vezes mais que o benefício (prazer) do ganho. Ninguém gosta de perder, ainda mais algo que parece bom e de que todos estão fazendo parte. Isso é reforçado por uma afirmação G. K. Chesterton (citado por Cialdini, 2006, p. 233): "a maneira para amar qualquer coisa é perceber que podemos perdê-la". Por isso, uma das principais formas de persuadir uma pessoa é mostrar-lhe o que ela poderá perder se não aceitar aquilo que você lhe está oferecendo.

Robert Cialdini (2006) defende que a escassez é um elemento de persuasão, porque, se o objeto é raro, ele se torna mais desejado. Isso não é diferente do que observou Adam Smith (1996, p. 210) séculos antes: "Essas características de utilidade, beleza e raridade constituem a razão e o fundamento básico do alto preço desses metais, ou seja, da grande quantidade de outros bens pela qual podem ser trocados em qualquer lugar". Assim, se você quer fazer alguém cobiçar algo, basta tornar esse algo difícil de ser obtido.

Nessa ótica, todas as frases recém-elencadas podem, em parte, até ser verdade, mas, majoritariamente, referem-se apenas ao uso de uma técnica de persuasão em que se utiliza a escassez. Voltaremos a tratar disso nas Seções 10.2 e 11.3.

Muito provavelmente você já ouviu falar sobre a concentração de renda no mundo, a relação entre os ricos e os miseráveis e o fosso que os separa. Nesse contexto, comparando o estudo da riqueza global feito pela empresa Credit Suisse em 2021 com a versão de 2010, observamos o panorama esquematizado na Figura 2.5.

Figura 2.5 – Comparativo da concentração de riqueza mundial

Número de adultos (% da população mundial)	Valor da riqueza	Número de adultos (% da produção mundial)
24,2 mn (0,5%)	1.000.000 acima	56 mn (1,1%)
334 mn (7,5%)	USD 100.000 a 1.000.000	583 mn (11,1%)
1.045 mn (23,5%)	USD 10.000 a 100.000	1.715 mn (32,8%)
3.038 mn (68,4%)	USD 10.000	2.879 mn (55,0%)

2010 comparado com 2020

Fonte: Elaborado com base em Credit Suisse, 2019, 2021.

Diante desses dados, verificamos que aproximadamente 10% da população mundial (560 milhões de pessoas) concentra quase 89% do dinheiro do mundo, enquanto 90% (nada menos que 6,4 bilhões de pessoas) precisam disputar os 11% restantes.

Dinheiro é algo raro e talvez por isso lhe falte. Mas tudo bem, você tem a companhia de outros 6,4 bilhões de pessoas, ou seja, sozinho você não está!

Para ter uma dimensão dessa desigualdade, imagine dividir 1 L de água (1.000 mL) para 1.000 pessoas, de modo que dez pessoas ficariam com

890 mL – cada uma com 89 mL, um copo de água, por exemplo. As outras 990 pessoas dividiriam, então, o restante (110 mL), o que resultaria em 0,12 mL por pessoa – praticamente uma gota de água para cada. No entanto, isso implicaria, ainda, que, entre as 990 pessoas, a divisão seria feita de forma igualitária, o que não acontece na prática. Na realidade, muitos receberiam ainda menos do que 0,12 mL. Assim é o mundo do dinheiro.

Segundo a Oxfam International, organização não governamental (ONG) inglesa que faz levantamentos sobre desigualdade no mundo, em 2015, 62 pessoas tinham mais dinheiro do que os 50% mais pobres da população mundial toda (Dias, 2016).

Em 2020, com dados de 2019, a mesma ONG registrou em seu relatório a informação de que 2.153 pessoas, consideradas os bilionários do planeta, detinham mais riqueza do que 4,6 bilhões de indivíduos. Além disso, segundo o mesmo documento, o 1% mais rico da população detém o dobro da riqueza de 6,9 bilhões de pessoas (Oxfam, 2020).

Todavia, não é apenas o dinheiro que é escasso. Como assinalamos anteriormente, o tempo também o é e, inevitavelmente, para todos, pobres ou ricos. Há uma citação bíblica, no Evangelho de São Mateus, Capítulo 6, Versículo 27, que é emblemática, porque faz uma pergunta instigante: "E qual de vós poderá, com todos os seus cuidados, acrescentar um côvado à sua estatura?" (Bíblia, 2022).

Já que nem todas as necessidades podem ser preenchidas, temos, aqui, um problema, pois elas são ilimitadas e sabemos que, ao preenchermos uma, outra surgirá. Logo, precisamos escolher qual ou quais serão cumpridas, ou seja, precisamos fazer escolhas.

Essa constante tensão entre necessidades ilimitadas e recursos limitados, obrigando-nos a fazer escolhas, é a base da economia, que, por conseguinte, vai além das contas da casa (*oikonomia*) – as necessidades estão no campo da alma humana.

Desse modo, **todas as decisões são econômicas, mesmo que não necessariamente financeiras**. Sempre será preciso lidar, ainda que apenas psicologicamente, com o que não foi escolhido. Escolher, portanto, acarreta um custo psicológico. Como temos de tomar muitas decisões complexas no dia a dia, isso nos sobrecarrega, já que nossa atenção também é escassa.

O fenômeno conhecido como **excesso de escolha** (*overchoice*, em inglês) ou **sobrecarga de escolha** resulta da grande disponibilidade de opções para os consumidores. Isso leva a uma **fadiga de decisão** (temática abordada na Seção 7.2.5), fazendo com que se escolham as opções mais fáceis, e não as melhores. Por conta de nossa capacidade limitada de processamento, muitas vezes simplificamos os dados e caminhamos por atalhos, perdendo, assim, o rigor da análise e correndo o risco de fazer escolhas inadequadas, mesmo que nosso desejo seja sempre fazer o melhor.

Racional sim, mas limitado

Herbert Simon (1979) – cientista político que passou a maior parte de sua carreira na Escola de Administração e no Departamento de Psicologia da Carnegie Mellon University e que, em 1978, recebeu o Prêmio Nobel de Economia – popularizou a noção de que o mundo é grande, complexo e cheio de alternativas, ao passo que o cérebro humano e sua capacidade de processamento de informações são altamente limitados.

capítulo 3

Um brigadeiro e um café custam juntos R$ 1,10.
O brigadeiro custa R$ 1,00 a mais que o café.

Quanto custa o café? Assim, a tomada de decisões torna-se pouco racional, pois o esforço de analisar alternativas, quando isso ocorre, é exaustivo, de modo que o indivíduo decide usando muito pouco de sua racionalidade. Na década de 1950, Simon batizou esse comportamento de *racionalidade limitada*, que concerne a uma racionalidade que não implica a onisciência, uma vez que falha diante do desconhecimento de todas as alternativas (Simon, 1979).

A racionalidade limitada implica, ainda, outros dois conceitos: *search*, que diz respeito ao processamento de dados em busca de alternativas, e *satisficing*, que seria o modo de seleção suficientemente satisfatório. Em suas palavras, Simon explicou o conceito de *satisficing* da seguinte forma: "Assim que ele [nosso cérebro] descobre uma alternativa para a escolha que atenda a seu nível de aspiração, ele termina a pesquisa e escolhe essa alternativa. Eu chamo esse modo de seleção de suficientemente satisfatório" (Simon, 1979, p. 503, tradução nossa). Essa definição tem origem nos estudos empíricos baseados em teorias de psicologia do cientista Kurt Lewin, muito conhecido nos estudos de administração, para quem as aspirações humanas não são estáticas, mas aumentam ou diminuem junto com as experiências.

Por exemplo, ao chegar a um restaurante no qual você nunca almoçou antes, você se depara com um *menu* cheio de opções, entre carnes, aves, peixes e frutos do mar, além de massas, saladas e outras especialidades da casa. Qual seria sua opção? Algum esforço seria necessário para pensar e comparar todas elas (*search*), afinal, nada é tão paralisante quanto uma quantidade infinita de opções e, como esse processo é cansativo, gera a fadiga da decisão. Tendemos a simplificar esse processo; o perigo é simplificar em excesso e, com isso, estreitar a gama de soluções consideradas.

Voltando à pergunta lançada, qual seria sua opção no restaurante? Geralmente, você escolhe do *menu* aquilo que já conhece ou recorre ao garçom e pede uma sugestão. Esse exemplo simples ilustra a ideia de Simon.

Como precisamos tomar várias decisões no dia a dia (muitas delas, complexas) e nossa capacidade de processamento é limitada, com frequência simplificamos os dados e caminhamos por atalhos – as chamadas *heurísticas**. Como sinalizamos anteriormente, isso gera uma perda no rigor analítico, resultando em decisões equivocadas.

De acordo com os psicólogos e pesquisadores Amos Tversky e Daniel Kahneman (1974, p. 1124, tradução nossa), "as pessoas apoiam-se em um número limitado de princípios heurísticos que reduzem as tarefas complexas de avaliar probabilidades e predizer valores a operações mais simples de juízo. De modo geral, essas heurísticas são bastante úteis, mas às vezes levam a erros graves e sistemáticos".

Isso contraria a ideia da **teoria da utilidade**, base essencial da economia tradicional clássica – que abordaremos na Seção 4.1 –, pois, embora nosso desejo seja sempre fazer a melhor escolha, nem sempre conseguimos satisfazê-lo.

---

* Heurísticas são comumente definidas como atalhos cognitivos ou regras práticas para simplificar decisões. Representam um processo de substituir uma questão difícil por outra mais fácil, ainda que geralmente imperfeita (Kahneman, 2012). A palavra *heurística* vem do grego *heureca*, que significa "descobrir", "inventar".

Herbert Simon estudou a administração sob a perspectiva do processo de tomar decisões. Em suas palavras, eternizadas em diversos livros, "a tomada de decisão é o coração da administração"* (Simon, 1997, p. 370, tradução nossa). É importante mencionar que, no período dos estudos de Simon, a teoria da decisão era dominada por engenheiros industriais, estudantes de administração pública e especialistas em negócios, sem maiores vínculos com as ciências econômicas ou sociais. Foi a era de matemáticos e estatísticos, com estudos geralmente voltados a assuntos bélicos, como a logística (Ferreira, 2008).

Para Simon (1997), essa busca por soluções ótimas para um mundo simplificado, como a ciência da administração era percebida por ele, era motivo de preocupação, porque, em seus trabalhos empíricos, ficavam cada vez mais claras as falhas da proposta de racionalidade perfeita dos indivíduos.

O processo de tomada de decisão, na visão de Simon (1997), compreende três fases, e cada uma representa um processo decisório em si, assim como a implementação das decisões. A primeira fase é a **intelecção** (ou prospecção), a qual se refere à análise de um problema ou de uma situação que requer solução. A segunda é a **concepção** (ou desenho), em que há a criação de alternativas de solução para o problema ou situação. Por último, considera-se a **decisão** em si, que representa o julgamento e a escolha de uma alternativa (Maximiano, 2021; Balla; Lodge; Page, 2015).

Seus estudos mais importantes focalizaram o processo da tomada de decisão em condições de incerteza – daí surgiu o conceito de racionalidade limitada. Ao afirmar que a racionalidade é limitada, Simon (1997) propõe o modelo do homem administrativo, isto é, aquele que procura tomar as decisões satisfatórias, que atendem aos requisitos mínimos desejados (*satisficing*).

Em suma, os tomadores de decisão contentam-se com simplificações da realidade, que compreendem os elementos mínimos que as limitações

---

* A frase como conhecida em inglês é: "If any theory is involved, it is **that decision-making is the heart of administration** and that the vocabulary of administrative theory be derived from the logic and psychologic of human choice" (Simon, 1997, p. 370, grifo nosso). Simon encerra o livro declarando que este foi escrito para aqueles que compreendem que a decisão é o coração da administração.

humanas conseguem manejar. Eles se guiam pela regra de que qualquer decisão serve, desde que pareça resolver o problema.

Diante disso, Simon (1997) distingue dois tipos de decisões. As **programadas** são repetitivas e tomadas automaticamente, a exemplo de hábitos, rotinas, manuais de instrução e operações padronizadas. Já as **não programadas** dizem respeito àquelas para as quais não se dispõe de soluções automáticas, como lançar novos produtos, reduzir o quadro de funcionários e mudar a sede da empresa.

Para lidar com as decisões não programadas, Simon (1997) indica que os gerentes devem desenvolver suas capacidades de julgamento, intuição e criatividade. Essas habilidades permitem trabalhar com a complexidade de modo mais eficiente do que no caso da simplificação excessiva que caracteriza as decisões satisfatórias (Simon, 1997; Maximiano, 2021; Balla; Lodge; Page, 2015).

Após a proposição de tais concepções, seguiu-se uma grande produção teórica e de pesquisa sobre vieses de julgamento, com destaque para os trabalhos de Tversky e Kahneman (1974), que foram especialmente estimulados pela brilhante obra de Simon.

3.1 Heurísticas e vieses

O trabalho intitulado "Judgment under Uncertainty: Heuristics and Biases", de Tversky e Kahneman (1974) – o último (assim como Simon, em 1978) laureado com o Prêmio Nobel de Economia em 2002 pela chamada *teoria da perspectiva* (que examinaremos na Seção 4.3) –, publicado na revista *Science*, abriu novos caminhos na compreensão de como os vieses cognitivos influenciam a tomada de decisão dos indivíduos.

Nesse artigo, os pesquisadores destacaram três tipos de heurísticas: **representatividade**, **disponibilidade** (ou acessibilidade) e **ajuste e ancoragem**, as quais influenciam o processo de tomada de decisão, levando os indivíduos a cometer erros sistemáticos de julgamento por conta de vieses como:

- insensibilidade à probabilidade anterior de resultados e ao tamanho amostral;
- concepções errôneas da possibilidade;
- insensibilidade à previsibilidade;
- ilusão de validade;
- concepções errôneas de regressão;
- recuperabilidade das ocorrências;
- efetividade de um ajuste de busca;
- imaginabilidade;
- correlação ilusória;
- ajuste insuficiente;
- avaliação de eventos conjuntivos e disjuntivos;
- ancoragem na avaliação das distribuições de probabilidade subjetiva.

Todos esses temas serão exemplificados ao longo deste livro. Por enquanto, vamos nos concentrar nas três heurísticas já citadas (Tversky; Kahneman, 1974; Ferreira, 2008; Sewell, 2007; Kahneman, 2012)

Representatividade (*representativeness*)

Quando as pessoas são solicitadas a julgar a probabilidade de um objeto ou evento A pertencer à classe ou processo B, as probabilidades são avaliadas pelo grau em que A é representativo de B, ou seja, pelo grau em que A se assemelha a B. Em suma, as pessoas tendem a avaliar a probabilidade de uma ocorrência tentando compará-la com uma categoria preexistente.

Por exemplo, os empregadores podem valer-se de estereótipos de grupos sexuais, raciais e étnicos para prever o desempenho do candidato a emprego. O próprio Kahneman (2012, p. 14) dá o seguinte exemplo: "Steve é muito tímido e retraído, invariavelmente prestativo, mas com pouco interesse nas pessoas ou no mundo real. De índole dócil e organizada, tem necessidade de ordem e estrutura, e uma paixão pelo detalhe". E, então, pergunta: "há maior probabilidade de Steve ser um bibliotecário ou um fazendeiro?" (Kahneman, 2012, p. 14).

Provavelmente, pelo estereótipo de um bibliotecário, seja essa a resposta a vir à mente. Contudo, considerando-se a estatística da quantidade existente de bibliotecários *versus* a de fazendeiros – da ordem de 20 fazendeiros para cada bibliotecário –, estatisticamente há mais chances de Steve ser um fazendeiro. Nesse caso, usamos uma regra de bolso (uma heurística) para decidir e recorremos àquilo que concebemos como o perfil de um bibliotecário. Desse modo, o uso da heurística provoca um viés e leva-nos a um erro de julgamento. De certa forma, tentamos usar uma racionalidade, uma certa lógica para responder, mas não nos lembramos da estatística.

Disponibilidade ou acessibilidade
(*availability of instances or scenarios*)

Quando as pessoas são solicitadas a avaliar a frequência de uma aula ou a probabilidade de um evento, elas o fazem pela facilidade com que instâncias ou ocorrências podem ser lembradas. Em resumo, o indivíduo julga a possibilidade de um acontecimento comparando-o com o que tem na memória – afetada pela distância temporal em relação ao evento e pela vividez da experiência em suas lembranças. Assim, trata-se de uma suposição generalizada baseada na própria experiência de vida.

Kahneman (2012) apresenta um exemplo sobre a cobertura televisiva da morte do cantor Michael Jackson. Por várias semanas, os canais de TV falavam muito sobre o assunto, de modo que toda vez que ele ligava a televisão lá estava o tema. Em sua cabeça, a mídia televisiva só falava disso. Porém, nessas várias semanas, quantas vezes ele ligou a televisão? Em quais horários e canais? Essa ideia de fazer um julgamento com base no que nos vem à mente (ou seja, do que está disponível mais facilmente) consiste na heurística de disponibilidade.

Podemos citar outro exemplo: alguém pode estimar o risco de ataque cardíaco em uma população de meia idade recordando ocorrências semelhantes que ocorreram com alguns conhecidos. Aqui, há um outro elemento a ser adicionado, o afeto ou heurística afetiva*, que só foi mais

---

* A heurística afetiva será abordada na Seção 6.2.

bem esclarecida, quase duas décadas depois, com os trabalhos conduzidos por Norbert Schwarz. Evidentemente, o processo que conduz ao julgamento segundo a disponibilidade envolve uma cadeia complexa de raciocínio (Kahneman, 2012).

Pessoas que foram vítimas ou quase vítimas de acidentes ou desastres ficam muito preocupadas após o acontecido, de modo que essa disponibilidade fica quase permanente na memória, embora possa, certamente, ser reduzida com o passar do tempo.

A disponibilidade e o afeto são elementos que podem explicar nossos erros de julgamento sobre riscos, pois, quando julgamos e tomamos decisões, consultamos nossas emoções. Por isso, é provável que muitos acreditem que mortes por acidentes são mais numerosas do que mortes por diabetes ou por doenças de modo geral, ou que mortes por raio são mais raras do que mortes por botulismo*. O simples fato de conhecermos alguém que tenha passado por determinada situação afeta a disponibilidade e nos dá a sensação de que sua incidência é maior do que realmente é (Kahneman, 2012).

Ajuste e ancoragem (*adjustment from an anchor*)

Na previsão numérica, quando um valor relevante (uma âncora) está disponível, as pessoas realizam estimativas começando por ele e ajustando-o para produzir a resposta final. A âncora pode ser sugerida pela formulação do problema ou pode ser o resultado de um cálculo parcial. Em ambos os casos, os ajustes geralmente são insuficientes.

Tversky e Kahneman (1974) realizaram um experimento que consistia em dispor uma roleta de cassino viciada, de modo que apenas os números 10 e 65 saíssem como resultados.

---

* Mortes por acidentes foram avaliadas como 300 vezes mais prováveis do que mortes por diabetes, mas a proporção verdadeira é de 1:4. Mortes por doença são 18 vezes mais prováveis que mortes acidentais, mas as duas foram julgadas igualmente prováveis. Por fim, morte por raios foi julgada como menos provável do que morte por botulismo, ainda que seja 52 vezes mais frequente (Kahneman, 2012).

Nesse cenário, eles faziam as seguintes perguntas aos participantes:

- A porcentagem de nações africanas na Organização das Nações Unidas (ONU) é superior ou inferior a 10% ou 65%?
- Qual é a porcentagem de nações africanas na ONU?

Esses questionamentos eram feitos imediatamente após o resultado obtido na roleta e, surpreendentemente, os respondentes deram respostas influenciadas por esses números. Além disso, a resposta à primeira pergunta influenciava a seguinte.

Esse experimento revelou que, se estamos diante de uma situação em que não conhecemos o valor de algo, somos influenciados por números aleatórios, manipulados intencionalmente ou pelo estranho comportamento de nossa mente de querer dar respostas a tudo.

Outro exemplo marcante foi um experimento com grupos de alunos que precisavam resolver, em cinco segundos, uma expressão numérica escrita no quadro-negro (Tversky; Kahneman, 1974). Um grupo estimava o produto para $8 \times 7 \times 6 \times 5 \times 4 \times 3 \times 2 \times 1$, enquanto o outro calculava o produto para $1 \times 2 \times 3 \times 4 \times 5 \times 6 \times 7 \times 8$.

Dada a escassez de tempo envolvida, as pessoas tinham de fazer estimativas, de modo que a mediana de quem estava no grupo da sequência ascendente foi de 512 e no grupo da sequência descendente, 2.250.

Se observamos as duas sequências em conjunto, saberemos que o produto será o mesmo para ambas (a ordem dos fatores não altera o produto). Contudo, provou-se que a ancoragem ocorre não apenas quando o ponto de partida é fornecido para o indivíduo, mas também quando este baseia sua estimativa no resultado de alguma computação incompleta (Tversky; Kahneman, 1974).

Com tudo isso, podemos afirmar que somos racionais? Sim, mas limitados. Incorremos em erros de julgamento porque somos ludibriados por nossos vieses, não apenas cognitivos, mas também afetivos ou emocionais, gerados pelas heurísticas (as regras de bolso) que utilizamos por conta de nossa incapacidade de processamento de dados. Dissertaremos mais sobre isso quando esmiuçarmos o processo de decisão no Capítulo 7.

A propósito, a resposta ao problema apresentado no início deste capítulo é R$ 0,05. Observe: brigadeiro + café = R$ 1,10. Então, para que o brigadeiro possa custar R$ 1,00 a mais que o café e ambos somem R$ 1,10, a única possibilidade é o café custar R$ 0,05, pois R$ 1,05 – R$ 1,00 = R$ 0,05. Assim, o brigadeiro custa R$ 1,05, exatamente R$ 1,00 a mais do que o café e este, por sua vez, custa R$ 0,05 – ambos somados resultam em R$ 1,10.

3.2 Custo de oportunidade

De acordo com Friedrich von Wieser (1914, citado por O livro..., 2013, p. 133), "em um mundo onde as pessoas têm carências infinitas e só dispõem de uma quantidade restrita de recursos para supri-las, a escassez criaria a necessidade de opções". Essa ideia foi denominada pelo autor *custo de oportunidade*.

O custo de oportunidade corresponde ao retorno da melhor alternativa disponível de investimento que foi rejeitada por conta da decisão de aplicar os recursos em outra opção. Em outras palavras, refere-se a quanto alguém deixou de ganhar por ter aplicado seu capital em uma alternativa em vez de outra. Em geral, o custo de oportunidade considera alternativas de mesmo risco (versaremos sobre risco no Capítulo 8). Isso porque, quando gastamos ou investimos nosso dinheiro em um item, não é possível gastar esse mesmo dinheiro em outro. Portanto, o custo de oportunidade representa aquilo que deixamos de ter por termos tomado outro caminho.

Comprar o carro X implica renunciar ao carro Y, já que só temos dinheiro para um deles. Da mesma forma, podemos nos questionar sobre ir ao cinema ou assistir a um *show*, no caso de ambos acontecerem na mesma data e horário, ponderando as vantagens de cada um.

Nesse sentido, deveríamos avaliar nossas decisões financeiras sempre pelo custo de oportunidade, mas, infelizmente, não pensamos assim.

Por exemplo, imagine que você tem R$ 20.000,00, deseja investir esse montante e encontra as seguintes opções:

- Investir no fundo DI, que, segundo o gerente de seu banco, teve rendimentos acumulados de 32% ao longo dos últimos 36 meses.
- Comprar uma quota de um fundo imobiliário que, segundo seu amigo, é muito bom e seguro.
- Somar esse valor ao que você havia destinado para trocar de carro, afinal, o fim do ano está chegando e estrear um carro novo é mais do que merecido depois de longos cinco anos usando o mesmo veículo.
- Gastar esse dinheiro com roupas novas, passeios, restaurantes e *souvenirs* em uma viagem nas próximas férias.
- Reformar o piso do banheiro, que, há algum tempo, dá sinais de deterioração.

Qual dessas opções você vai escolher? Independentemente de sua decisão, você abrirá mão de alguma coisa. Como nossas escolhas têm um fundo mais emocional do que racional, geralmente ignoramos os custos de oportunidade, até porque não temos espaço dentro de nossa cabeça para pensar em todas as alternativas, afora aquelas que não vemos e não conhecemos, mas existem. Quase sempre não analisamos plenamente nossas alternativas e, ao escolhermos, seguimos em direção à eliminação de outras futuras opções, por exemplo.

Quando você recebe seu salário, tem vários custos de oportunidade para avaliar, porém, à medida que paga os boletos mensais, também vai abrindo mão de outras opções em que poderia usar o dinheiro, de maneira que, ao final do mês, suas alternativas estão mais reduzidas do que no momento em que recebeu o dinheiro.

Segundo Ariely e Kreisler (2019, p. 22), o custo de oportunidade representa nosso maior erro envolvendo dinheiro, sendo essa a razão pela qual cometemos tantos outros: "É a base frágil sobre a qual nossas casas financeiras se erguem".

A título de ilustração, imagine que você está em um hipermercado que tem de tudo. Você caminha pelos corredores com um carrinho de compras. Pense, então, que esse carrinho representa todos os seus recursos e tudo o que couber nele você poderá levar. O que você consegue colocar dentro dele à medida que anda pelo estabelecimento? Se colocar uma bicicleta, não haverá espaço para a caixa de cervejas. Vale a pena colocar os mantimentos da semana e renunciar a um novo liquidificador? O hipermercado tem mais de 80 mil itens em suas gôndolas, mas você precisa se limitar a seus recursos, ou seja, o espaço interno do carrinho. Será necessário escolher e, consequentemente, abrir mão.

Assim é a vida. O carrinho é seu dinheiro, e os itens nas gôndolas representam tudo o que você tem à disposição. Quais escolhas fará e por quê? Esse é o custo de oportunidade.

Relato do autor

Você pagaria R$ 1.500,00 por um 1 kg de café?

Por um período, fui dono de um escritório na Avenida Faria Lima, importante centro financeiro e comercial da cidade de São Paulo, e tive a oportunidade de produzir o estudo descrito a seguir.

Meu escritório ficava no prédio número 1.811. Logo no número 1.853 havia uma padaria cheia de opções, inclusive com restaurante de comida por quilo. O café expresso ali custava R$ 4,40. Já dentro do *shopping center*, que ficava no número 2.232, um dos mais tradicionais da cidade, reduto da classe A, havia uma *boutique* de café, no mesmo espaço de uma livraria, em que a bebida custava entre R$ 8,00 e R$ 13,00.

Minha análise foi a seguinte: um café expresso consome 5 g de pó, a medida de uma cápsula das máquinas de café expresso. O supermercado no número 1.709 vendia uma caixa de dez capsulas de café por R$ 15,49 e um pacote de 500 g de pó por R$ 12,90. Já o café em saca (60 kg) custava por volta de R$ 600,00, ou seja, R$ 10,00 por quilograma.

Considerando a proporção preço/kg, obtemos a seguinte relação:

- **Café em saca**: R$ 600,00 (60 kg) = R$ 10,00/kg
- **Café em pacote no supermercado**: R$ 12,90 (500 g) = R$ 25,80/kg
- **Café na cápsula**: R$ 15,49 (50 g) = R$ 309,80/kg
- **Café expresso na padaria**: R$ 4,40 (5 g) = R$ 880,00/kg
- **Café expresso na *boutique***: R$ 8,00 a R$ 13,00 (5 g) = R$ 1.600,00-2.600,00/kg

Portanto, ao tomar um pequeno café na *boutique*, pagava-se até mais do que R$ 1.500,00 pelo quilo do café, que foi a pergunta inicial.

Certamente, podem existir outros custos em cada uma dessas opções, mas, ainda assim, todas são de café. Em tese, seria fácil comparar, durante a vida, os custos de oportunidade se tudo fosse café – bastaria comparar preços. No entanto, como não importa somente o preço, mas também a preferência e o quanto cada coisa vale para nós, acabamos por ignorar a ideia de custo de oportunidade no dia a dia e usamos artifícios emocionais ou truques mentais para atribuir valor às coisas.

Um detalhe: Como consultor, em qual lugar você julgaria o valor dos meus honorários se me visse tomando café com um cliente, na *boutique* de café ou na padaria?

Atribuímos mais valor ao que tem preço mais elevado e aparência mais sofisticada. O mesmo vinho servido em um copo de requeijão ou em uma taça de cristal é cobrado de forma diferente, porque as pessoas percebem um gosto diferente. Vamos explorar isso um pouco mais quando abordarmos a psicologia dos preços, no Capítulo 9. Neste momento, considerando o exposto, pense: Existe lógica nisso? Leve em conta mais um detalhe: reagimos de modos diferentes ao dizer que tomar um café custa R$ 4,40 por dia ou que tomar um café todo dia custa R$ 1.584,00 por ano.

Descrever o período ou a quantidade de dinheiro gasto em horas, semanas, dias ou meses tem grande impacto sobre a forma como atribuímos valor e agimos em relação a nossas decisões de gastos – uma dívida de 99 meses parece mais agradável do que uma de 8 anos e 3 meses.

Falar sobre o salário anual ou o valor-hora causa impacto sobre a capacidade de poupar dos indivíduos. Um salário anual passa uma visão de longo prazo; já um salário pago por hora enfraquece essa visão (Ariely; Kreisler, 2019).

A Microsoft Research, empresa de pesquisas comportamentais, perguntou para norte-americanos o que eles preferiam ter ao se aposentarem aos 65 anos de idade: 1 milhão de dólares ou uma renda vitalícia de 5 mil dólares? Para quem vivesse até os 82, os dois valores seriam equivalentes, dadas as premissas de cálculos e projeções utilizadas. No entanto, para quem ultrapassasse os 82 anos, a renda vitalícia obviamente se tornaria mais interessante. Contudo, a maioria dos entrevistados preferiu 1 milhão de dólares. O experimento mostra que o grupo estudado sofre da síndrome de ilusão de riqueza*, pois acredita que 1 milhão basta e não faz a conta de quanto o dinheiro pode durar de fato (Benartzi; Hershfield, 2017).

A ilusão de riqueza corresponde ao fenômeno pelo qual um saldo grande – por exemplo, de R$ 100.000,00 – parece maior que seu equivalente a parcelas de R$ 500,00 mensais, mesmo que vitalícias (Goldstein; Hershfield; Benartzi, 2016).

3.3 Conflitos societários

De acordo com o filósofo Tácito, quando se dissipa o patrimônio com loucuras, procura-se restaurá-lo com culpas (Dias, 2016). Talvez ele tenha sido um dos primeiros a perceber o impacto das finanças comportamentais sobre os negócios. Será que, quando lidamos com negócios, é tudo *business* – como se diz – ou há algo além disso? Homens e mulheres de negócios são mesmo sempre racionais?

Para falar sobre a racionalidade econômica, vamos apresentar um exemplo prático bem fácil de ser percebido – certamente, todo mundo tem um exemplo na cabeça. Abordaremos os conflitos, que podem ser internos (você consigo mesmo), externos (você com alguém) ou, ainda, relacionados apenas a outras pessoas.

É possível definir um conflito como uma divergência de interesses. Assim, sempre que houver uma divergência de interesses, haverá um conflito (Fischer; Ury; Patton, 2014).

---

* A expressão *ilusão de riqueza* (*money illusion*, no original em inglês), cunhada por Irving Fisher em 1928, refere-se à tendência de as pessoas pensarem nos valores monetários em termos nominais e não reais. Isso geralmente ocorre quando deixamos de considerar a diminuição do poder de compra do dinheiro como resultado da inflação. Os investidores, por exemplo, podem colocar o foco em retornos nominais mais salientes do que em retornos reais que também respondem pela inflação (Shafir; Diamond; Tversky, 1997).

Você pode querer um carro, mas não ter dinheiro para comprá-lo. Logo, há uma divergência entre o que você quer e o que pode fazer. Da mesma forma, o modelo de carro ideal para você pode ser um e para seu/sua cônjuge, outro, mas, como só dispõem de recursos para comprar um veículo, existe um conflito que deve ser gerenciado.

Esses são exemplos simples, mas conflitos também podem ter dimensões planetárias – basta pensarmos, por exemplo, que as grandes guerras na história surgiram por divergências de interesse entre governantes. Em suma, os conflitos estão presentes onde quer que exista vida humana.

O caderno "Eu & Fim de Semana", do jornal *Valor Econômico*, certa vez apresentou uma matéria intitulada "Quando os sócios sobem ao ringue" (Rydlewski, 2018), que revelava informações de uma pesquisa feita com advogados e consultores sobre as principais razões pelas quais sócios de empresas entravam em brigas e conflitos entre si.

A seguir, listamos as principais causas de conflitos e, quando cabível, teceremos alguns comentários à luz das finanças comportamentais (Rydlewski, 2018).

Briga entre herdeiros no momento da sucessão em empresas familiares

Nessa situação, todos os conflitos e as lembranças do passado vêm à tona e surgem sentimentos de ciúmes, vaidades e inimizades antigas. A questão material pode ser apenas um gatilho para trazer questões pessoais mal resolvidas, ou seja, prevalecem as decisões tomadas com forte carga emocional.

Divergências sobre a estratégia a ser adotada pela companhia

Um sócio, por exemplo, quer investir em recursos e o outro, em mais dividendos. Fica nítida, aqui, uma divergência entre as pessoas em relação à utilidade esperada (versaremos sobre essa temática na Seção 4.1).

Problemas decorrentes do aumento de capital

Esse cenário pode diluir a participação dos antigos acionistas da empresa, que perdem espaço. Analisando sob o aspecto emocional, podemos afirmar que ninguém gosta de perder. Em ciências sociais, chamamos isso de *aversão à perda*, tema que será abordado na Seção 4.3. Em resumo, trata-se exatamente disto: ninguém gosta de perder. Além disso, somos seres sociais e, portanto, quando nos sentimos excluídos, sofremos. A exclusão social pode ser uma dor incurável. Ver seção 10.2, Item 3, "Prova ou aprovação social".

Impasses na saída de um sócio, em que as partes não chegam a um acordo sobre o valor que deve ser pago pelas ações

Nesse caso, acontecem dois fenômenos estudados pelas ciências sociais: a aversão à perda e o efeito dotação. Esse efeito, assim batizado por Richard Thaler em 1980, corresponde à ideia de que "o que é meu vale mais".

Jack L. Knetsch (1989) fez um experimento na Universidade de Victoria que consistia no seguinte: algumas pessoas puderam escolher entre uma caneca de café e uma barra de chocolate suíço de 400 g. Do total, 56% escolheram a caneca e 44% a barra. No entanto, quando os participantes receberam a caneca pela primeira vez e foram questionadas se estariam interessadas em negociá-la, apenas 11% responderam afirmativamente. Já entre aqueles que tinham doces, apenas 10% queriam fazer a troca pela caneca. Esse e outros estudos demonstram que as pessoas estão dispostas a pagar mais para manter algo.

Você pode duvidar do experimento, mas pense, por exemplo, que comprou um apartamento por R$ 500.000,00, fez algumas reformas – como pintar, trocar o piso do banheiro, arrumar uma torneira com vazamento, trocar luminárias e fechaduras – e gastou R$ 20.000,00. Quanto vale o apartamento agora? Será que vale apenas R$ 520.000,00 ou você dirá que ele vale R$ 600.000,00 por conta de todas as reformas feitas? Esse é o efeito dotação.

Ademais, o efeito dotação pode surgir quando empenhamos trabalho em algo. Uma das situações que fizeram Thaler enveredar pelo campo da economia comportamental foi sua observação de um vizinho que cortava a própria grama para economizar US$ 10,00, mas se recusava a cortar a grama dos outros por valor igual ou inferior. O efeito dotação serviu como contestação da teoria econômica clássica, uma vez que, para esta, os preços desses serviços deveriam ser iguais, ou seja, US$ 10,00.

Assim, no caso da questão societária, algum sócio pode dizer que trabalhou muitos dias, horas e anos na empresa e que, por isso, tem uma sensação extra de propriedade e merece mais dinheiro por sua parte.

Quantas vezes, em seu trabalho, você não se sentiu desvalorizado por não ter recebido o "valor" que merecia pelo esforço que empenhou? O mesmo pode ocorrer dentro de casa, quando casais discutem tarefas domésticas. Tendemos a ver nossos esforços e valorizá-los, mas não vemos ou valorizamos da mesma forma os esforços dos outros. Aumentamos nossa sensação de propriedade conforme investimos mais trabalho e esforço em algo. Além disso, o valor de um ativo pode estar vinculado à história do indivíduo, independentemente de seu valor de uso ou de mercado.

Agora, vamos analisar um exemplo de efeito dotação narrado por Dan Ariely (2008): perguntou-se a cem alunos que não tinham um ingresso para ver um jogo importante quanto pagariam para tê-lo, e a resposta média foi US$ 170,00. Já os que tinham o ingresso tiveram de responder por quanto o venderiam e, na média, indicaram a quantia de US$ 2.400,00.

O dono do ingresso pensa no que vai perder ao não ver o jogo, e não no prazer de receber o dinheiro e no que pode comprar com ele. É como o dono de uma *van* que coloca o carro à venda, mas, antes de fixar o cartaz de "Vende-se", começa a recordar as viagens que fez. O efeito dotação e a dor da perda são mais fortes que o benefício do ganho financeiro.

Presumimos que os outros vão encarar a transação da mesma perspectiva que nós. É difícil imaginar que a pessoa do outro lado da transação não veja o mundo como nós o vemos. Como dizia Schopenhauer (2001b), o mundo é representação.

Trazendo essas premissas para o universo dos consumidores, podemos notar que os *test drives* oferecidos por concessionárias de veículos, por exemplo, baseiam-se na ideia de que, ao dirigir o veículo, a sensação de propriedade aumenta, incentivando a compra. Segundo Ariely e Kreisler

(2019), bastam apenas 30 segundos para criar uma sensação de maior propriedade. Apenas segurar um objeto pode ser suficiente para alterar a forma como percebemos seu valor por meio da propriedade virtual. Imagine a sensação de posse que temos sobre aquele móvel que passamos um dia inteiro montando em casa e do qual, diante de uma mudança, precisamos nos desfazer.

Você já percebeu o perigo dos dizeres "Leve agora!", "Baixe aqui!", "Instale já!", "Use por 30 dias grátis", que os vendedores adoram proclamar?

Ademais, podemos observar uma manifestação do efeito dotação em como nos referimos a nossos parceiros afetivos do passado. Por pior que possam ter sido as relações, sempre dizemos algo como "minha ex-namorada", "meu ex-esposo", "meu ex-amigo", "meu ex-vizinho", "meu ex-colega de escola" etc. Sempre acrescentamos o pronome possessivo para falar dessas pessoas.

Crises atuam como gatilhos desses confrontos

As crises podem surgir, por exemplo, por acidentes ambientais, resultados ruins, problemas de imputação ou mesmo acusações de corrupção entre sócios ou funcionários. Sob pressão, estresse e forte impacto emocional, decidimos de forma pior. Ariely (2008) afirma que, quando passamos por qualquer tipo de problema financeiro, somos piores em resolver qualquer tipo de questão, e o fato de pensarmos em dinheiro muda até mesmo nossa fisionomia e nossa química.

Uma pesquisa recente revelou que, no Brasil, o dinheiro é uma das principais causas de estresse, ao lado do medo da violência e do desemprego. Já nos Estados Unidos, o dinheiro é o maior motivo de divórcios e a causa número um de estresse (Ariely; Kreisler, 2019).

Ações ilegais tanto de administradores quanto de controladores

Por mais que o mundo evolua tecnologicamente, a fraude é sempre fruto do comportamento humano. Conforme a teoria de Donald Cressey (1953), ela acontece quando o indivíduo enxerga uma oportunidade, sofre algum tipo de pressão (interna, externa, por *status* social, de ego, social, material etc.) e racionaliza ou cria justificativas psíquicas para o ato fraudulento – por exemplo, acreditar que não está fazendo nada que outra pessoa não faria em seu lugar.

Conflito de interesses

Um exemplo possível desse cenário é um sócio também ser fornecedor da companhia. Quando os interesses conflitam e não são mantidas as negociações na busca de um denominador comum, a tendência é que o conflito se transforme em confronto.

Uma questão importante é que, pelo volume de dinheiro envolvido nesse tipo de disputa, ela desperta um emaranhado de emoções (quase nunca positivas) em seus participantes, de modo que tudo pode acontecer.

Advogados relatam que, nas reuniões de litígios, em vez de se produzirem acordos, produzem-se braços quebrados e até ameaças de morte. Não é raro, ainda, que pessoas aceitem arcar com prejuízos financeiros, apenas para não ceder diante da disputa. É como aquele velho ditado: "Dou um boi para não entrar em uma briga, mas, uma vez dentro, dou uma boiada para não sair". A aversão à perda deixa de ser apenas por dinheiro e passa a ser pela disputa em si. Assim, perde-se uma boiada apenas para não perder a briga, e o mercado aplica um desconto no valor da empresa quando ela está sob ataque de brigas de sócios. Racional, não?

Diante do que expusemos até aqui, guarde bem esta frase, à qual retornaremos no Capítulo 6: "A razão é escrava da emoção e existe para racionalizar a experiência emocional" (Bion, citado por Zimerman, 2008, p. 98).

Com esse percurso, verificamos que pessoas podem pertencer a classes sociais distintas, como banqueiros e faxineiros, ou, nas empresas, podem ocupar posições diferentes na hierarquia, como sócios e operários, mas, no que tange às emoções e aos conflitos, todas são muito parecidas, porque, no fundo, são humanas.

3.4 Lidar com conflitos

Quais seriam as principais causas de conflitos nas empresas? O estudo *Human Capital Report*, encomendado pela CPP Global (2008) e realizado com mais de 5 mil pessoas em nove países, concluiu que 85% dos funcionários de diversas organizações experimentam situações de conflitos em algum grau, cujas principais causas são os choques de personalidades e as guerras de egos.

Contudo, não podemos pensar que os conflitos por si sós sejam ruins. Pelo contrário, entre os resultados positivos que um conflito resolvido pode trazer estão o melhor entendimento sobre a outra parte, o aprimoramento das relações sociais e as soluções mais adequadas para o problema ou desafio, as quais podem, até mesmo, representar a base propulsora de uma inovação.

O desafio reside em resolver o conflito, não permitindo que este se torne um confronto. Para isso, é essencial identificar a tensão ou o desacordo dentro de si ou com os outros e buscar promover soluções que sejam as melhores para todos. Isso significa procurar a conciliação.

No entanto, a conciliação implica um atendimento parcial dos interesses de ambas as partes, porque é preciso encontrar o equilíbrio entre as demandas, fazendo com que cada uma abra mão de algo, o que envolve a **aversão à perda**. Afinal, como pontuamos, quem quer abrir mão de algo?

Muitas vezes, não abrimos mão sequer de nossa própria maldade, como disse o dissidente soviético Alexander Soljenítsin (citado por Pfeffer, 2015, p. 212, tradução nossa): "se apenas pessoas malignas em algum lugar insidiosamente cometessem más ações, seria necessário apenas separá-las do resto de nós e destruí-las. Contudo, a linha que divide o bem e o mal corta o coração de todo ser humano. E quem está disposto a destruir um pedaço do próprio coração?".

Em diversos casos, em questões empresariais é necessário nomear um mediador, pois as partes, sozinhas, jamais conseguem chegar a alguma conciliação. Nas palavras de Rydlewski (2018): "um mediador habilidoso em ação nunca bate na mesa, não fala grosso, não faz ultimatos. Longe disso. Para esse tipo de profissional o importante é manter o foco na solução, e nunca no problema". Ou seja, ele não se guia pela emoção do momento, mas pelo objetivo final. Para a resolução de conflitos, duas habilidades são muito importantes: a empatia e a criatividade.

A **empatia** é definida por Sigmund Freud (1976a) como responsável pela maior parte de nossa compreensão do que existe de alheio ao "eu" nas outras pessoas. Trata-se da habilidade de ver o mundo pela perspectiva do outro, o que possibilita ponderar as posições e os interesses das partes de um conflito (Bass, 2008).

A **criatividade**, por sua vez, pode ser compreendida como a capacidade de "gerar, visualizar e se empolgar com ideias que partem radicalmente do pensamento atual" (Aanstad et al., 2012, p. 114, tradução nossa). Trata-se de uma capacidade de criar ideias originais, conexões, alternativas ou possibilidades eficazes na resolução de problemas, na comunicação com outras pessoas e na inspiração de novas e úteis ideias para os demais (Bass, 2008). Assim, depreendemos que a empatia e a criatividade podem ajudar na geração de alternativas viáveis para a conciliação.

A seguir, no Quadro 3.1, apresentamos sete formas positivas e oito formas destrutivas de lidar com conflitos, de acordo com o Center for Conflict Dynamics. Este é um livro sobre finanças comportamentais, então, para lidar com conflitos advindos do dinheiro, compreender comportamentos é fundamental.

Quadro 3.1 – Dicas para lidar com conflitos

Sete formas construtivas de lidar com conflitos	Oito formas destrutivas de lidar com conflitos
Captação perceptiva: coloque-se no lugar do outro.	**Vencer a todo custo**: discuta ferozmente por sua posição.
Criação de soluções: procure oportunidades em que todos saiam ganhando.	**Exibir raiva**: use voz áspera e irritada.
Expressão de emoções: explique como você se sente.	**Degradar os outros**: humilhe os outros, julgando-os.
Estenda a mão: mostre o desejo de fazer as pazes e assumir a responsabilidade.	**Retaliação**: vingue-se, queira estar quite.

(continua)

(Quadro 3.1 – conclusão)

Sete formas construtivas de lidar com conflitos	Oito formas destrutivas de lidar com conflitos
Pensamento reflexivo: pare, reflita e pense antes de agir.	**Evitar**: afaste-se do conflito, evite-o.
Atraso na resposta: faça uma pausa quando necessário. Acalme-se.	**Render-se**: ceda, seja extremamente flexível, submisso.
Adaptação: seja flexível.	**Esconder emoções**: expresse-se de forma hesitante.
	Autocrítica: demonstre falta de confiança, duvide de si mesmo.

Fonte: Elaborado com base em Aanstad et al., 2012.

Como podemos concluir, não é tudo sobre negócios, afinal, as emoções também estão presentes nessas situações. Como elucidaram Furnham e Argyle (1998), existe uma combinação de acaso, ambiente e conhecimento do indivíduo que o leva a saber como e, acima de tudo, quando explorar descobertas ou *insights*. Isso é o que parece, mais frequentemente, levar os indivíduos à riqueza ou não.

Teoria da utilidade e teoria da perspectiva

Quem gosta de miséria é intelectual. Pobre gosta de luxo.

Joãozinho Trinta (carnavalesco)

Neste capítulo, a intenção é propor uma análise sobre as duas principais teorias ligadas ao modo como tomamos decisões econômicas: a teoria da utilidade e a teoria da perspectiva. Trata-se do choque central e a divergência entre a economia clássica e a economia comportamental. Para compreender no que se baseiam as finanças comportamentais, é condição *sine qua non* ter uma visão, mesmo que básica, sobre essas duas diferentes formas de enxergar por que os agentes econômicos tomam suas decisões.

capítulo 4

4.1 Teoria da utilidade

Também conhecida como *teoria da utilidade esperada* (TUE) – em inglês, *expected utility theory* (EUT) –, a teoria da utilidade deriva do conceito de utilitarismo, apresentado em muitos livros de economia como elaborado por Adam Smith, John Stuart Mill e/ou Jeremy Bentham. Outras fontes sugerem que o conceito de utilidade nada mais é do que apenas a melhor experiência de felicidade que os humanos podem ter na Terra, conforme descrito em *A cidade de Deus*, de Santo Agostinho, no ano de 426, embora algumas expressões do utilitarismo possam ser encontradas entre os sofistas da antiga Grécia (Warburton, 2015).

A doutrina utilitarista, segundo a qual **o bem se identifica com o útil**, foi fundada por Bentham, entre outros autores. Conforme esse entendimento, toda ação dos indivíduos é precedida de uma análise que envolve prazer e sofrimento. Todavia, Mill alegou ter sido o primeiro a utilizar a palavra *utilitarismo*. Ele não teria inventado o conceito, apenas o extraiu de uma expressão passageira do livro *Annals of the Parish*, do romancista escocês John Galt, publicado em 1821 (Mill, 2004).

Tanto Bentham quanto Mill – este admirador daquele –, ambos fundadores do liberalismo, entendiam que os governos deveriam sempre maximizar a felicidade da maioria e associavam a felicidade geral (utilidade) à liberdade individual como base para a maior utilidade social. Assim, o indivíduo seria livre desde que não causasse prejuízos aos outros. Essa noção foi nomeada como *princípio do dano* (Sandel, 2013; Mill, 2003).

Anos após, o matemático John von Neumann e o economista Oskar Morgenstern criaram, em 1944, a TUE, a fim de evidenciar como as pessoas decidem sob a incerteza. A teoria apresentava um modelo matemático que foi contestado, em 1953, pelo francês Maurice Allais (Nobel de Economia em 1988). Este refutava a ideia de que as pessoas escolhiam sem paixões. Em seus experimentos, ele provou que os indivíduos violavam o modelo matemático, e suas escolhas não eram racionais. Allais propôs um modelo que ficou conhecido como *paradoxo de Allais*, o qual consistia em oferecer às pessoas algumas escolhas bem simples que acabavam por revelar anomalias da TUE (Kahneman, 2012).

O responsável pela elaboração da ideia do **grau de utilidade** na economia foi Adam Smith, para quem, se uma opção implicar mais prazer do que sofrimento, o indivíduo a escolherá. De forma contrária, quando perceber mais sofrimento do que prazer, não terá disposição para escolhê-la.

Em resumo, os economistas tradicionais entendem que as pessoas decidem visando ao melhor resultado possível, ou seja, elas agem sempre de forma a maximizar o prazer e reduzir o sofrimento. Isso é, na essência, o grau de utilidade.

Embora esse conceito possa, atualmente, parecer proveniente da psicologia, no passado, como demonstra a lista de autores citados, não era assim. Enquanto a economia debatia a noção de utilidade, a psicologia estava concentrada nos problemas filosóficos da relação entre corpo e mente (Ferreira, 2008), até porque, à época, a psicologia sequer era tratada como uma ciência própria. Isso só aconteceu cerca de cem anos mais tarde, com os experimentos de Wilhelm Wundt, conforme apresentamos no Capítulo 1.

Adam Smith argumentava que os indivíduos, ao buscarem a própria satisfação e os próprios interesses, acabam beneficiando a todos – trata-se da ideia da **mão invisível do mercado**. Afinal, em um mercado livre, qualquer um que decide satisfazer seu interesse na produção e comercialização de algo faz com que todos os demais participantes do mesmo mercado obtenham, como consequência, melhores resultados (Smith, 1996).

Esse enfoque mais liberal da doutrina econômica somente produz os resultados apregoados em sua totalidade na suposição da existência de **mercados eficientes**, de modo que qualquer intervenção do Estado em seu funcionamento ou quaisquer intervenções de seus próprios agentes econômicos no funcionamento "normal" das relações entre eles reduzem a ideia de uma mão invisível que guia todos para os melhores benefícios.

Diante disso, a utilidade, conceito econômico, é uma medida de satisfação que se desenvolve conforme aumenta o consumo de um produto, por exemplo. Contudo, uma vez alcançado um certo patamar, a utilidade cresce cada vez menos. Trata-se de um acréscimo declinante, como definiu W. S. Jevons (1996), que chamou esse fenômeno de *grau final de utilidade*, isto é, o ganho de utilidade associado ao incremento da última porção consumida do bem, ou a **utilidade marginal decrescente**.

É possível resumir essas noções com um exemplo simples: o primeiro pedaço de um pudim gera imensa satisfação (utilidade), mas o segundo e o terceiro pedaços, embora deliciosos, não trazem a mesma satisfação. No quarto pedaço, já se faz necessário pensar em outra necessidade, talvez uma rede debaixo de uma sombra, pois a utilidade do pudim se foi, mas as necessidades são infinitas.

4.2 Por que buscamos coerência?

Observe a Figura 4.1, a seguir, que apresenta um comparativo de figuras geométricas. Você percebe que a imagem da direita é mais coerente que a da esquerda?

Figura 4.1 – Comparação entre figuras geométricas

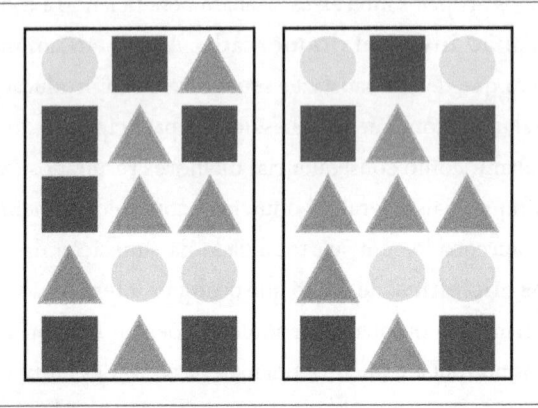

Isso provavelmente ocorre porque a linha horizontal central mostra imagens iguais à de um triângulo, o que gera uma coerência em nossa mente – uma coerência arbitrária, mas, ainda assim, uma coerência. Nós adoramos a precisão, mesmo que em uma forma ilusória.

No mesmo sentido, temos aversão à ambiguidade ou à incerteza, bem como uma tendência a favorecer o conhecido em detrimento do desconhecido. Essa aversão ganhou o nome de *paradoxo de Ellsberg*, depois que Daniel Ellsberg, o mesmo dos "Papéis do Pentágono"*, publicou um experimento realizado com duas urnas, A e B (Ellsberg, 1961). A urna A continha 100 bolas, sendo 50% pretas e 50% brancas. Na urna B, havia também 100 bolas, mas em uma proporção desconhecida entre as cores. O experimento mostrou que mais de 90% das pessoas, ao serem convidadas a escolher uma das urnas para retirar uma bola preta, valendo U$ 1.000,00, preferiram a urna A. Porém, do ponto de vista da probabilidade subjetiva, não há diferença entre A ou B. O fato é que as pessoas preferem evitar a

---

* Nome popular de um documento ultrassecreto do governo dos Estados Unidos sobre a Guerra do Vietnã, dado pelo jornal *The New York Times*, em 1971, depois de ter sido retirado clandestinamente dos arquivos do governo estadunidense por um funcionário do Pentágono, o próprio Daniel Ellsberg. Essa história é contada no filme *The Post: A guerra secreta*, de 2018, com Meryl Streep e Tom Hanks no elenco e direção de Steven Spielberg.

ambiguidade, e escolher a urna B seria optar pelo desconhecido (Segal, 1987).

Por exemplo, ao escolher entre duas apostas, é mais provável optar por aquela cujas probabilidades são conhecidas, ainda que sejam mais baixas, do que aquela cujas probabilidades não conhecemos. Isso também vale para riscos, isto é, preferimos os conhecidos aos desconhecidos.

Buscamos coerência em tudo porque precisamos de referências para avaliar alguma coisa. Não conseguimos ficar à deriva, lidando com situações incertas. Por isso, o preço nos dá uma dimensão óbvia, por exemplo (Ariely; Kreisler, 2019).

Dan Ariely (2008) afirma que gostamos de tomar decisões fundamentadas em comparações. Assim, "comparamos serviços com serviços, férias com férias, amantes com amantes e vinhos com vinhos" (Ariely, 2008, p. 6). Não sabemos quanto vale um carro de seis cilindros, mas podemos supor que é mais caro do que um modelo de quatro.

Isso explica, por exemplo, por que não avaliamos as coisas pelo custo de oportunidade, que discutimos na Seção 3.2. Nunca (ou quase nunca) comparamos o carro com a viagem de férias. A aquisição de produtos baseia-se sempre na comparação com os preços dos produtos de mesma categoria.

Quanto você pagaria por um dicionário de música de 10 mil verbetes? E quanto você pagaria por um dicionário de música de 20 mil verbetes, mas com a capa rasgada? Testes mostraram que, ao fazer a grupos distintos uma dessas perguntas, na média, o valor recebido para a primeira é maior do que o recebido para a segunda (Ariely, 2008; Ariely; Kreisler, 2019). Isso obviamente se deve ao parâmetro "capa rasgada", nossa âncora no momento – já abordamos o conceito de ancoragem no Capítulo 3.

Entretanto, quando as duas perguntas são feitas ao mesmo tempo para ambos os grupos, como os indivíduos se concentram na quantidade de verbetes (elemento comparável), a tendência é indicarem um preço maior para a segunda questão. Isso se chama *avaliabilidade* ou *relatividade* e baseia-se no princípio de que precisamos de um aspecto comparável mais claro, um parâmetro. O dinheiro nos fornece esse parâmetro porque ele é claramente quantificável, diferentemente do aroma, do sabor, do estilo ou de qualquer outra característica (Ariely; Kreisler, 2019).

Agora, observe a Figura 4.2, a seguir.

Figura 4.2 – Cão Schopenhauer com cartaz anunciando preços

Saber que dar uma volta custa R$ 8,00 e três voltas custam R$ 35,00 obviamente nos dá a ideia de que pagar R$ 14,00 por duas voltas corresponde a mais benefícios. Se, nessa situação, quiséssemos dar três voltas, bastaria pagarmos o preço por duas voltas mais uma e ainda sairíamos ganhando. Contudo, será que faz sentido pagar R$ 8,00 por uma volta com o Schopenhauer? Para alguns, será barato; para outros, caro; e ainda haverá quem não pagará nada.

Sob essa ótica, a teoria da utilidade poderia ser explicada com uma pergunta: Com qual opção teremos mais benefícios?

Como a economia tradicional pressupõe que somos racionais e, portanto, conseguimos saber exatamente, em todas as nossas decisões, em qual estará nosso maior benefício ou o maior grau de utilidade, para essa corrente, será com base nessa premissa que escolheremos.

Para a economia, a TUE (grau de satisfação) existe porque as decisões são racionais, consistentes e visam à otimização. Por sua vez, a economia comportamental, como você deve ter percebido, vai questionar essa lógica. Uma ampla literatura da economia comportamental e da psicologia revela que as pessoas geralmente fazem escolhas inconsistentes e não conseguem aprender com a experiência. Assim, baseiam a própria satisfação na comparação com a satisfação dos outros e afastam-se da ideia do agente econômico racional (Kahneman; Krueger, 2006).

Afinal, quando as pessoas estão diante de incertezas, elas decidem conforme as probabilidades de cada resultado possível. Seria isso?

Mas e quando alguns resultados são completamente desconhecidos, gerando uma insegurança sobre as escolhas? Essa insegurança traz ambiguidades, que nós evitamos ao máximo. Então, o que fazemos? Ignoramos as probabilidades e acabamos por escolher o caminho mais fácil, ou seja, aquele que consome menos "pensamento" e que nos mantém no conforto cognitivo? Responderemos a essas perguntas no Capítulo 7 e abordaremos o conforto cognitivo no Subseção 7.2.4.

E qual seria, então, a utilidade do dinheiro? O modelo econômico tradicional pressupõe que essa utilidade é indireta, isto é, o dinheiro é um meio valorizado apenas pelos bens e serviços que podem ser adquiridos. Nesse sentido, a economia padrão enxergaria, por exemplo, o prazer de comer e o prazer de obter dinheiro como dois fenômenos totalmente diferentes. No entanto, as evidências neurais, fornecidas pelos estudos de neurociência, indicam pontos em comum entre essas categorias (Camerer; Loewenstein; Prelec, 2005).

Um exemplo com implicações importantes para a economia é o fato de que o mesmo circuito de recompensa dopaminérgico do cérebro no mesencéfalo (sistema mesolímbico) é ativado para uma ampla variedade de reforços diferentes, incluindo rostos atraentes, desenhos animados engraçados e objetos culturais como carros esportivos, drogas e dinheiro. Não se pode afirmar que o cérebro consegue fazer uma separação entre o dinheiro *per se* e o que ele pode comprar, pois a neurociência ainda não avançou a tal ponto (Camerer; Loewenstein; Prelec, 2005).

Entretanto, os estudos têm mostrado a utilidade do dinheiro *per se*. É possível que ele se tenha convertido no que os psicólogos chamam de *primary reinforcer*, tendo utilidade como comida, drogas etc. (Camerer; Loewenstein; Prelec, 2005).

Como bem assinalou Herbert Simon (1979, p. 504, tradução e grifo nosso),

> *a rápida disseminação do conhecimento matemático e da competência na profissão de economista permitiu à teoria clássica, especialmente quando combinada com estatísticas da teoria da decisão e da teoria dos jogos de von Neumann e Morgenstern, elevar a novas alturas de sofisticação e elegância e expandir para abraçar, ainda que de forma altamente estilizada, alguns dos fenômenos de incerteza e informação imperfeita.* **A floração da economia matemática e da econometria forneceu duas gerações de teóricos da economia com um vasto jardim de problemas formais e técnicos que absorveu suas energias e adiou encontros com as deselegâncias do mundo real.**

As deselegâncias do mundo real são, por exemplo, as nada racionais decisões que os agentes econômicos tomam, como as que apresentamos na Seção 3.3, em que sócios empresariais perdem dinheiro por conflitos emocionais.

Na próxima seção, versaremos sobre a teoria da perspectiva, esclarecendo de que modo ela ataca frontalmente a teoria da utilidade. Vale destacar que o próprio Simon (1979, p. 506, tradução nossa), rebatendo a ideia da maximização da utilidade, conclui seu artigo com a seguinte citação:

> *Algumas das mais dramáticas e convincentes refutações empíricas à teoria foram relatadas por D. Kahneman e A. Tversky, os quais mostraram que, sob um conjunto de circunstâncias, os tomadores de decisão deram pouco peso ao conhecimento prévio e basearam suas escolhas quase inteiramente em novas evidências, enquanto em outras circunstâncias novas evidências tiveram pouca influência em relação às opiniões já formadas previamente.*

Pesquisadores sempre dizem que a ciência avança porque sempre podem enxergar mais longe, uma vez que ousaram subir nos ombros de gigantes que vieram antes. Essa é a beleza da ciência, uma ferramenta poderosa que nos ajuda a remodelar a sociedade à medida que avançamos em conhecimentos. Kahneman e Tversky partem dos trabalhos de Simon, e essa continuidade se revela uma poderosa contestação à economia clássica, quase três séculos depois.

4.3 Teoria da perspectiva

Originalmente chamada, em português, de **teoria do prospecto**, a teoria da perspectiva, proposta pelos psicólogos Daniel Kahneman e Amos Tversky, foi descrita no artigo "Prospect Theory: an Analysis of Decision under Risk", publicado na *Econometrica*, revista acadêmica de economia, em 1979. O texto evidencia que indivíduos tendem a avaliar perspectivas futuras envolvendo incerteza e risco de maneira parcial. Em resumo, não é sempre que evitamos os riscos, mas as perdas, sim. Nesse sentido, Kahneman e Tversky (1979) apresentaram a teoria da perspectiva como uma crítica à TUE como modelo descritivo ou normativo de tomada de decisão sob risco (Sewell, 2007).

O argumento defendido é que, quando estamos diante de possíveis ganhos, tendemos a não arriscar, pois preferimos ficar com o "certo". Todavia, diante de uma perda possível, aí sim tendemos a correr riscos, a fim de evitá-la.

O que os pesquisadores propõem é que o valor é atribuído a ganhos e perdas, e não aos bens finais. Assim, as probabilidades são substituídas por pesos na decisão. A função de valor é côncava para ganhos (implicando aversão ao risco) e convexa e mais aguda para perdas (busca de risco), conforme o modelo exposto na Figura 4.3, a seguir.

Figura 4.3 – Teoria da perspectiva

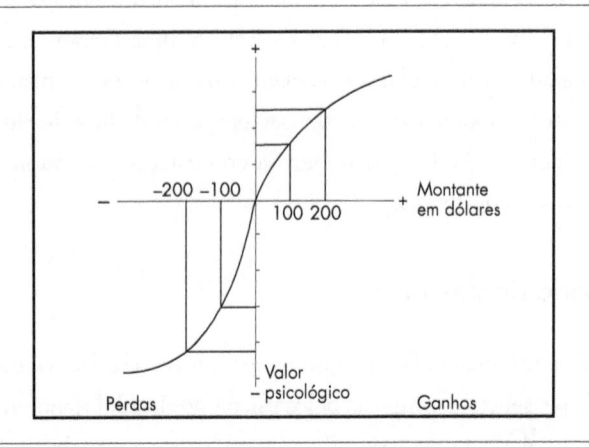

```
              +
                        ___
                      /
         -200 -100  /        Montante
    ―              /   + ―   em dólares
                 /  100 200
               /
             /
           /
     ___ /
         Valor
  Perdas  - psicológico   Ganhos
```

Fonte: Kahneman, 2012, p. 352.

A Figura 4.3 evidencia que a utilidade esperada muda para o mesmo valor quando se fala em perdas ou ganhos – segundo Kahneman (2012), há uma variação de 1,5 a 2,5 vezes mais.

Ao serem questionadas sobre qual seria o menor ganho de que alguém necessitaria para equilibrar uma chance de perder US$ 100,00, muitas pessoas dizem que "a resposta é cerca de US$ 200,00, ou seja, o dobro da perda" (Kahneman, 2012, p. 353).

Vejamos: O que você prefere, ganhar R$ 3.000,00 imediatos, sem esforço, líquido e com 100% de certeza, ou concorrer a R$ 4.000,00 com 80% de certeza de vencer? Agora, vamos a mais uma reflexão: O que você prefere, perder R$ 3.000,00 imediatos, 100% líquido e certo, ou arriscar perder R$ 4.000,00 com probabilidade de 80% de chances de perder?

Na primeira pergunta, 80% das pessoas responderam que preferem ganhar os R$ 3.000,00, montante líquido e certo, ou seja, elas não querem correr o risco de não conseguir ganhar os R$ 4.000,00 (valor maior do que R$ 3.000,00), pois existe um risco de 20% de isso não acontecer – ficaria uma sensação de ter perdido R$ 4.000,00.

Já na segunda pergunta, 92% das pessoas responderam que preferem arriscar perder os R$ 4.000,00, porque existe um risco de 80% de perda e não de 100%. Mesmo que esse risco seja grande (80%) e que o valor a perder seja maior, como as pessoas não querem perder logo de imediato, arriscam-se.

Isso mostra que temos aversão ao risco quando a perspectiva é positiva e de ganho e propensão ao risco quando a perspectiva é negativa e de perda. Em síntese, temos aversão à perda, não ao risco. E essa aversão é até maior do que a possibilidade do ganho. Na primeira pergunta, não corremos o risco e ficamos com o certo, embora com o valor menor. Já na segunda questão, corremos o risco de perder mais dinheiro apostando na sorte dos 20%, mas não aceitamos a perda logo de início.

Parece muito complicado? Então, imagine duas situações: em uma você acha R$ 100,00 na rua e na outra perde R$ 100,00. De qual momento você se lembraria? Em qual situação ficaria mais chateado ou aborrecido do que feliz? Qual dos episódios você contaria para os amigos todas as vezes em que alguém falasse sobre perder dinheiro na rua?

Em suma, esta é a teoria da perspectiva: perder dói mais!

Na teoria da utilidade, é necessário saber apenas o estado de riqueza para determinar sua utilidade, mas, na teoria da perspectiva, é necessário conhecer também o estado de referência. Por isso, esta é mais complexa do que aquela (Kahneman, 2012).

A respeito do estado de referência, a avaliação é relativa. Nesse escopo, Kahneman (2012, p. 351) propõe um experimento muito interessante para elucidar:

> Ponha três tigelas de água na sua frente. Ponha água gelada na tigela da esquerda e água morna na tigela da direita. A água na tigela do meio deve estar em temperatura ambiente. Mergulhe suas mãos na água fria e na quente por cerca de um minuto, depois mergulhe ambas na tigela do meio. Você vai experimentar a mesma temperatura como quente em uma mão e fria na outra. *Para resultados financeiros, o ponto de referência usual é o* status quo, *mas também pode ser o resultado que você espera, ou talvez o resultado ao qual se sente no direito, por exemplo, o aumento ou o bônus que seus colegas estão recebendo. Resultados que são melhores do que os pontos de referência são ganhos. Abaixo do ponto de referência eles são perdas.*

Além da avaliação relativa, a sensibilidade decrescente também se aplica para compreendermos a teoria da perspectiva. Por exemplo, acender uma luz fraca produz um forte efeito em um ambiente escuro; porém, um incremento de luz de mesma intensidade pode ser indetectável em um ambiente bastante iluminado. Isso se observa na avaliação de mudança de estados de riqueza. A diferença subjetiva ou psicológica entre US$ 900,00 e US$ 1.000,00 é muito menor do que a diferença entre US$ 100,00 e US$ 200,00, embora, em valores monetários, a diferença seja, em ambos os casos, de cem dólares (Kahneman, 2012).

Há um princípio psicológico que explica essa sensação diferente. Trata-se da chamada *lei de Weber*, associada ao trabalho do fisiologista alemão Ernst H. Weber no início do século XIX – o mesmo citado na Seção 1.2 como um dos pais da psicologia (Belsky; Gilovich, 2000).

O terceiro ponto para a compreensão da teoria da perspectiva, contrapondo-a à TUE, é justamente a aversão à perda, que mencionamos anteriormente e foi proposta pela primeira vez no por Kahneman e Tversky (1979). A aversão à perda tem um histórico evolucionário, pois os organismos que consideram as ameaças mais urgentes do que as oportunidades têm mais chances de sobreviverem e se reproduzirem. Existe, nesse caso, uma assimetria de valor psicológico entre ganhos e perdas, ao contrário do que ocorre no modelo da utilidade (Kahneman, 2012).

Belsky e Gilovich (2002, p. 59, grifo nosso) afirmam que "as pessoas que se preocupam demais com a possibilidade de ganhos e de menos com a possibilidade de perdas correm o risco de incorrer em perdas grandes o suficiente para ameaçar a própria sobrevivência. **Não cair no abismo talvez seja melhor do que chegar ao pico**".

Outro ponto interessante dessa teoria é o fato de que o modo como o problema nos é apresentado – o que se denomina *enquadramento* (em inglês, *framing*) – altera nossa percepção e, consequentemente, nossa reação ao problema. Nesse sentido, a atratividade relativa das opções varia quando o mesmo problema de decisão é exposto de formas diferentes, como neste exemplo:

1. De todos os pacientes que são tratados nesse hospital, 90% sobrevivem.
2. De todos os pacientes que são tratados nesse hospital, 10% não sobrevivem.

Do ponto de vista estritamente matemático, as duas alternativas apresentam o mesmo número, porém as pessoas tendem a preferir evitar a perda e dão maior valor subjetivo a ela. Isso significa, na prática, que, quando as opções de mudança de *status* são expostas de modo que as consequências pareçam negativas, é mais provável que as pessoas não as aceitem.

Por isso, de forma geral, as pessoas preferem ouvir a opção (1), mesmo que a (2) represente a mesma coisa.

Voltaremos a abordar a aversão à perda em outros cenários mais adiante.

Em que pese o fato de muitos compreenderem que a teoria da perspectiva seja uma alternativa à teoria da utilidade, o próprio Kahneman afirma que ela também tem seus pontos cegos, por exemplo, quando se deixa de ganhar algo prometido. Isso pode ser tratado como um não evento, que tem valor zero, mas também traz um sentimento de perda. Ou seja, a teoria não sabe lidar com a decepção.

Em uma escolha entre 90% de chance de ganhar 1 milhão de dólares ou 100% de chance de ganhar 150 mil dólares, qual seria o sofrimento se você escolhesse a aposta e não ganhasse nada? E se escolhesse os 150 mil e deixasse de ganhar 1 milhão? A decepção e o arrependimento têm valor psicológico. Nesse caso, nem a teoria da perspectiva nem a da utilidade conseguem explicar o fenômeno (Kahneman, 2012).

Outro fator importante diz respeito às pessoas com renda abaixo do próprio ponto de referência, isto é, os muito pobres (na Seção 5.1, trataremos um pouco dessa temática). Como eles não conseguem adquirir certos bens de que precisam, sentem que estão sempre no prejuízo. As pequenas quantias que recebem são vistas como redução do prejuízo, e não como ganhos. Todas as suas escolhas acontecem entre perdas. O dinheiro gasto em uma coisa é tido como a perda de outra que poderia ser adquirida. Logo, para tais indivíduos, as despesas são sempre prejuízos. O dinheiro ajuda a pessoa a subir um pouco na direção do ponto de referência, mas os pobres permanecem sempre na parte abrupta da função de valor (Kahneman, 2012).

O comportamento econômico

Há uma discussão semântica a respeito dos termos *comportamento* e *conduta* quando se trata da psicologia econômica. No entanto, independentemente dessa questão, os objetos de estudo são as atitudes, as opiniões, as motivações e as expectativas dos agentes econômicos, bem como a forma como estas se materializam ou não como reflexo de causas psicológicas cognitivas, conativas e afetivas. Além disso, essas análises consideram que toda conduta, por definição, é polissêmica (Ferreira, 2008).

capítulo 5

Como afirma o professor Maximiano (2021, p. 198), "Não há verdades absolutas e muito menos conhecimentos definitivos sobre o comportamento humano". Assim, seja na psicologia, seja na sociologia, seja na filosofia – origem de todas as ciências sociais –, vale o dito popular: Deus deixou os problemas mais fáceis para as ciências exatas.

A economia clássica defende a ideia do *Homo economicus*, que representa a noção de uma escolha racional, como o sujeito que sempre visa maximizar seu grau de utilidade. Ele se motiva com o desejo de conquistar o maior bem-estar possível com o mínimo de esforço. Assim, suas escolhas e tomadas de decisão são sempre econômicas, conforme abordamos no Capítulo 2.

Por exemplo, se você tem apenas R$ 10,00 no bolso e está com fome, precisa escolher entre os salgadinhos que estão na vitrine da lanchonete e o suco. Já discutimos sobre a temática do custo de oportunidade na Seção 3.2 – "ou isto ou aquilo". No fundo, essa é uma decisão financeira? Sim, mas também é econômica, pois o recurso é finito, só há R$ 10,00.

A mesma lógica pode ser aplicada ao tempo. Se você precisa estar em duas reuniões – uma do condomínio onde mora e outra do trabalho – que foram marcadas para o mesmo dia e horário, comparecer a uma e não à outra não é uma decisão financeira, e sim econômica. Estar na reunião do condomínio ou do trabalho significa alocar o recurso finito e escasso chamado *tempo* em apenas algum lugar; ao fazê-lo, renuncia-se ao outro lugar possível. Trata-se do conceito fundamental e definidor da economia: alocação de recursos finitos.

Portanto, as pessoas decidem com base no custo e no benefício que terão por suas decisões. Essa ideia surgiu (como consta na Seção 1.1) com Adam Smith, para quem homens e mulheres sempre tomam decisões para maximizar seu bem-estar, com base em uma avaliação ponderada de todos os fatores envolvidos. Ao fazer isso, o indivíduo está, na linguagem econômica, aumentando o grau de utilidade – compreendida como satisfação.

Em um livro de 1759, que precede ao clássico *A riqueza das nações*, intitulado *Teoria dos sentimentos morais*, Smith (2015) apresentou uma ideia de conflito natural de escolhas, o que, em economia, se denomina *trade-off*, termo do inglês utilizado para representar a situação em que o agente econômico, visando à resolução de um problema, acarreta outro, obrigando-se, assim, a sempre fazer uma escolha em detrimento de outra. Para o pai da economia, a prudência diminuiria essa angústia gerada por ter de escolher algo:

> *As qualidades mais úteis a nós mesmos são, em primeiro lugar, razão e entendimento superiores, que nos capacitam a discernir as consequências remotas de todos os nossos atos, e a prever o benefício ou prejuízo que provavelmente resultarão deles.*
>
> *E, em segundo lugar, o autodomínio*[*] *que permite abstermo-nos de um prazer momentâneo, ou de suportar uma dor presente, a fim de obter um prazer maior,*

---

* O texto de Smith, traduzido para o português, utiliza a palavra *autodomínio*, mas, na tradução de Rick e Loewenstein (2008), nesse mesmo trecho da obra, o termo é traduzido como *autocontrole*, que é a palavra mais comum utilizada nas ciências comportamentais, tanto na economia (em referência à capacidade de o agente econômico executar planos previamente definidos) quanto na psicologia (relativamente à capacidade de os indivíduos regularem os próprios comportamentos).

ou evitar uma dor maior no futuro. Na união dessas duas qualidades consiste a virtude da prudência, de todas as virtudes a mais útil ao indivíduo. (Smith, 2015, p. 241)

Com a leitura de *Teoria dos sentimentos morais*, fica evidente que, para Smith, um filósofo moral, a natureza humana não diz respeito apenas ao autointeresse dos indivíduos. Compaixão, afeto, simpatia, solidariedade, justiça, amizade, amor e desejo de aprovação social também seriam importantes para muitas pessoas e, para alguns, até mais fortes como motivadores da ação. Por exemplo, ao dissertar sobre a simpatia, Smith (2015, p. 69) afirma que nem mesmo "o maior rufião, o mais empedernido infrator das leis da sociedade, não é totalmente desprovido desse sentimento". O autor deixa claro que há nos humanos uma espécie de empatia, uma emoção que todos sentimos ante a desgraça dos outros. Há uma necessidade de considerar a felicidade alheia para a possibilidade da própria felicidade.

No entanto, no início do século XIX, Thorstein Veblen foi o primeiro economista a perceber que o comportamento econômico dos indivíduos advém não apenas do interesse racional, mas também de fatores psicológicos, como o medo e o *status* social. Veblen criticou a alta sociedade nova-iorquina, que chamou de *classe ociosa*, em sua tese *A teoria da classe ociosa*, de 1899. Para ele, os habitantes de Nova Iorque consumiam sem necessidade, apenas para exibir riqueza, o que o autor denominou de *consumo conspícuo*. Em sua visão, o consumo conspícuo de bens valiosos seria apenas um instrumento para a respeitabilidade do cavalheiro ocioso (O livro..., 2013).

Os cientistas comportamentais dizem que o *Homo economicus* é a pessoa perfeitamente racional e compreendem que essa classificação corresponde a um ser da ficção. Richard Thaler (2015) apelidou esses indivíduos de *econs*.

Para Thaler (2015), os agentes econômicos, aqueles que desempenham diferentes papéis na economia, deveriam ser chamados de *humans*, que, na vida real, têm hábitos e incentivos muito mais acentuados por fatores emocionais do que por fatores racionais – por exemplo, na hora de fazer compras, quando precisam alocar o recurso finito chamado *dinheiro*.

Existem outras áreas dos estudos comportamentais dedicadas a essa questão, entre elas a psicologia econômica. Essa linha da psicologia surgiu há mais de cem anos e foi usada pela primeira vez pelo jurista francês Gabriel Tarde, com a publicação de seu livro *Psychologie économique*, em 1902 (Dias, 2016).

A psicologia econômica aponta para o fato de que as decisões econômicas e financeiras refletem o poder das emoções sobre os comportamentos, em geral, e sobre o processo decisório, em particular. Segundo Vera Rita de Mello Ferreira (citada por Dias, 2016, p. 51), "Há uma discrepância entre o modelo proposto pela economia tradicional, de pessoas que são racionais e sempre escolhem o que é melhor para si e a realidade, na qual as pessoas nem sempre tomam decisões econômicas plenamente racionais ou favoráveis a elas mesmas".

Thaler (2019) comenta que, em 2018, os Estados Unidos mudaram a regra do imposto de renda, de modo que diminuiu a tributação ao longo dos meses, sobrando, assim, mais dinheiro no bolso das pessoas no dia a dia; por conseguinte, a restituição do imposto, que acontecia uma vez por ano, obviamente ficou menor. Os economistas tradicionais diriam que as pessoas ficariam mais felizes com isso. Mais dinheiro no cotidiano é, sem dúvida, uma razão para perceber uma melhoria. Porém, não foi o que ocorreu.

Nos Estados Unidos, a restituição do imposto de renda anual gira na média de US$ 2.500,00, e havia uma expectativa em relação a isso. Todavia, o dinheiro que sobrou na mão dos contribuintes todos os meses, por conta da tributação menor, acabou por não fazer a diferença no dia a dia. Como explicar esse comportamento do ponto de vista da racionalidade?

Pensemos em um exemplo: O que você prefere, um aumento de R$ 1.000,00 mensais ou um prêmio de R$ 12.000,00 anual? Trata-se de um cenário similar ao que aconteceu na situação do imposto de renda norte-americano. Você até poderia escolher, racionalmente, os R$ 1.000,00 mensais, mas, ao ver seu colega que escolheu os R$ 12.000,00 recebê-los de uma só vez, como se sentiria?

Acontece que temos uma contabilidade mental – que será apresentada na Subseção 7.2.8 – e uma normal. Os R$ 1.000,00 fazem parte de nossa contabilidade normal e perdem-se junto a todos os ganhos e gastos mensais;

já os R$ 12.000,00, não. Como esse valor é pago de forma única, deixa-nos mais felizes no momento em que o recebemos, dando a falsa impressão de que não faz parte do dia a dia, de nossa contabilidade normal, a ponto até mesmo de o destinarmos para algo especial. Anteriormente, abordamos essa ideia na Seção 3.2, ao descrevermos o experimento chamado de *síndrome da ilusão de riqueza*.

Fatores sociais também direcionam ou afetam comportamentos financeiros. As pessoas estão sujeitas a influências e motivações sociais, como pressão dos colegas, comportamento de manada* e desejo de aceitação ou *status* social. Esses fatores influenciam os indivíduos quando compram bens ou selecionam investimentos, por exemplo, induzindo-os a gastar mais, a comprar ativos durante uma bolha do mercado ou, até, a ser vítimas de problemas financeiros ou fraudes, independentemente do nível de alfabetização financeira (Iosco; OECD, 2018).

Por que vemos restaurantes ou bares concorrentes, por vezes localizados muito próximos um do outro, apresentando situações muito distintas – um vazio e o outro até com fila de espera? E quantas vezes você foi a um restaurante porque muitas pessoas lhe disseram que era bom?

Pense: você chega a uma cidade em que não conhece nada, deseja fazer uma refeição e encontra dois restaurantes vizinhos de porta. Um está completamente vazio, apenas com garçons em pé conversando no salão interno, e o outro, bem cheio, com mesas ocupadas na calçada e uma fila de espera de apenas dez minutos – você pode até pedir um aperitivo enquanto aguarda. Qual dos dois restaurantes você ficaria mais tentado a visitar? Os cientistas sociais denominam esse fenômeno de *comportamento de manada*, referindo-se ao fato de acreditarmos que algo pode ser bom ou não com base no comportamento de outras pessoas.

Há uma metáfora utilizada pela terapia comportamental cognitiva que nos fornece uma imagem para tentar compreender um pouco melhor o comportamento humano. Trata-se do chamado *modelo iceberg* (Figura 5.1).

---

* Entre as Seção 6.5 e 6.8, você encontrará mais detalhes sobre o comportamento de manada.

Figura 5.1 – *Iceberg* da psicologia social

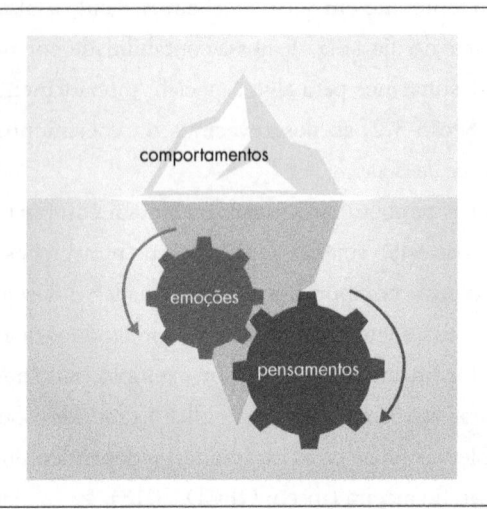

[Diagrama de iceberg: "comportamentos" acima da linha d'água; "emoções" e "pensamentos" (representados como engrenagens) abaixo da linha d'água]

O modelo *iceberg* mostra que nossos comportamentos e hábitos são derivados do que sentimos (emoções) e pensamos (cognição), sensações que estão na parte invisível. O comportamento, por sua vez, está na parte visível. Ao observarmos as pessoas na rua, por exemplo, vemos o que elas estão fazendo, mas desconhecemos os porquês e o que elas estão pensando ou sentindo.

Como expressou Tarde (citado por Ferreira, 2008, p. 121), "a conduta econômica é resultado de duas causas psicológicas, o desejo e a crença". George Katona (citado por Ferreira, 2008, p. 121) reforça que

> as variáveis psicológicas, como aspirações, expectativas e estilo de vida, seriam intermediárias entre os estímulos econômicos, como condições ou situações econômicas (taxa de desemprego, inflação, e juros, por exemplo), e as respostas comportamentais, ou seja, o comportamento em si, como as decisões de poupar, investir.

Há ainda o desafio de compreender esse comportamento, que não pode ser fragmentado em várias ciências sociais e estudado separadamente.

5.1 Comportamento econômico e pobreza

Haushofer e Fehr (2014), examinando a psicologia da pobreza, em artigo publicado na revista *Science*, concluíram que essa condição socioeconômica continua sendo um dos problemas mais prementes que o mundo enfrenta, mas que os mecanismos pelos quais a pobreza surge e se perpetua ainda não são bem compreendidos.

A pobreza caracteriza-se não apenas por uma renda insuficiente, mas também pela disfuncionalidade de instituições, pela exposição à violência e ao crime, pela dificuldade de acesso a serviços de saúde, além de um grande número de outros obstáculos e inconveniências, a exemplo da falta de acesso ao mercado de crédito formal, o que acarreta a necessidade de recorrer à atuação de agiotas, com consequências terríveis em caso de inadimplência e comportamentos traumáticos mesmo para bons pagadores.

Os autores encontraram evidências de que a pobreza pode ter consequências psicológicas específicas, capazes de levar a comportamentos econômicos que dificultam a fuga dela. Por exemplo, os estudos de Haushofer e Fehr (2014) indicaram que a pobreza causa estresse e estados afetivos negativos, que, por sua vez, podem levar a tomadas de decisão míopes e avessas ao risco, possivelmente limitando a atenção e favorecendo comportamentos habituais à custa dos direcionados a objetivos. Juntas, essas relações podem constituir um ciclo de *feedback* que contribui para a perpetuação da pobreza.

Os pesquisadores concluíram, não de forma definitiva, que ainda existem poucas evidências de efeitos causais sobre a satisfação com a vida e o bem-estar subjetivo das diferentes intervenções realizadas para amenizar a pobreza. Além disso, conforme Haushofer e Fehr (2014), não se sabe ainda se uma amenização da pobreza leva a um aumento permanente do bem-estar psicológico ou apenas temporário. Ademais, para os autores, programas de transferência de dinheiro em espécie são mais eficientes do que seguros.

Anandi Mani et. al. (2013) apontaram, no estudo "Poverty Impedes Cognitive Function", que os pobres costumam se comportar de maneiras menos capazes, o que pode perpetuar ainda mais a pobreza. Por meio de testes feitos com agricultores, identificou-se que a pobreza reduz a capacidade cognitiva, sugerindo que as preocupações a ela relacionadas consomem recursos mentais, deixando as pessoas menos capazes para outras tarefas.

O fato é que a pobreza tem consequências psicológicas. Assim, há um custo psicológico evidente, mas não há clareza a respeito de possíveis benefícios nesse sentido acarretados por sua redução. Desse modo, é mandatório lidar com a pobreza diretamente, com suas consequências psicológicas e com os comportamentos econômicos.

Para Mullainathan e Shafir (2013, citados por Muramatsu, 2015, p. 157), o comportamento econômico do pobre consiste em uma tarefa decisória mais difícil, que é "fazer caber tudo em uma mala pequena".

Portanto, o problema fundamental da economia é a escassez, isto é, como lidar com recursos limitados diante de necessidades ilimitadas. Contudo, para os mais pobres esse dilema é ampliado. Ou podemos dizer que a escassez para os pobres é ainda mais escassa?

A boa notícia é que, em 2019, o Prêmio Nobel de Economia foi concedido a Abhijit Banerjee, Esther Duflo e Michael Kremer, por seus trabalhos no desenvolvimento de métodos que possibilitam a formulação de políticas mais eficazes para melhorar indicadores como saúde das crianças e desempenho escolar e para aliviar a pobreza nas regiões mais carentes do planeta, o que certamente ajudará na produção de mais estudos sobre o tema.

Para compreender o efeito da pobreza no comportamento econômico dos indivíduos, o livro *Poor Economics: a Radical Rethinking of the Way to Fight Global Poverty*, de Banerjee e Duflo (2012), é um bom caminho. Uma citação recorrente sobre o comportamento dos pobres é que eles nem sempre acreditam nas políticas desenvolvidas para eles e demonstram, muitas vezes, que nem sempre o que interessa é apenas comida. Gastos com casamentos, batizados, festas e até funerais, muitas vezes apenas por prestígio, também são comuns. Além disso, há questões como a valorização da fé sobre a medicina (não exclusiva dos pobres), a ausência de métodos contraceptivos e vacinação, o uso ou não de microcrédito, o empreendedorismo sem capital, entre outras particularidades, o que revela a complexidade do comportamento econômico humano.

5.2 Comportamento econômico e personalidade

Como assinalamos, o comportamento humano é produto de muitas variáveis, boa parte delas psíquicas individuais ou resultantes da psique de um grupo. Outras variáveis, ainda, independem desses fatores, como mostra a Figura 5.2, a seguir.

Figura 5.2 – Fatores que influenciam o comportamento humano

- Fatores econômicos
- Fatores psicológicos
- Fatores biológicos
- Comportamento humano
- Fatores políticos
- Fatores antropológicos
- Fatores sociológicos
- Fatores físicos e ambientais

Assim, o comportamento humano consiste no grande desafio da economia e das finanças comportamentais, que se dedicam a compreender o "homem real" com suas questões sociopsicológicas, em vez de se contentarem com o que é esperado do "homem econômico".

Nessa perspectiva, Daniel Read (2015, p. 129, grifo do original) propõe a ideia de um *Homo psychologicus* como aquele que

> desconsidera importantes fatores de decisão, dá peso indevido a alguns fatores relativamente a outros, planeja fazer a coisa certa mas acaba não seguindo seus planos, é mais seguro do que deveria com respeito às suas decisões ou crenças,

confia nos outros mais do que deveria, é ainda mais **digno de confiança** *do que deveria ser, e é desproporcionalmente influenciado por pequenas mudanças no contexto da escolha.*

Em síntese, o *Homo psychologicus* é o que Simon (1979) chamou de *limitadamente racional*: ele **quer ser racional, mas não tem a capacidade, as habilidades e os conhecimentos para isso.**

Então, como as pessoas poupam (se é que poupam) e por que não o fazem? Por que se endividam e desenvolvem vícios como o de comprar compulsivamente? De que forma administram o dinheiro no dia a dia e lidam com o próprio consumo? Por que pessoas aposentadas tendem a continuar poupando em vez de gastar o que foi acumulado ao longo da vida? Essas são questões que interessam às ciências psicológica e econômica. A fronteira entre o que é econômico e o que não é econômico não é verdadeiramente clara, afinal, o conceito de comportamento econômico é cultural e historicamente determinado, o que remete ao fato de muitas das atividades econômicas não serem necessariamente monetizadas, ou seja, não envolverem dinheiro diretamente (Ferreira, 2008).

Segundo Ferreira (2008), Katona aponta que consumo e poupança dependem de dois fatores: a capacidade (*ability*) e a vontade (*willingness*). No entanto, também dependem, de um lado, de variáveis intervenientes, que podem ser o ambiente econômico, social e cultural do indivíduo, e, de outro lado, de seu comportamento, fruto de sua personalidade, bem como de atitudes, expectativas, motivações e hábitos. Ferreira (2008) afirma que essas variáveis exercem influência sobre as percepções do ambiente pelo indivíduo, em relação tanto à economia como um todo quanto ao próprio domicílio.

Por exemplo, quem está endividado tende a explicar suas dívidas em termos de circunstâncias externas, e não como decorrência da própria experiência. Contudo, alguém que não tem dívidas, ou que nunca as tenha tido, pode atribuir esse comportamento do endividado a uma fraqueza de caráter e à má administração de seu próprio dinheiro. Há, ainda, aqueles que veem o endividamento como fato da vida. Existe, até mesmo, certa aceitação social do endividamento, que envolve, muitas vezes, vangloriar-se pelo alto volume devido. Quem nunca ouviu o ditado popular sobre estar motivado no trabalho por conta de precisar pagar boletos?

É comum encontrar pessoas que ainda hoje avaliam a decisão de compra com base no fato de o valor da parcela caber ou não dentro do salário. Muitas acreditam também que a nova aquisição será compensada porque possibilitará a economia em outros gastos futuros – portanto, caberá no orçamento. Essa intenção se assemelha a promessas de *réveillon*, e o endividamento acaba aumentando inevitavelmente. Aqui, temos um bom exemplo de dois fenômenos: o excesso de confiança* e as contas mentais**, que afetam o comportamento econômico prático dos indivíduos.

Segundo Ferreira (2008), com base no trabalho da pesquisadora Alice Moreira, apurou-se que o dinheiro pode ter vários significados, com maior ou menor intensidade a depender do componente social, não apenas individual. Esses significados se alteram conforme a região geográfica em que o indivíduo vive e podem ser: poder, conflito, prazer, progresso, cultura, desapego (oposição entre dinheiro e espiritualidade), sofrimento, desigualdade e estabilidade.

Assim, como os significados podem ser distintos, há de se esperar também comportamentos diferentes e graus de utilidade igualmente variados entre as pessoas, como abordamos ao tratarmos da teoria da utilidade (Seção 4.1) e da teoria da perspectiva (Seção 4.3).

Landis e Gladstone (2017) detectaram que pessoas extrovertidas, principalmente as de baixa renda, tendem a gastar mais dinheiro com *status* do que os introvertidos. O efeito também é percebido entre indivíduos de alta renda, mas com menor distância, conforme mostra o Gráfico 5.1.

---

* Tema tratado na Seção 11.3.
** Tema abordado na Subseção 7.2.8.

Gráfico 5.1 – Gastos por tipo psicológico

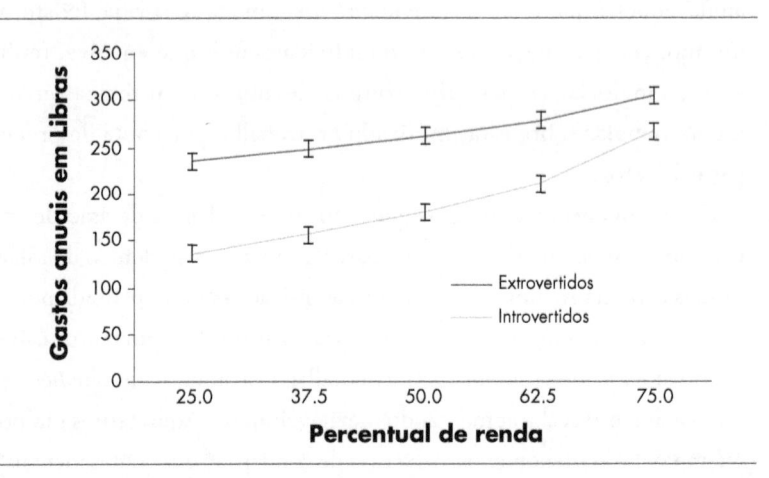

[Gráfico: eixo Y "Gastos anuais em Libras" de 0 a 350; eixo X "Percentual de renda" com valores 25.0, 37.5, 50.0, 62.5, 75.0. Duas curvas: Extrovertidos (superior) e Introvertidos (inferior).]

Fonte: Landis; Gladstone, 2017, p. 1519, tradução nossa.

Os pesquisadores utilizaram o teste *big five** para definir essa parte da personalidade humana. Para o teste, extrovertidos são pessoas mais sociáveis, amistosas, divertidas, que conversam mais. Os introvertidos, por sua vez, tendem a ser reservados, inibidos e quietos (Landis; Gladstone, 2017).

A personalidade dos seres humanos representa um conjunto mais ou menos estável do comportamento observado. Essa definição, entre introvertidos e extrovertidos, pode ter nuances difíceis de capturar. Porém, o psicanalista Carl G. Jung, em 1920, no livro *Tipos psicológicos*, empreendeu uma classificação entre esses dois polos que até hoje é muito usada em testes de personalidade e na literatura de psicologia analítica.

O próprio Jung (1974) admite que essa classificação de oposição entre as personalidades não seria nova para a humanidade, recorrendo a ideias da Antiguidade e até de Goethe, que comparava a existência dos dois tipos distintos aos movimentos cardíacos de sístole e diástole. Entretanto, foi

---

* O teste *big five* mede cinco áreas da personalidade: extroversão, nível de prazer, consciência (emocional), neuroticismo (o ato de se preocupar demasiadamente com tudo) e abertura à experiência (relação com criatividade) – em inglês, *extraversion, agreeableness, conscientiousness, neuroticism* e *openness to experience*.

Jung quem estabeleceu essas definições ou disposições típicas da consciência (introvertida e extrovertida).

Para Jung (1974), introversão e extroversão representam o foco para o qual a energia psíquica do indivíduo se volta. Nos tipos extrovertidos, a energia deriva de uma atividade externa. Como seu foco está no mundo exterior, ele a encontra na interação com as pessoas e/ou fazendo coisas. Já no caso dos introvertidos, a energia psíquica é interna; seu foco, então, está no mundo interior, e a energia é encontrada por meio da reflexão sobre informações, ideias e/ou conceitos.

Esse conceito de energia psíquica é, de certa forma, próximo àquilo que Sigmund Freud compreendia como libido (a força vital que nos move, noção formulada com base na teoria dos instintos) e, portanto, tem origens no que Platão chamava de *desejo eros* – noção que apresentamos na Seção 2.1: "Dessa maneira, a libido de nossos instintos sexuais coincidiria com o Eros dos poetas e dos filósofos, o qual mantém unidas todas as coisas vivas" (Freud, 1976a, p. 61).

Existe uma divergência técnica entre Jung e Freud em relação a esse aspecto, mas não é relevante para nosso contexto em finanças comportamentais. Freud compreendia a libido como uma força dual (as pulsões entre vida e morte), e Jung a encarava como uma força monista. O próprio Freud escreveu sobre essa diferença: "A teoria da libido de Jung é, pelo contrário, monista; o fato de haver ele chamado sua única força instintual de 'libido', destina-se a causar confusão, mas não precisa afetar-nos sob outros aspectos" (Freud, 1976a, p. 63-64).

É importante esclarecer que introversão não é o mesmo que timidez – esta representa mais um medo de um julgamento moral. Por exemplo, pense em um indivíduo que não se manifesta em um evento por ter medo de "falar bobagem". É possível que esse sujeito tímido possa ser tanto introvertido quanto extrovertido. Oposta à extroversão, a introversão é parte do temperamento de alguém, tem mais relação com a tipologia do indivíduo e, assim como a timidez, forma muitos dos traços de personalidade de uma pessoa (Cain, 2012).

Para Cain (2012), infelizmente, o mundo, principalmente o corporativo, valoriza mais o perfil extrovertido do que o introvertido. Existe uma cultura de valorização para pessoas que se mostram assim e, portanto, tornou-se um ideal de personalidade o perfil de "grande vencedor".

Dale Carnegie soube capturar esse espírito em seu livro *Como falar em público e influenciar pessoas no mundo dos negócios*, de 1913. Na década de 1930, o autor publicou também o clássico *Como fazer amigos e influenciar pessoas*, já citado na introdução deste livro.

Quanto às finanças, de acordo com Ferreira (2008, p. 239), "em relação aos traços de personalidade mais associados à capacidade de poupar, foram encontrados: ser consciencioso, introvertido e apresentar alguma inflexibilidade, estabilidade emocional e autonomia".

Parece muito natural que o ambiente ou contexto socioeconômico também seja um dos grandes influenciadores do comportamento econômico dos indivíduos, e isso afeta os extrovertidos (no que tange a gastar) e os introvertidos (no que se refere a poupar), pela simples razão de que indivíduos extrovertidos se apresentam mais iniciadores, expressivos, gregários, ativos e entusiasmados, enquanto os introvertidos, focados em seu mundo interior, são mais receptores, contidos, íntimos, reflexivos e quietos. Quem você convidaria para uma conversa em uma mesa de bar? Um introvertido, reservado ou um espontâneo e falador extrovertido?

A seguir, apresentaremos alguns assuntos importantes que precisamos considerar sobre comportamento humano.

5.3 Dissonância cognitiva

Um desafio que se apresenta nos estudos sobre o comportamento humano e econômico diz respeito à dissonância cognitiva, que se refere a uma capacidade de ser controverso consigo mesmo, de modo inconsistente. Ela surge quando duas percepções que têm relação entre si estão em conflito.

Leon Festinger, em 1957, publicou o artigo "A Theory of Cognitive Dissonance", no qual divulgou os resultados de uma pesquisa feita com sujeitos fumantes e não fumantes. Seu estudo permitiu a conclusão de que os que fumantes tinham menos tendência a acreditar que havia relação entre fumo e câncer de pulmão (Hersey; Blanchard, 1977). Em outras palavras, se a pessoa não pode deixar de fumar, pode, pelo menos, duvidar da pesquisa.

A dissonância cognitiva representa uma contradição entre pensar e agir. Para manter a coerência, a pessoa usa a dissonância a fim de manter suas convicções e opiniões. O indivíduo age de acordo com suas percepções, e não com base na realidade.

Sabe aquele pescador que passa o dia tentando pegar peixe, não consegue e volta para casa fazendo comentários a respeito do tempo ótimo que teve no passeio? Quando os motivos são bloqueados e quando o comportamento para vencer as dificuldades não enseja qualquer resultado positivo, o indivíduo adota um comportamento irracional destinado a superar as dificuldades.

Poderíamos citar diversos outros exemplos: uma mãe ordena que o filho coma verduras e legumes para ficar forte, mas ela os come para se manter magra; queremos ganhar muito e pagar pouco (produtos baratos, mas salários altos); queremos o máximo de liberdade e, ao mesmo tempo, aceitação e igualdade. Essas são dissonâncias que fazem parte do dia a dia.

Na opinião de Yuval Harari (2016, p. 173), "Da mesma forma que duas notas musicais discordantes tocadas ao mesmo tempo colocam em movimento uma composição musical, a dissonância em nossos pensamentos, ideias e valores nos compele a pensar, reavaliar e criticar. A consistência é o parque de diversões das mentes entorpecidas".

Em suma, ainda que compreendamos nosso comportamento, podemos tomar decisões equivocadas, apenas por conta da dissonância cognitiva. Isso aumenta significativamente a complexidade de nossos comportamentos e nosso entendimento sobre eles.

5.4 Escolha intertemporal

Ao falarmos sobre finanças comportamentais e comportamento econômico, outro elemento a ser abordado diz respeito às escolhas intertemporais, que acontecem quando a variável tempo se destaca.

Gastar R$ 1.000,00 em um fim de semana e ter o prazer imediato ou poupá-lo para, durante as férias que vão ocorrer em alguns meses, fazer mais passeios? Encher a barriga de chocolates e satisfazer a um desejo, mesmo que isso custe alguns quilogramas a mais, ou postergar esse desejo para usar um vestido? Comprar à vista e com desconto depois de longos meses de sacrifício juntando dinheiro ou comprar já, mesmo que com um preço mais caro, e esperar chegar a fatura do cartão de crédito no mês que vem? A escolha intertemporal resume-se a obter a gratificação imediatamente ou adiá-la. Porém, em nenhuma das hipóteses levantadas, essa gratificação será obtida sem custos, que podem vir de imediato ou futuramente (O'Donoghue; Rabin, 1999).

Ferreira (2008) alerta que há também casos em que a pessoa demonstra muito autocontrole e evita o comportamento tentador no presente, pensando que esse bom comportamento no futuro será recompensado, mas a recompensa não surge e o indivíduo fica sem satisfação nenhuma. Do ponto de vista intelectual, isso é louvável, mas a falta de satisfação ou de recompensas pode acarretar outros problemas, uma vez que a plenitude só é alcançada com a integralidade do indivíduo (soma de intelecto e emoções).

Aqui, precisamos mencionar dois elementos muito importantes para compreender as escolhas intertemporais: o viés do presente e o autocontrole.

O **viés do presente** corresponde à tendência de dar um peso maior a recompensas que estão mais próximas do tempo presente, quando consideramos os *trade-offs* entre dois momentos futuros (O'Donoghue; Rabin, 1999). Já o **autocontrole** é definido, na economia, como "a capacidade de executar planos anteriormente e, portanto, realizar escolhas intertemporais consistentes" e, na psicologia, como "a capacidade de regular os próprios comportamentos, emoções e pensamentos" (Delaney; Lades, 2015, p. 2, tradução nossa).

Segundo os pesquisadores, diante de uma escolha intertemporal, os agentes econômicos tendem a dar maior peso para as escolhas presentes, e os valores do futuro são descontados de forma hiperbólica, distorcendo-se, assim, seus valores reais (O'Donoghue; Rabin, 1999; Delaney; Lades, 2015). Trata-se do **desconto hiperbólico subjetivo**, uma teoria desenvolvida pelo médico e pesquisador da interface psicologia-economia George Ainslie" (Ferreira, 2011b, p. 54-55).

Um exemplo da teoria de Ainslie é o seguinte: Você prefere receber R$ 100,00 agora ou R$ 110,00 daqui a um mês? Geralmente, opta-se por R$ 100,00 agora, porém, do ponto de vista estritamente financeiro, R$ 110,00 representa mais dinheiro, afinal, em apenas 30 dias, 10% a mais parece bem razoável como remuneração.

E se, em vez dessa opção, fosse fornecida a seguinte possibilidade: Você prefere receber R$ 100,00 daqui a um ano ou R$ 110,00 daqui a um ano e um mês? Nesse cenário, geralmente, opta-se por R$ 110,00, afinal, se já será preciso esperar um ano, um ano e um mês parece muito pouco, e o rendimento vale a pena.

Diante de uma tentação, o indivíduo tem um conflito interno para resolver, manter-se autocontrolado e resistir ou optar em dar-se por vencido e materializar o viés do presente.

Basicamente, a falha do autocontrole ocorre quando a tentação domina a capacidade do indivíduo de resistir. Essa falha pode ser resultado de flutuações imprevistas de influências viscerais, como fome, sede ou outros tipos de privação que não são suscitados em tarefas de desconto por atraso financeiro. Portanto, essa descoberta representou mais um passo em direção a uma ciência comportamental integrada de autocontrole que combina perspectivas econômicas e psicológicas (Delaney; Lades, 2015; O'Donoghue; Rabin, 1999).

Mas seriam todos os indivíduos iguais ou alguns teriam mais autocontrole que outros? O'Donoghue e Rabin (1999) investigaram essa questão e classificaram os indivíduos em dois grupos: os **sofisticados** (*sophisticated*) e os **ingênuos** (*naive*). Os primeiros se engajam ativamente em seus compromissos e são capazes de evitar ou mitigar o efeito das tentações, bem como de procrastinar o prazer e encarar os custos imediatos de uma tarefa porque são pessimistas sobre seus comportamentos futuros. Logo, uma pessoa ingênua acredita que se comportará diferente no futuro, mas uma pessoa sofisticada sabe que talvez não.

Por exemplo, um indivíduo precisa escrever um artigo, o que lhe trará um custo imediato de alocação de tempo. Então, nesse momento, ele prefere assistir a um filme e, depois, debruçar-se sobre o artigo. Contudo, se for uma pessoa considerada sofisticada, terá maiores chances de resistir à tentação e escrever o artigo, pois sabe que, depois do filme, talvez queira tirar um cochilo, o que atrasaria a escrita. Por outro lado, a pessoa ingênua continua acreditando que apenas verá um filme e, na sequência, será capaz de escrever o artigo.

Nesse sentido, um indivíduo pode ser sofisticado e saber exatamente quais serão as preferências de seu futuro ou pode ser ingênuo e acreditar que as preferências de seu futuro serão idênticas às de seu "eu" atual, sem perceber que, quando se aproximar do momento de tomar decisões, seus gostos terão mudado.

Também existem suposições mais intermediárias. Por exemplo, uma pessoa pode estar ciente de que seus futuros "eus" terão preferências preconceituosas, mas subestima o grau do preconceito atual (O'Donoghue; Rabin, 1999).

Em resumo, as consequências de ter de fazer escolhas são terríveis para o ser humano e, se elas se situam em tempos diferentes, causam uma tormenta ainda maior. Com relação a isso, além do viés do presente e do autocontrole, surge mais uma variável: a tangibilidade da questão.

Decidir entre não comer um brigadeiro de colher agora e ter um corpo esbelto no futuro não é uma escolha simples. O corpo futuro é uma ideia intangível, enquanto o brigadeiro de colher é algo concreto no presente. Poupar dinheiro hoje é uma dor, uma renúncia de algo concreto que deixou de ser comprado, consumido, enquanto ter dinheiro no futuro é apenas uma ideia intangível.

O dinheiro na mão usado para pagar algo pode proteger-nos do consumo exagerado porque ele traz alguma dor no presente; já o cartão de crédito ou as transações eletrônicas, não. É uma combinação de busca por recompensa com inabilidade de pensar a longo prazo, um *trade-off* perigoso, considerando-se a intangibilidade das recompensas adiadas em contraposição ao prazer concreto e imediato (Kahneman, 2012; Ariely; Kreisler, 2019; Rick; Loewenstein, 2008).

Autocontrole e força de vontade são os mecanismos que podem nos ajudar nesse cabo de guerra, na intenção de "tangibilizar" as coisas. Por exemplo, você pode pensar em trocar um prazer por outro (o brigadeiro por um doce *light*), como a criança que brinca com o controle remoto da TV e você lhe oferece um papel colorido em troca, o qual produz até um som e é muito mais legal para ela – gera-se, assim, algum incentivo.

Também é possível propor a si mesmo uma aposta envolvendo algo de valor. A título de ilustração, vejamos: "Se eu não passar as próximas três semanas sem comer um único brigadeiro, terei de pagar uma quantidade razoável de dinheiro a alguém ou perderei algum objeto de valor sentimental". No entanto, estratégias dessa natureza não são tão simples de serem cumpridas. No fundo, é uma ideia trágica evitar um prazer concreto no presente para evitar uma dor futura, mas muito intangível.

Rick e Loewenstein (2008) concluíram que a tangibilidade em nossas decisões é tão importante que implica algo como "salvar o planeta". Os autores fornecem o exemplo de que o aquecimento global ainda é, para milhares de pessoas, algo muito intangível, afinal, elas ainda não sentiram de forma visceral o mal gerado ao planeta. Assim, o papel da tangibilidade na tomada de decisões deve ser muito bem compreendido por todos nós, e não apenas por uma questão de preservação de nossa saúde e de nosso bem-estar.

Na Seção 11.5, apresentaremos algumas reflexões e ferramentas que podem ajudar nessa compreensão.

5.5 Escolha intertemporal e princípio do prazer

Para psicanalistas, a escolha intertemporal tem total conexão com a psique humana e é representada pelo conflito entre a satisfação pulsional e a exigência de civilização, conforme pontua Freud na definição do aparelho psíquico (Ferreira, 2008). Para Freud (1976b), a personalidade é formada pelo aparelho psíquico e compõe-se de três elementos: id, ego e superego (Figura 5.3).

Figura 5.3 – *Iceberg* da psicologia social com a teoria freudiana

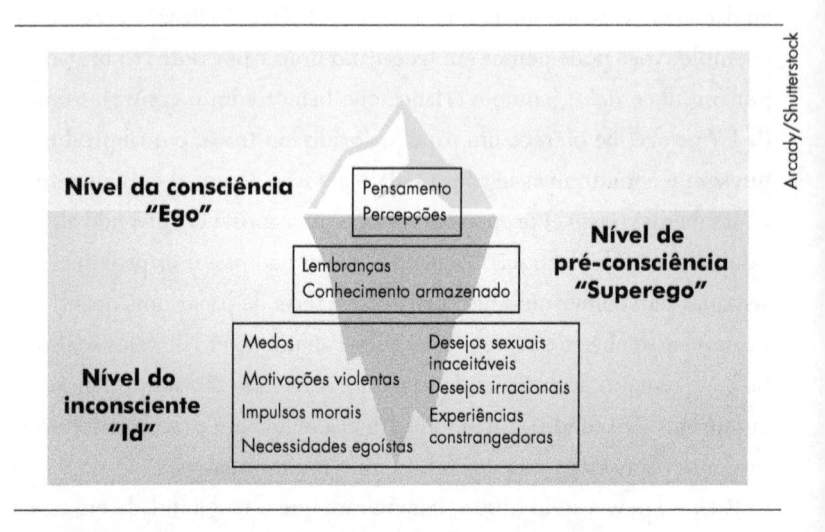

Nível da consciência "Ego"
Pensamento
Percepções
Lembranças
Conhecimento armazenado

Nível de pré-consciência "Superego"

Nível do inconsciente "Id"
Medos
Motivações violentas
Impulsos morais
Necessidades egoístas
Desejos sexuais inaceitáveis
Desejos irracionais
Experiências constrangedoras

Fonte: Elaborado com base em Kleinman, 2015; Banov, 2015; O livro..., 2012; Freud, 1976b.

O id representa o princípio do prazer, que essencialmente significa querer tudo aquilo que possa satisfazer em determinado momento. Trata-se da parte mais instintiva e animal da personalidade, muitas vezes inconsciente. Por sua vez, o ego diz respeito ao princípio da realidade, ao *self* que confronta a existência de outras pessoas no mundo e percebe que o comportamento impulsivo pode causar danos – ele tem maior contato com a realidade externa (não apenas psíquica). Completando a trinca, o superego, já no nível pré-consciente, guarda a moral e a força social e "negocia", entre o id e o ego, o comportamento humano, conforme ilustra a imagem do *iceberg* da Figura 5.3. Essa representação elucida o funcionamento do aparelho psíquico (a mente humana) que forma a personalidade do indivíduo, segundo a teoria freudiana.

A escolha intertemporal agride diretamente o princípio do prazer freudiano, a busca pela satisfação imediata. Perceba que há, aqui, uma relação com a teoria da utilidade quanto à ideia da maximização do benefício como motivo de escolha do agente econômico.

Ao postergar um prazer, age-se de forma contraintuitiva ao que seria o "natural" de acordo com o princípio do prazer. Essa agressão não fica sem uma vingança. Há sempre um preço a se pagar.

Para Banerjee e Duflo (2007) e Banerjee e Mullainathan (2008), as consequências das preferências intertemporais inconsistentes "são mais severas para os pobres", uma vez que estes "estão mais sujeitos a cair em tentação e preferir o consumo imediato", por conta de seu contexto de privações, que os leva a "moldar atenção e força de vontade de modo a dar mais valor às preferências e opções do presente" (Muramatsu, 2015, p. 159).

Portanto, o viés do presente também afeta os ricos, mas para os pobres parece ser mais crítico.

O "preço" e o desdobramento do aparelho psíquico, o princípio do prazer e as escolhas, intertemporais ou não, serão abordados em mais detalhes na sequência deste livro.

5.6 Escolhas e recompensas

Freud concebeu dois princípios: o do prazer e o da realidade, como abordamos anteriormente. O primeiro representa a vontade (o que se quer fazer), isto é, o desejo de obter satisfação rápida e imediata; ele revela a parte mais primária do funcionamento do aparelho psíquico (Freud, 1996). Quando esse princípio se depara com a realidade – por exemplo, a impossibilidade fazer algo por falta de dinheiro –, Freud (1996, p. 23) interpreta-o da seguinte maneira: "sob a influência dos instintos de autopreservação do ego, o princípio do prazer é substituído pelo princípio da realidade". Logo, advém desse desencontro, ou seja, do conflito entre os princípios, uma reação natural, que interpretamos como frustração.

A **frustração** pode ser definida como o bloqueio da realização do objetivo, que pode ser imaginário ou não – característica importante (Hersey; Blanchard, 1977). Por exemplo, a mulher ideal ou o homem ideal, o chefe ideal, os pais ideais são desejos apenas imaginários, impossíveis de serem materializados, pois sempre haverá imperfeições nesses objetos.

Ocorre que os seres humanos não têm grande apreço pela frustração, afinal, ela causa dor, um elemento que evitamos, e ninguém quer experimentar a sensação de limitação do seu "querer", da sua satisfação impulsiva (princípio do prazer).

O certo é que a frustração ensina, gera musculatura para vivermos e encararmos a vida. Na realidade, nem tudo é como queremos – "nem tudo é como você quer, nem tudo pode ser perfeito" (Lima; Ouro Preto, 2004), já cantava o grupo musical Capital Inicial. Mas quem está preparado verdadeiramente para receber um não?

Certa vez, em uma palestra da Comissão de Valores Mobiliários (CVM), em colaboração com o Grupo de Estudos e Trabalho em Psicologia Econômica (GET-PE), na Semana Nacional de Educação Financeira (Semana Enef), o palestrante afirmou que "quanto maior a confiança que se tem no amanhã maior o 'juro' que se estará disposto a pagar para antecipar e desfrutar desde já suas promessas" (CVM; GET-PE, 2016, p. 22). Afinal, se alguém tem uma perspectiva de um futuro próspero (mesmo que sem nenhum fundamento), por que abrir mão agora de coisas que serão abundantes e fáceis de obter no futuro?

Quem não acredita que será mais disciplinado no futuro, que fará mais atividades físicas, comerá menos, será mais atencioso com o par afetivo, com os pais, com os filhos, com a equipe, com os amigos de longa data etc.? Isso tem profunda relação com o mundo das finanças comportamentais, pois se refere a escolhas intertemporais, como na situação em que compramos algo a prazo. Nesse contexto, dissociamos o prazer do consumo, que é imediato, da dor de pagar pela compra, que só surge na sequência. No universo do dinheiro físico, isso era mais perceptível, mas, atualmente, com as transações eletrônicas e os débitos automáticos, muitas pessoas se perdem com essa virtualização e acham que a vida não tem mais dor. Apenas quando recebem cartas de cobrança avisando sobre os estouros de limites de cartões de crédito e cheque especial é que se dão conta de que nada é sem custo – "não há almoço grátis"!

A opção de pagar por uma viagem de forma antecipada, de modo que, ao chegar ao local, tudo já esteja pago, tem efeito diferente se comparada à opção de pagar enquanto se faz a viagem ou somente ao final dela. Isso porque gostamos de finais felizes. Terminar algo de maneira altamente positiva é muito importante, visto que o fim de uma experiência afeta o modo como a avaliamos em sua totalidade. Logo, finalizar uma viagem com a dor do pagamento não é muito recomendável. Aliás, estudos com o uso de ressonância magnética mostram que o ato de pagar e a dor física estimulam as mesmas regiões do cérebro (Ariely; Kreisler, 2019; Kahneman, 2012; Prelec; Loewenstein, 1998).

Em uma experiência realizada em 2006, os cientistas Scott Rick, G. Elliott Wimmer, Drazen Prelec e George Loewenstein, usando um equipamento de ressonância magnética em pessoas e oferecendo-lhes chocolates e outros itens desejáveis, observaram que partes específicas do cérebro ficavam mais ativas (Camargo, 2013).

A primeira era o *nucleus accumbens*, área associada à antecipação do prazer, a qual era acionada quando os participantes avistavam os produtos que desejavam e verificavam que os preços eram inferiores aos que eles imaginavam. O córtex medial pré-frontal, outra área do cérebro, associada ao balanceamento entre os ganhos e as perdas, também era acionado. Contudo, quando os preços eram maiores do que os indivíduos esperavam, a ínsula, área cerebral que registra a dor, registrava maior atividade. Esse estudo, intitulado "Neural Predictors of Purchases", foi publicado na revista *Neuron* (Camargo, 2013).

Como dizem os budistas, a dor é sempre veículo da consciência, e a ciência tem um entendimento similar: a dor é um mecanismo importante para a preservação da vida humana e a evitamos o tempo todo. Agora, graças à neurociência, sabemos que isso não é apenas uma metáfora, mas também algo fisiológico (Camerer; Loewenstein; Prelec, 2005).

Todavia, quando o assunto é finanças, encontramos um ótimo analgésico: "Compre agora e pague depois!". Resolve-se a questão com o *nucleus accumbens* e com a ínsula ao mesmo tempo. Desse modo, com o remédio para o alívio da dor, endividamo-nos cada vez mais simplesmente estimulando o prazer da compra, da posse e da novidade. Ter a satisfação sem ter a dor no mesmo momento potencializa a sensação de prazer e faz a dor ser menos visceral.

Segundo Dan Ariely e Jeff Kreisler (2019), com o cartão de crédito em mãos, pensamos em quão gostoso será um alimento ou quão bonito um objeto ficará em nossa casa, ao passo que, quando usamos dinheiro, nos concentramos mais na ideia de que a comida pode nos deixar mais obesos ou no fato de nem termos uma casa.

"Tudo é dor, e toda dor vem do desejo de não sentirmos dor" (Manfredini; Villa Lobos; Bonfá, 1989) é um verso da música *Há tempos*, da banda Legião Urbana. De fato, todos nós sentimos alguma dor. No entanto, as formas de aliviá-la podem ser distintas: uso de entorpecentes, meditação, religião, televisão, jogos etc. Compreender a funcionalidade da psique humana, mesmo que minimamente, ajuda a entender que estar consciente sobre a dor é uma maneira de restringir o impacto que essa busca pode ter sobre a vida.

Quando uma criança chora por algo que lhe foi retirado – por exemplo, o controle remoto da televisão ou um objeto que ela estava usando como um brinquedo –, qual é a recomendação da psicologia para lidar com essa situação? O que todos fazem, geralmente, é dar à criança outro objeto, talvez um brinquedo de verdade ou apenas um lápis colorido, um chaveiro etc. No momento da troca, qual é a reação do adulto? Valorizar o novo objeto, dizendo coisas como: "Este aqui é colorido!", "Faz barulhinho!", "Abre e fecha", "Olha que legal, é muito melhor".

Nesse ponto, há um trunfo para nós, adultos: é preciso encontrar um novo objeto sempre que aquele que nos fornece uma recompensa for, na realidade, um ofensor à saúde física, psíquica, profissional e/ou financeira.

Um exemplo disso é apresentado por Ariely e Kreisler (2019). Em uma pesquisa, algumas pessoas receberam uma moeda para deixá-la em casa sempre à vista e, ainda, semanalmente recebiam mensagens de texto via celular com incentivos à poupança, uma no início da semana e outra no final. O experimentou demonstrou que o fato de terem a moeda em casa fez com que as pessoas, em algum momento, pensassem em poupar, ou seja, a presença física acarretou essa ideia. Esse fenômeno é conhecido como *visualização* e faz o indivíduo lembrar-se de algo a todo momento. É apenas um artifício, mas muito eficaz, como evidencia a pesquisa citada.

Não se trata de algo realmente novo. Aristóteles (1991, p. 177), ao dissertar sobre a amizade e o tempo sem contato com os amigos, dizia: "longe dos olhos, longe do coração". Se não visualizamos, a tendência é sempre esquecermos. A título de ilustração, colocar *post-its*, pano de fundo ou proteção de telas no celular com seus objetivos escritos ou com uma imagem que remeta a eles pode impulsioná-lo nos dias de preguiça, porque, ao olhar para o aviso, você se lembra do que prometeu a si mesmo. Essa é uma possibilidade. A outra é contratar alguém para cobrá-lo diariamente sobre o que você prometeu fazer, a exemplo de um *coach*.

Afinal, mesmo tendo condição de fazer algum esforço, a tendência é postergarmos as decisões, sob a argumentação de que trataremos dela no futuro. Somos procrastinadores por natureza. A palavra *procrastinar* tem raízes no latim *pro*, que significa "para", e *cras*, que significa "amanhã". Temos a tendência natural de empurrar para amanhã qualquer esforço. Evitamos a dor, buscamos prazer. Por isso, comer um brigadeiro agora não é caso de procrastinar, mas a meia hora de esteira pode ficar para amanhã (Ariely, 2008; Falconi, 2009; Dias, 2013).

O psicólogo e arquiteto da escolha Luciano Lobato afirma que "há um século, aproximadamente, 10% da mortalidade humana era resultado de más decisões. Atualmente, esse índice é de aproximadamente 40%, com as doenças crônicas como infarto, câncer e diabetes, sendo resultado de más decisões contínuas (hábitos ou estilos de vida)" (Lobato, citado por Dias, 2016, p. 60).

Definitivamente, não podemos alegar que a maioria dos problemas da vida moderna seja por falta de informações, certo?

5.7 Shows, empreendimentos e comportamento

Você gasta R$ 100,00 em um ingresso de um *show* a que deseja assistir. Porém, quando chega ao local do evento, percebe que perdeu o ingresso. Você tem como comprar um novo pelo mesmo preço e ainda existem lugares vazios na plateia. Nesse caso, o que você faria? Compraria um ingresso novo ou desistiria do evento?

A maioria das pessoas talvez não compre, pois já gastou o dinheiro antes, logo, não faz sentido gastar novamente. E quem decide comprar um novo ingresso pagará R$ 200,00, correto?

Agora, suponha que você não tenha comprado o ingresso antecipadamente, mas decida assistir ao *show* e vá ao local com R$ 200,00 no bolso.

Ao chegar, descobre que falta uma nota de R$ 100,00. Nessa situação, você compra o ingresso para o *show* ou não?

A reposta da maioria das pessoas é "sim". Elas compram o ingresso, pois o fato de terem perdido R$ 100,00 não tem relação com o espetáculo. E, quando se pergunta a essas pessoas quanto custou a noite, o que elas respondem? Surpreendentemente, a resposta é R$ 100,00, mesmo que tenham ficado R$ 100,00 mais pobres com o dinheiro perdido (Thaler, 2015; Kahneman, 2012; Ariely, 2008; Ariely; Kreisler, 2019).

A esse respeito, Ariely e Kreisler (2019) alertam que, do ponto de vista estritamente econômico, ambas as situações são iguais. Afinal, que diferença faz perder uma nota de R$ 100,00 ou perder um pedaço de papel (ingresso) que lhe custou R$ 100,00? No entanto, de uma perspectiva humana, há uma grande diferença. A primeira situação geralmente leva o indivíduo a voltar para casa porque perdeu o ingresso. Já no outro cenário, a pessoa perdeu dinheiro, ou seja, um pedaço de papel sem carimbo de destino.

Esse é um exemplo bem simples de **conta mental*** que nos ajuda a compreender os estudos da neuroeconomia. Por que percebemos o dinheiro como dinheiro e as coisas que foram compradas com dinheiro de forma diferente?

Agora, imagine que você comprou o ingresso antecipadamente, mas no dia do *show* cai uma tempestade sobre a cidade, causando alagamentos e transtornos de forma geral. Se você for ou não ao evento, não terá reembolso, pois o dinheiro já foi gasto. Contudo, no intuito de recuperar o investimento feito, você provavelmente se sentirá muito tentado a ir ao *show* e, provavelmente, correrá o risco. Essa situação seria diferente se você não tivesse comprado o ingresso de forma antecipada. Talvez dissesse a si mesmo: "Que bom que não gastei dinheiro com isso, não teria mesmo como ir".

Thaler chama esse fenômeno de **falácia dos custos incorridos** (*sunk costs*, em inglês), pois tendemos a nos apegar mais às situações em que já empenhamos dinheiro. É como se quiséssemos anular o gasto feito com

---

* Temática aprofundada na subseção 7.2.8.

algum retorno, talvez fugindo da dor da perda, algo que a psicanálise chama de *anulação*, um **mecanismo de defesa*** que tenta "apagar" o que foi feito, pensado ou dito anteriormente (Ferreira, 2008).

Relato do autor

Certa vez, ajudei uma moça que se via diante da seguinte situação: dívidas no cartão de crédito e no cheque especial acumuladas que lhe custavam todos os meses algo em torno de R$ 2.000,00 de juros. Porém, ela contou que todos os meses destinava 10% de seu salário para investimentos (em conta poupança). Isso significava que ela tinha uma saída de caixa, entre o que poupava e o que pagava de juros para o banco, na ordem de R$ 800,00 por mês.

E por que isso? Porque ela pensava assim: "É bom poupar, preciso ter esse compromisso mensal".

Todavia, ela não fazia as contas, pois pagava cerca de 12% de juros ao mês e ganhava cerca de 0,7% com sua poupança. Isso a prendia a uma conta devedora e ao cartão de crédito também, pagando apenas parte da fatura.

Meu trabalho com ela consistiu apenas em imprimir os últimos 12 extratos bancários de sua conta e somar o total de despesas com juros, os quais ela não enxergava, já que não recebia um boleto para pagá-los, tampouco ia ao banco com dinheiro para fazer isso (o débito automático a iludia).

Esse somatório de juros comparado ao somatório dos rendimentos mensais a fez perceber que estava perdendo dinheiro em uma estratégia suicida que, em pouco tempo, a levaria à falência pessoal.

---

* Os mecanismos de defesa ou ajustamento manifestam-se quando o ego é requerido a amenizar o conflito entre o id e o superego de forma natural, por meio do uso da razão (ele usa artifícios para equilibrá-los). Esses mecanismos são inconscientes e apresentam ao indivíduo uma realidade distorcida para ajudá-lo a preservar sua saúde mental. Trata-se de uma maneira de descarregar a energia acumulada pelas diversas situações a que a pessoa não pode responder ou revidar, quando os valores morais impedem a manifestação da emoção. Para ilustrar, podemos considerar uma pessoa que teve sua atenção chamada por outro alguém e, na hora, não pôde revidar. Assim, ela engoliu a raiva, que deverá ser descarregada de alguma outra forma. Inconscientemente, a pessoa utilizará esses mecanismos para extravasar o sentimento. Esse processo é constante em nossa mente (Banov, 2015; Freud, 1976b).

Por que pessoas não conseguem enxergar algo tão básico, um efeito terrível sobre a vida financeira delas? Em razão do uso de contas mentais! Os custos que não têm recuperação (*sunk costs*), como abordamos no exemplo da compra de ingressos, são chamados de *custos irrecuperáveis*. Tendemos a valorizá-los em demasia e não estamos dispostos a renunciar a eles, o que pode nos levar a cavar um poço cada vez maior. Isso explica, por exemplo, o comportamento de pessoas que recebem indenizações depois de serem dispensadas de seus trabalhos e investem os recursos em um negócio próprio que não traz retorno. Para tentar contornar a situação, investem ainda mais dinheiro, aumentando suas dívidas, até inevitavelmente atingirem a falência.

Quantos projetos de obras públicas ou mesmo privadas não foram continuados apenas porque já havia sido investido muito dinheiro anteriormente? Quantos desses projetos empresariais ou obras públicas não representaram tremendos desperdícios porque CEOs e/ou políticos não quiseram assumir perdas e acabaram por aumentá-las?

Uma boa solução, nesses casos, seria a criação de uma espécie de ***stop loss**** pessoal – definir uma sorte de limite máximo de perdas suportáveis e, ao alcançá-lo, parar imediatamente de alocar mais recursos – por parte do investidor, do empreendedor, do político ou do CEO.

Esse embasamento pode ser um fator interessante para explicar por que executivos e empreendedores investem dinheiro em empreendimentos ruins. O simples fato de um projeto ter consumido grandes esforços e montantes de dinheiro (efeito dotação e aversão à perda) pode fazer com que o executivo decida alocar ainda mais recursos na esperança de reverter o jogo (excesso de confiança, falácia do apostador e viés do otimismo**).

Executivos de empresas e empreendedores de forma geral não são pessoas diferentes, do ponto de vista psicológico, da maioria da população. Eles podem conhecer técnicas de gestão, saber sobre projetos, compreender o

---

*   Stop loss é uma venda feita de forma automática quando ações atingem um limite de perda preestabelecido. Esse recurso existe para interromper um prejuízo maior caso o investidor não tome uma ação.

**   A Seção 11.3 trata desses três temas.

mercado financeiro etc., mas ainda assim são apenas seres humanos, que precisam enfrentar uma série de problemas ao tomar decisões e lidar com emoções que as afetam.

Todos, sem exceção, estão sujeitos a comportamentos econômicos que recebem os mais variados títulos, como "mão de vaca", "avarento", "perdulário", "esbanjador", "presenteador compulsivo", "comprador compulsivo", "caçador de pechincha", "apostador", "acumulador", "novo rico", "devedor" (Ferreira, 2008).

Razoavelmente emocional

Qual é a razão de termos emoções? E qual é a emoção de conhecermos a razão? Por que algumas pessoas têm o vício das compras compulsivas?

A razão para as compras compulsivas está baseada na emoção, porque, antes de se catalogar como um vício, comprar o que se deseja é uma grande fonte de satisfação. Certamente, as consequências posteriores podem ser, e geralmente são, desastrosas.

capítulo 6

Otero-López et al. (2011) compreendem que a busca da satisfação com a vida e o sucesso e a satisfação da aquisição material têm efeito direto nas compras compulsivas das pessoas. Ninguém se vicia se não for para buscar prazer ou alívio da dor – portanto, felicidade, ou, em "economês", utilidade.

Aliás, geralmente o percentual de mulheres com vício em compras compulsivas é maior do que em homens, uma vez que comprar costuma ser parte de seus afazeres. Além disso, pesa o apelo da indústria da moda sobre a mulher ideal, observado por meio de ofertas de vestuário, cosméticos, acessórios, produtos para casa, comida etc. Entre os homens, verifica-se a preferência por ferramentas, equipamentos tecnológicos, acessórios para carro, equipamentos de esporte e roupas de prestígio, a depender de sua imagem social.

Há, ainda, um componente psicanalítico nessa situação, que remonta à infância e à adolescência. É frequente o relato de pessoas que dizem ter recebido dos pais dinheiro e presentes em vez de amor, tempo e atenção, o que afetou de forma desfavorável o desenvolvimento de suas personalidades, com o predomínio da ideia de que o consumo é um caminho para a felicidade (Ferreira, 2008).

Vender bens que seriam usados ativa regiões do cérebro associadas ao nojo e à dor, e isso tem relação com o **efeito dotação**. Algo semelhante acontece com o ato de comprar, desde que os preços sejam percebidos como elevados demais ou se note que o vendedor está levando vantagem. Já quando os preços são baixos, trata-se de um acontecimento prazeroso (Kahneman, 2012).

O economista Jeremy Bentham bebeu da fonte grega dos filósofos hedonistas e cunhou o conceito de **princípio da maior felicidade** (*the greatest happiness principle*, em inglês), que, na economia, se traduz como utilidade (Mill, 2004). O autor chegou a essas definições por meio de sua análise do papel do prazer e da dor (sofrimento) como motivadores do comportamento humano, acrescentando a isso a visão ética utilitarista, pela qual o objetivo é a satisfação do maior número possível de pessoas. De acordo com John Stuart Mill (2004), o utilitarismo é o mesmo que uma **teoria da felicidade** (*utilitarian* ou *happiness theory*, em inglês).

Bentham ousou ao tentar criar um indicador de felicidade baseado na quantidade de dinheiro sob posse do indivíduo, que, no entanto, não era perfeito e absoluto, uma vez que compreendia a ideia da utilidade marginal decrescente, como expressou W. S. Jevons, visto na Seção 4.1. Portanto, o aumento da riqueza não traria um aumento proporcional do bem-estar.

Por sua vez, Mill (2004), que sistematizou o modelo de *Homo economicus*, abarcou uma visão psicológica do conceito de utilidade marginal – para ele, também um fenômeno psíquico. Assim, o valor, de certa forma, não está associado ao custo de produção, mas a alguma atribuição subjetiva, de modo que pessoas fazem intercâmbios econômicos pela mesma razão que as leva a buscar maior satisfação (prazer) para suas necessidades.

Esse desejo de busca por satisfação corresponde ao que o economista John Maynard Keynes denominou posteriormente **espírito animal**, isto é, o otimismo de empreendedores em levar adiante suas ideias, inclusive investindo dinheiro nelas (Thaler, 2015; Schumpeter, 2003).

No início deste livro, apresentamos duas passagens muito fortes sobre a predominância das emoções sobre a razão: a de Dale Carnegie*, de 1932, e a de Cícero**, que viveu entre os anos de 106 a 43 a.C. Contudo, há uma alegoria platônica que não pode ficar de fora. O filósofo Platão traz uma fala de Sócrates no diálogo com Fedro explicando que o corpo humano é como uma carruagem: nós somos os condutores; os pensamentos, as rédeas; e os sentimentos, as emoções representadas por dois cavalos distintos (Platão, 2012a). Essa metáfora nos mostra que a razão (*logos*) é o cocheiro, conduzindo os cavalos gêmeos paixão (*eros*) e apetite ou desejo (*thymus*) e sendo conduzido por eles (Figura 6.1).

Figura 6.1 – Alegoria da carruagem de Platão

---

*   "Quando lidamos com pessoas, lembremo-nos sempre de que não estamos tratando com criaturas de lógica. Estamos tratando com criaturas emotivas, criaturas suscetíveis às observações norteadas pelo orgulho e pela vaidade" (Carnegie, 2012, p. 49).

**   "Os homens decidem muito mais problemas por meio do ódio, amor, luxúria, raiva, tristeza, alegria, esperança, medo, ilusão ou alguma emoção interna, que pela realidade, autoridade, qualquer norma legal, precedente judicial ou estatuto" (Cícero, citado por Baldwin; Bommer; Rubin, 2015, p. 143).

Essa alegoria remete à afirmação do Rei Salomão, para quem o que faz um homem é o que vai em seu coração (Bíblia, 2022), bem como à canção de Belchior (1977): "não quero o que a cabeça pensa, eu quero o que a alma deseja".

6.1 Contribuições da psicanálise

Vera Rita de Mello Ferreira (2008, p. 205) afirma que "para a psicanálise o componente emocional está presente em todas as ações humanas, tanto no plano psíquico como no sensorial". Desse modo, a emoção é despertada pelo movimento ou é ela que o desperta, seja de forma tangível (sensorial), seja de forma intangível (psíquico).

Como comentamos anteriormente, a literatura freudiana é construída com base em dois princípios do funcionamento mental, o princípio do prazer e o da realidade. Além disso, Sigmund Freud compreendia que o processo decisório do indivíduo acontece na mente, denominada por ele de *aparelho psíquico*. Esse aparelho, que propicia a compreensão das emoções, é formado por três níveis de vida mental – consciente, pré-consciente e inconsciente. Ademais, aquilo que conhecemos como *personalidade* é composto de três elementos, que introduzimos no Capítulo 5 e aprofundaremos agora:

- **Id**: o termo tem origem no alemão *es*, que significa "ele" ou "isso". Refere-se à parte mais profunda da vida mental, ao inconsciente, à área biológica que guarda o instinto animal existente no ser humano, sem censura nem moral, na qual estão as partes mais primitivas da vida mental. O id é regido pelo princípio do prazer. Nele se concentram todos os medos, desejos sexuais inaceitáveis, desejos irracionais, experiências constrangedoras, motivações violentas, impulsos imorais e necessidades egoístas. O inconsciente tem leis próprias de funcionamento, as quais ignoram as dimensões temporais e são carregadas de contradições. É no id que surgem os recalques e as repressões – por conta de impulsos que ameaçam gerar um desprazer consciente. Para Freud (1996), o inconsciente é o grande motor propagador do que o indivíduo pratica de modo consciente.

- **Superego**: diz respeito a uma vida mental ainda pré ou subconsciente. Trata-se da força social adquirida. No superego, formam-se as ideias morais e religiosas, as regras, as condutas e os valores que o indivíduo assimila. É a parte responsável pela repressão civilizatória – o "guardião moral" herdado pelos pais. Nele vivem as lembranças e o conhecimento armazenado.

- **Ego**: também conhecido como *self*, é a razão, o elemento que busca equilibrar os dois anteriores. Atua como um gerente da personalidade, na medida em que está o tempo todo negociando o conflito com o id e o superego. O ego é o princípio da realidade porque é ele quem mais entra em contato com a realidade externa, ou seja, com aquilo que acontece fora da mente humana. Nele estão os pensamentos e as percepções, parte mais consciente do nível da vida mental.

A teoria freudiana defende que a personalidade na vida adulta emerge das experiências infantis, particularmente da maneira como cada criança concilia as exigências de sua sexualidade e as forças externas de controle e restrição. Essa tensão de forças – na linguagem freudiana, *pulsões* – gera todas as emoções, as sensações, os desejos etc. Portanto, a mente jamais escapa do conflito – ao menos, não enquanto há vida. Dito de outra forma, ela jamais está estática e, nesse sentido, se esforça para empreender uma harmonia nesses processos. Para Freud (1996), o conflito é a pulsão entre a vida e a morte e só cessa quando existe a morte – ou, como ele denominou, o *estado inorgânico do ser* (Banov, 2015; Ferreira, 2008).

Conforme pontuamos anteriormente, Freud (1996) considerava que a origem das frustrações humanas está no desencontro entre o princípio do prazer e o princípio da realidade. Logo, nossos desejos justificariam nossa imensa fragilidade. Se, por um lado, nossos desejos nos movem e geram expectativas, por outro, a realidade nos apresenta um quadro distinto e com a mesma intensidade, de forma a contrapor tais desejos.

Freud (1996) compreendia, ainda, que há diferentes realidades: uma **realidade psíquica**, apenas do indivíduo, proveniente da interação com a realidade externa ou sensorial, compartilhada pela maioria das pessoas, e uma **realidade interna**, constituída pelos desejos inconscientes de cada um. Essa simbiose de realidades geraria projeções e introjeções, como se depreende do trecho a seguir:

> Sob a influência dos instintos de autopreservação do ego, o princípio de prazer é substituído pelo **princípio de realidade**. Esse último princípio não abandona a intenção de fundamentalmente obter prazer; não obstante, exige e efetua o adiamento da satisfação, o abandono de uma série de possibilidades de obtê-la, e a tolerância temporária do desprazer como uma etapa no longo e indireto caminho para o prazer. Contudo, o princípio de prazer persiste por longo tempo como o método de funcionamento empregado pelos instintos sexuais, que são difíceis de "educar", e, partindo desses instintos, ou do próprio ego, com frequência consegue vencer o princípio de realidade, em detrimento do organismo como um todo. (Freud, 1996, p. 23, grifo do original)

Na teoria freudiana, a mente busca satisfação imediata, mesmo que isso incorra em riscos. Para Ferreira (2008), esses riscos advêm de medidas precipitadas e, muitas vezes, inconsistentes, com prazeres verdadeiros e duradouros – no caso do princípio da realidade –, embora de forma mais lenta e trabalhosa, pois é necessário promover maior investigação para encontrar respostas. Esse cenário faz com que a psique humana procure reduzir a tensão por meio de alterações significativas da realidade. Por exemplo, diante da impossibilidade de esperar, a mente busca uma solução própria, uma ilusão, um alívio para a tensão, que, no entanto, não altera a realidade de fato.

Ferreira (2020) usa um exemplo muito simples para explicar esse fenômeno psíquico. A autora sinaliza que esse processo funciona como se tivéssemos um semáforo emocional (Figura 6.2) dentro de nós, de modo que tudo o que nos agrada tem mais chances de acionar a luz verde, havendo a tendência, então, de ser considerado real (**viés de confirmação***). Por seu turno, tudo aquilo que nos traz desconforto e de que não gostamos faz acender a luz vermelha, sendo, portanto, facilmente ignorado por nós. Nos termos de Ferreira (2008, p. 211), "a sua representação mental

* A definição desse conceito será desenvolvida na Seção 7.1.

sofrerá repressão, afastando-se assim da consciência". Em outras palavras, trata-se da **negação**.

Figura 6.2 – O semáforo emocional.

- Não gosto, não pode ser verdade!
- Não sei, pode ser e pode não ser.
- Gosto! Isso é verdade!

Fonte: Elaborado com base em Ferreira, 2020.

A negação não seria o único efeito de uma necessidade não satisfeita ou de uma frustração, que, para simplificar, podemos definir como o bloqueio da realização de um objetivo, imaginário ou não, conforme abordamos na Seção 5.6.

Hersey e Blanchard (1977) descrevem outras reações que podem aparecer no comportamento do indivíduo que sofre com o desencontro entre a satisfação imediata e a realidade, a saber:

- **Agressão**: é o comportamento destrutivo, que gera luta e hostilidade contra o objeto ou a pessoa que causa a frustração – muitas vezes, elege-se um *bode expiatório*, expressão da psicanálise usada para definir uma pessoa ou algo sobre o qual recaem as culpas, de modo a facilitar a administração da tensão. Trata-se de um método compensatório que os indivíduos comumente adotam para manter uma imagem irrepreensível de si mesmos (Vries, 2010). Afinal, os outros (o gerente do banco, o consultor, o cônjuge, os filhos, a televisão, o clima, o cachorro etc.) são sempre mais culpados do que nós mesmos e merecem os castigos que damos a eles.

- **Racionalização**: manifesta-se quando o indivíduo apresenta desculpas como "Se não consegui, foi por conta do meu chefe" ou "Na realidade, nem queria isso". Embora a racionalização possa se parecer com a eleição do bode expiatório, aqui as falhas e os erros são perdoados e desculpados, tanto para o próprio sujeito quanto para os outros, de maneira a preservar a autoestima. O indivíduo condena outra pessoa ou objeto por sua incapacidade para atingir um objetivo ou diminui *a posteriori* a vontade prévia de alcançá-lo.
- **Regressão**: o indivíduo não se comporta de acordo com a idade. Assim, regride para o comportamento infantil mais primitivo, tem um "acesso de raiva" e faz "beicinho" como uma criança de 2 anos. A esse respeito, podemos nos lembrar das provocações trocadas, no final de 2017, entre o ex-presidente estadunidense Donald Trump e o líder norte-coreano Kim Jong-un acerca do poderio nuclear de seus países. À época, Trump tuitou que ele também tinha um botão nuclear, porém maior e que funcionava. Freud provavelmente analisaria esse *tweet* como um comportamento análogo ao de meninos de 10 anos que disputam entre si para saber quem tem a maior genitália. Nota-se, assim, que líderes de nações no século XXI ainda apresentam regressões.
- **Fixação**: nesse caso, o indivíduo continua a apresentar repetidamente o mesmo padrão de comportamento, embora a experiência já tenha mostrado que isso é improdutivo. Trata-se de uma incapacidade de aceitar a mudança, congelando as respostas antigas e habituais e impedindo o uso de novas e mais eficientes. Pode ser exemplificado pelo empreendedor que, frustrado com o desempenho de seu negócio, ignora alternativas e usa sempre a mesma estratégia, ainda que as variáveis originadas de novos problemas sejam distintas das que surgiram anteriormente.
- **Resignação ou apatia**: ocorre depois de uma prolongada frustração. A pessoa perde a esperança de atingir seu objetivo e afasta-se da realidade (fonte da frustração). É um fenômeno característico de pessoas em tarefas rotineiras, para as quais o indivíduo não tem esperança de melhorias.

Tolerar as frustrações é sempre sinal de amadurecimento. Entretanto, isso nem sempre é possível, uma vez que, quando a intolerância à frustração prevalece, mecanismos poderosos, como fantasias, são acionados. É o caso, por exemplo, das correlações ilusórias*, do excesso de confiança** e de diversas outras heurísticas que influenciam nosso julgamento. Como afirma Bion (citado por Ferreira, 2008, p. 213), "Imaturidade, confusão, desamparo e impotência são substituídos, naqueles que são intolerantes à frustração, por prematuridade, ordem, onipotência e poder".

6.2 Pensar cansa, mas não mata nem enlouquece

Todo o processo de pensar é extremante desgastante. De uma perspectiva de "energia", ele consome uma alta carga. Sempre que estamos conscientes, e talvez até quando não estamos, múltiplos cálculos acontecem em nosso cérebro. Esse órgão está sempre calculando se há alguma ameaça, se algo novo está acontecendo, se tudo está indo bem e decide em que alocar atenção.

A título de curiosidade, o cérebro do *Homo sapiens* equivale a algo entre 2% e 3% de seu peso corpóreo, mas ele consome de 20% a 25% da energia do corpo quando está em repouso (Harari, 2016; Jung; Kyrillos, 2015). Conforme Harari (2016, p. 17), "Em comparação, o cérebro de outros primatas requer apenas 8% de energia em repouso". Isso explica por que aprender algo novo é desgastante: porque consome nossa energia além dos 25% do modo *stand by*. Além disso, de acordo com Mlodinow (2013, p. 34), "Alguns cientistas estimam que só temos consciência de cerca de 5% de nossa função cognitiva. Os outros 95% vão para além da nossa consciência e exercem enorme influência em nossa vida, começando por torná-la possível".

Tendemos a poupar energia, pois não sabemos quando precisaremos dela para fugir de um ataque. Lembre-se da metáfora do relógio analógico existencial, que descrevemos no Capítulo 2: ainda somos dominados

---

*   Conceito detalhado na Seção 8.4.
**   Conceito detalhado na Seção 11.3.

pelas emoções mais primitivas. Passamos 55 minutos de nossa existência na primitividade e apenas nos últimos 5 minutos desenvolvemos alguma razão. Portanto, "adoramos" estar no **conforto cognitivo**.

Daniel Kahneman (2012) explica que existe uma variação entre relaxado (conforto cognitivo – *cognitive ease*) e tenso (tensão cognitiva – *cognitive strain*). Um está ativo se as coisas estão indo bem, sem ameaças e sem grandes novidades, e o outro entra em voga caso algum problema ocorra, exigindo um redirecionamento da atenção e uma mobilização de esforços.

Quando você está de bom humor, gosta do que vê, acredita no que escuta, o semáforo emocional está verde. Por sua vez, quando se sente tenso e tem maior probabilidade de se mostrar vigilante e desconfiado, o semáforo emocional fica vermelho. E é necessário ter cuidado, pois com o sinal vermelho ficamos menos criativos e menos intuitivos – por isso mesmo devemos ter atenção redobrada ao tentar solucionar problemas com a "cabeça quente".

Como precisamos tomar muitas decisões complexas no dia a dia e nossa capacidade de processamento é limitada, muitas vezes simplificamos os dados e caminhamos por atalhos, perdendo o rigor da análise. Esse panorama pode levar a escolhas inadequadas, mesmo que nosso desejo seja sempre fazer o melhor. Por isso, usamos as chamadas *heurísticas* (ou regras de bolso), como indicamos anteriormente. Trata-se de usar o que sabemos para interpretar o que não sabemos.

Diante disso, é possível usar o modelo de tomada de decisão exposto a seguir, que será aprofundado mais adiante, no Capítulo 7. Por ora, ele serve para compreender quais são as etapas do processo de decisão:

Decidir = Perceber + Avaliar + Escolher

O fato de que o semáforo emocional tende a rejeitar o que não traz prazer imediato fere mortalmente a amplitude e a clareza de nossa percepção, fazendo com que o processo de tomada de decisão derivado dessas situações seja desestruturado do ponto de vista daquilo que, popularmente, chamamos de *racionalidade*.

Em seu texto sobre o mal-estar na civilização, ao concluir seu argumento e expressar imparcialidade, Freud diz que sabe de muito pouco, mas tem uma certeza: "que os juízos de valor do homem acompanham diretamente os seus desejos de felicidade, e que, por conseguinte, constituem uma tentativa de apoiar com argumentos as suas ilusões" (Freud, 1976c, p. 91).

Ora, isso é o que chamamos de **viés de confirmação**, que atua nos fornecendo a satisfação imediata, mesmo que errada ou irreal – a ideia de que só podemos estar certos, "afinal, não podemos estar errados, porque nós somos nós". E por que não podemos estar errados? Outros dois fenômenos, apresentados anteriormente, aparecem aqui: o efeito dotação (adoramos o que nos pertence) e a aversão à perda. Esta não acontece somente em relação a bens tangíveis como o dinheiro, mas também com ideias. Gostamos de nossas ideias, que, muitas vezes, são resultado de anos de esforços e de inúmeras percepções (efeito dotação), razão pela qual não queremos descartá-las (aversão à perda). Assim, ficamos com uma ideologia rígida e inflexível (Ariely, 2008).

Wilfred Bion, que cunhou a frase "a razão é escrava da emoção e existe para racionalizar a experiência emocional" (Bion, citado por Zimerman, 2008, p. 98), parece mesmo ter sido muito feliz em sua análise, como afirma Ferreira (2008, p. 212):

> Se a intolerância ao que não gratifica de imediato tornar-se uma intolerância à realidade, a modificação dessa realidade, que, justamente, teria a chance de trazer a satisfação almejada, fica inviabilizada pelo estado mental em que prevalecem sentimentos de ódio dirigidos contra a própria mente, responsável pela apreensão da realidade, a qual, por sua vez, deixará de ser apreendida.

Leonard Mlodinow (2013, p. 182), ao tentar explicar as enormes inconsistências que temos dentro da mente, cravou uma ideia que sintetiza adequadamente o estágio em que estamos nas ciências sociais e serve bem ao objetivo das finanças comportamentais:

> A evolução não projetou o cérebro humano para entender a si mesmo com precisão, mas para nos ajudar a sobreviver. Observamos a nós mesmos e ao mundo e entendemos as coisas apenas o bastante para seguir em frente. Alguns de nós, interessados em nos conhecer com mais profundidade – talvez para tomar decisões

melhores na vida, talvez para uma vida mais rica, talvez por curiosidade —, procuram ultrapassar nossas ideias intuitivas acerca de nós mesmos. É possível usar a mente consciente para estudar, identificar e penetrar nossas ilusões cognitivas. Ao ampliar nossa perspectiva para levar em conta como nossa mente funciona, podemos chegar a uma visão mais esclarecida de quem somos.

A metáfora do relógio existencial parece mesmo fazer todo o sentido. Como recentemente comentamos, se considerarmos uma hora de um relógio analógico como todo o tempo da existência humana, veremos que passamos 55 minutos no mundo dos instintos, no emocional, na busca pela sobrevivência física e que apenas nos últimos 5 minutos desenvolvemos nossa racionalidade, que é, ainda assim, o tempo todo atacada pelos instintos.

Muitas vezes, esse pensamento elaborado, mas ainda precário, é rapidamente dominado e recua a estágios primitivos. Visualizamos isso em explosões emocionais em que as pessoas perdem o controle e acabam entrando em brigas, xingamentos e agressões físicas.

No campo de estudo da **inteligência emocional**, isso é chamado de *sequestro de amígdala*. A amígdala é um componente do sistema límbico do cérebro humano, especialista em questões emocionais, como um "centro de ameaça". No sequestro de amígdala, o cérebro límbico proclama uma emergência, recrutando o resto do cérebro para seu plano de urgência. Como isso ocorre muito rapidamente, a parte do neocórtex cerebral (a parcela pensante) não tem tempo adequado de avaliar se se trata ou não de uma boa decisão. O mais incrível é que, após o sequestro, o próprio cérebro não tem uma explicação para suas ações, como se tivesse sido possuído (Kahneman, 2012; Goleman, 1995).

A Figura 6.3, a seguir, mostra um esquema cerebral que indica as principais partes do órgão e as respectivas funções.

Figura 6.3 – O cérebro e as emoções

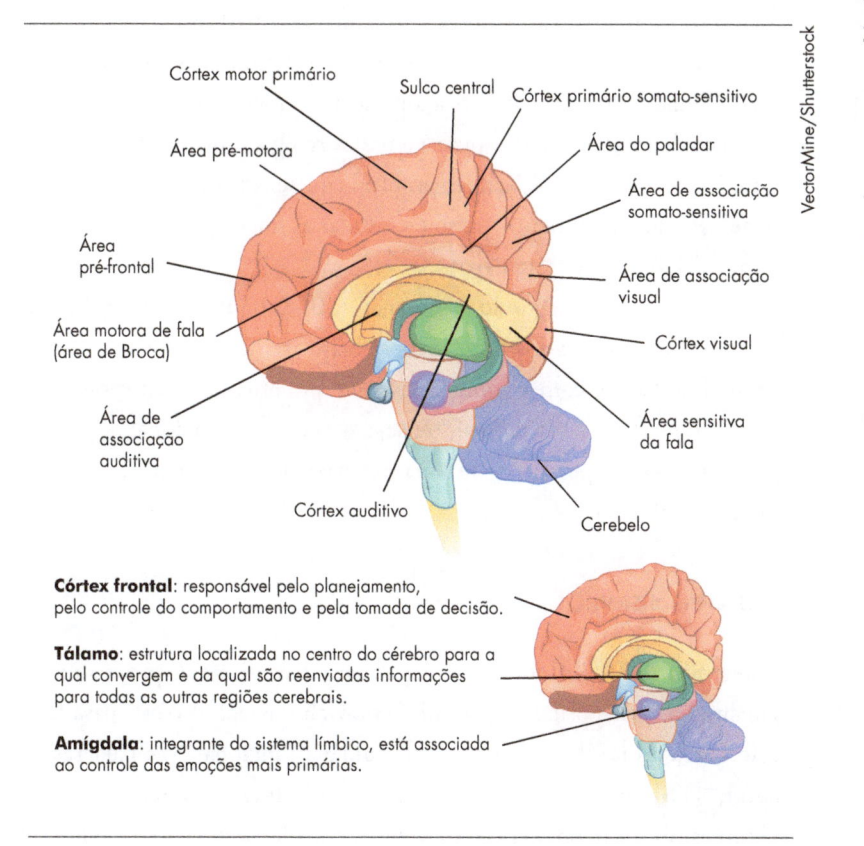

- Córtex motor primário
- Área pré-motora
- Sulco central
- Córtex primário somato-sensitivo
- Área do paladar
- Área de associação somato-sensitiva
- Área pré-frontal
- Área de associação visual
- Área motora de fala (área de Broca)
- Córtex visual
- Área de associação auditiva
- Área sensitiva da fala
- Córtex auditivo
- Cerebelo

Córtex frontal: responsável pelo planejamento, pelo controle do comportamento e pela tomada de decisão.

Tálamo: estrutura localizada no centro do cérebro para a qual convergem e da qual são reenviadas informações para todas as outras regiões cerebrais.

Amígdala: integrante do sistema límbico, está associada ao controle das emoções mais primárias.

Fonte: Elaborado com base em Mlodinow, 2013; Camerer; Loewenstein; Prelec, 2005; Damasio, 1994.

Kahneman (2012) afirma que os cientistas sociais da década de 1970 aceitavam duas ideias sobre a natureza humana: (1) as pessoas são, no geral, racionais e têm opiniões sólidas; (2) emoções, como o medo, a afeição e o ódio, explicam a maioria das ocasiões em que as pessoas se afastam da racionalidade. Contudo, atualmente percebemos que nas ciências sociais, de forma geral, não existe unanimidade em relação à ideia de separar e definir constructos sobre razão e emoção no que tange ao modo como a mente humana funciona.

Amos Tversky e Daniel Kahneman (1974), desde a publicação de seu artigo sobre heurísticas e vieses, na década de 1970, estabeleceram um novo marco importante, capaz de ser aplicado a inúmeros campos de estudo, incluindo filosofia, estatística, diagnósticos médicos, análises judiciais, serviços de inteligência e espionagem e estratégia militar – aliás, essa foi a temática sobre a qual Kahneman produziu seus primeiros estudos em Israel, até que, finalmente, passou a estudar as finanças (particularmente, o que nos interessa neste livro).

Posteriormente, segundo Kahneman (2012), já nos anos 1990, com os trabalhos conduzidos por Norbert Schwarz, a **heurística afetiva** ganhou destaque, com a compreensão de que uma base emocional tem papel importante na atitudinal, ou seja, a decisão, se racional, é pautada pela emoção e é por meio de uma experiência emocional que a esfera racional é afetada.

6.3 Dois sistemas

Kahneman (2012) adota os termos *sistema 1* e *sistema 2*, propostos originalmente pelos psicólogos Keith Stanovich e Richard West, para fazer referência ao modo como a mente humana funciona. Nas palavras do autor, "O **Sistema 1** opera automática e rapidamente, com pouco ou nenhum esforço e nenhuma percepção de controle voluntário" (Kahneman, 2012, p. 29, grifo do original). Por exemplo, responda: Quanto é 2 + 2? Imediatamente o número 4 veio à sua mente, certo? Não há esforço, parece intuitivo. Seria muito simples detectar, no horizonte, dois objetos e perceber qual deles está mais distante; orientar-se em relação à fonte de um som repentino; responder qual é a capital da França; completar frases que são ditados populares, como "Quem não tem cão caça com..." e por aí vai.

Você até saberia dizer quantos animais Moisés colocou na arca antes do dilúvio, certo? Você pode responder: dois de cada espécie ou um casal de cada, e essas são respostas ótimas. Porém, é possível que você não tenha percebido que não foi Moisés quem os colocou na arca, e sim Noé. Se percebeu, parabéns, mas também é comum que muitos respondam sem atentar para esse pequeno detalhe, sendo levados ao erro.

Portanto, assim é o sistema 1: rápido. Ele responde pelo "óbvio", ou seja, pelo que está fresco na memória ou pelo que está lá mas é acessado sem esforço, isto é, funciona no piloto automático.

Por sua vez, "O **Sistema 2** aloca atenção às atividades mentais laboriosas que o requisitam, incluindo cálculos complexos. As operações do Sistema 2 são muitas vezes associadas com a experiência subjetiva de atividade, escolha e concentração" (Kahneman, 2012, p. 29, grifo do original). Por exemplo, quanto é 17 × 24? Nesse caso, o cálculo não é tão óbvio. Para fazê-lo, ocorre um empreendimento interessante e fisiológico. Não é só sua mente que se movimenta; também seus batimentos cardíacos e sua pressão sanguínea aumentam, os músculos enrijecem e, se você puder observar as pessoas durante esse cálculo, verá que até suas pupilas se dilatam (em pessoas com olhos claros, é mais fácil perceber esse movimento).

O sistema 2 exige operações mais lentas, atenção, esforço e concentração: concentrar-se na voz de uma pessoa em uma sala cheia e barulhenta; contar quantas vezes a letra *A* aparece em uma página de determinado livro; dizer a alguém o número de seus documentos, telefone ou dados que não sejam tão corriqueiros; estacionar o carro em vagas muito apertadas; preencher formulários complexos; verificar a validade de um argumento sofisticado etc. Nesse sentido, esse sistema demanda esforço, na medida em que exige atenção, e nós temos uma capacidade de atenção limitada (trataremos disso na Subseção 7.2.2).

Quanto tempo você consegue ficar parado olhando um ponto específico na parede? Mesmo quando conseguimos focar intensamente uma única tarefa, podemos perder de vista coisas óbvias que aconteçam ao redor. Como assinalou Kahneman (2012, p. 33), "podemos ficar cegos para o óbvio, e também somos cegos para nossa própria cegueira".

O livro *Rápido e devagar: duas formas de pensar* (*Thinking, Fast and Slow*, no original em inglês) demonstra as várias interações entre os dois sistemas propostos e as armadilhas que essa trama produz. No entanto, também aponta como a divisão de trabalho entre ambos é altamente eficiente, minimiza esforços e otimiza desempenhos (Kahneman, 2012). O sistema 1 é rápido e o sistema 2 é vagaroso, ou seja, este precisa deliberar e carece de esforço, mas, ao mesmo tempo, interage com o primeiro e o influencia.

É importante ressaltar que não há uma separação em nossa mente, tampouco na massa encefálica, entre os dois sistemas. Trata-se, apenas, de uma forma didática para tentar explicar como funciona a mente humana e de que maneira se dá esse eterno conflito entre emoção e razão.

Todas essas questões e debates são fáceis? Em hipótese alguma, mas, ao mesmo tempo, são fascinantes. Desistir de pensar pode levar-nos a pagar altos preços em decorrência das decisões que tomamos. Para termos novos pensamentos, precisamos esvaziar o recipiente. Não há como um novo pensamento surgir sem que o velho dê espaço. Então, expandir os limites estreitos de nosso campo psíquico, sem alucinar e fugir da realidade, parece um bom caminho. Encarar todo esse arsenal de guerra mental parece inevitável para quem deseja evoluir verdadeiramente.

A batalha entre razão e emoção ainda está longe de ser completamente compreendida. Porém, não há escapatória. O matemático e filósofo Bertrand Russel (citado por Collins, 2001, p. 144, tradução nossa) dizia que "a maioria dos homens prefere morrer a ter de pensar. E muitos morrem".

6.4 Personalidade, condição e natureza humana

Sumarizando o que discutimos até este ponto, tanto a emoção quanto a razão compõem a personalidade. Portanto, a personalidade de um indivíduo é um conjunto relativamente estável e consolidado de características, tendências e temperamentos significativamente formados por herança e por fatores sociais, culturais e ambientais. Esse conjunto de variáveis determina as semelhanças e as diferenças no comportamento humano.

Psicólogos e teóricos, mesmo que divirjam em suas teorias, admitem certos princípios na formação da personalidade das pessoas, como fatores hereditários, culturais e sociais, em um todo organizado, com padrões até certo ponto observáveis. Assim, embora tenha base biológica, o desenvolvimento da personalidade também é produto do ambiente sociocultural, pois é dotada de aspectos superficiais e profundos e envolve características comuns e peculiares ao mesmo tempo (Gibson et al., 2006), conforme o esquema exposto na Figura 6.4.

Figura 6.4 – A personalidade humana

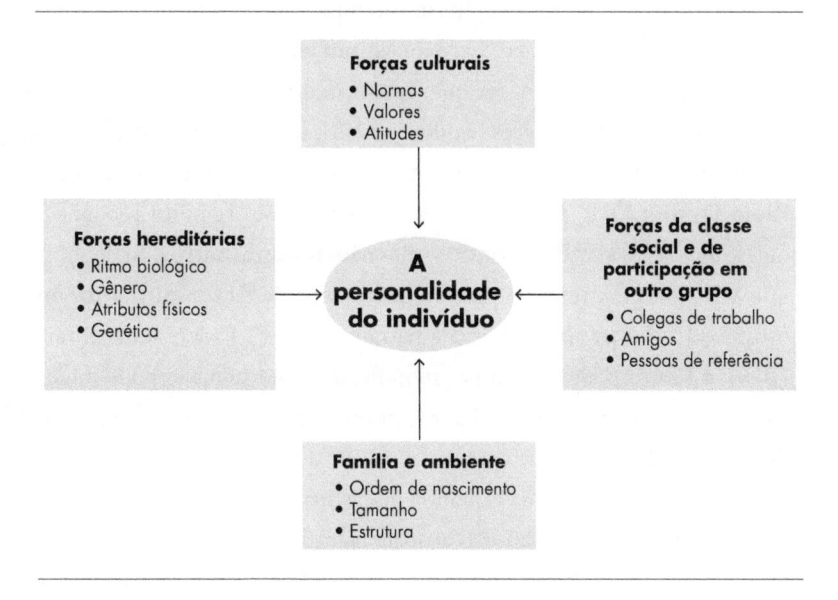

```
                    ┌─────────────────┐
                    │ Forças culturais│
                    │ • Normas        │
                    │ • Valores       │
                    │ • Atitudes      │
                    └────────┬────────┘
                             │
                             ▼
┌──────────────────┐    ╭─────────────╮    ┌──────────────────────┐
│Forças hereditárias│   │      A      │   │    Forças da classe   │
│• Ritmo biológico │──▶│ personalidade│◀──│      social e de      │
│• Gênero          │   │ do indivíduo │   │   participação em     │
│• Atributos físicos│   │             │   │     outro grupo       │
│• Genética        │   ╰──────▲──────╯    │ • Colegas de trabalho │
└──────────────────┘          │           │ • Amigos              │
                              │           │ • Pessoas de referência│
                              │           └──────────────────────┘
                    ┌─────────┴────────┐
                    │Família e ambiente│
                    │• Ordem de nascimento│
                    │• Tamanho         │
                    │• Estrutura       │
                    └──────────────────┘
```

Fonte: Gibson et al., 2006, p. 113.

Podemos compreender que, além da personalidade, o contexto em que o comportamento se dá é objeto de estudo em finanças comportamentais. A interação entre o que é do indivíduo e o que é o seu entorno, nas palavras de Ortega y Gasset (1996, p. 322, tradução nossa), pode ser traduzida da seguinte forma: "Eu sou eu e as minhas circunstâncias". Assim, quem seria "eu"? Aquilo que é natural ou o que é condicional?

A natureza humana está ligada aos fatores constitutivos, àquilo que é hereditário e genético e às experiências intrauterinas, enquanto os fatores condicionais corresponderiam ao ambiente e às influências do meio, que se ligam de forma complexa à experiência intrauterina. Isso nos leva a uma concepção de personalidade mais atrelada à condição do que à natureza humana.

Portanto, há certo determinismo no presente, derivado do passado, e, concomitantemente, um condicionamento sobre nós, na medida em que somos determinados tanto pela genética quanto pela cultura e pela sociedade, que também nos condicionam. Além disso, é pertinente considerar aspectos como o convívio social e familiar, o medo de errar, a vontade de querer pertencer, mas, ao mesmo tempo, ser um indivíduo definido, o que acarreta um paradoxo existencial, um conflito.

Logo, devemos reconhecer que, apesar de nossa genética, de nossa natureza, somos também seres condicionados e determinados pela história; porém, nunca podemos aceitar o determinismo para o futuro. Como diria Paulo Freire (2016, p. 20, grifo do original), isso "significa reconhecer que somos seres **condicionados**, mas não **determinados**. Reconhecer que a História é tempo de possibilidade e não de **determinismo**, que o futuro [...] é **problemático** e não inexorável". Para o autor (Freire, 2016), o futuro pode ser sempre modificado, o ser humano pode ir além e mudar seus fatores condicionantes, embora, muitas vezes, isso seja difícil diante da realidade que se apresenta, do contexto.

Aristóteles (1991, p. 162) afirmou que "é mais fácil mudar um hábito do que alterar a nossa natureza; e o próprio hábito muda dificilmente porque se assemelha à natureza". Assim, tanto o contexto quanto as dificuldades do próprio indivíduo são barreiras que podem minimizar sua existência, mas podem ser vencidas, pois "o ser humano é maior do que os mecanicismos que o minimizam" (Freire, 2016, p. 113).

A vaca é vaca e vai continuar comendo grama; o pássaro é pássaro e vai seguir bicando e voando; mas nós, humanos, não. Podemos aprender uns com os outros, e só existirá aprendizado se houver ensinamento. Nos termos de Freire (2016, p. 25), "Quem ensina aprende ao ensinar e quem aprende ensina ao aprender".

Freire (2014, 2016) chama de *fatalismo* o que nos leva a uma vontade imobilizadora de aceitar pacificamente a condição imposta, quando, na verdade, podemos buscar aquilo que ainda não é em nossa vida – o inédito viável.

6.5 A gente é massa

Muitas vezes, seguimos a multidão porque temos nos arrepender. Preferimos errar com a maioria a acertar sozinhos, como expressa o provérbio: "A tristeza ama companhia".

Imagine que você, brasileiro, desembarca em um aeroporto no Uzbequistão, mas não sabe falar o idioma local. Depois de os tripulantes ouvirem as instruções do comissário de bordo, todos saem do avião e seguem em linha reta. Após a terceira saída à esquerda, todos se dirigem para o mesmo local. Todavia, excetuando você, todos, ao saírem da aeronave, apertam um botão azul próximo à saída. Você seguiria reto ou testaria outras opções? Teria entrado em qualquer uma das duas saídas anteriores à direita? Não apertaria o botão azul? Dificilmente, certo?

Esse exemplo foi contado pela professora Vera Rita de Mello Ferreira em um *podcast* da Associação Nacional dos Executivos de Finanças, Administração e Contabilidade (Anefac), cujo tema foi o **efeito manada** (Anefac, 2022b) – o botão azul foi inventado para não copiar tão descaradamente o exemplo e mostrar alguma criatividade.

Em outro *podcast*, o consultor em risco comportamental Renato dos Santos esclareceu que o comportamento de manada é também reflexo do instinto animal de sobrevivência (Anefac, 2022a).

A raiz etimológica da palavra *animal* remete à ideia de "animação" no sentido de força vital, o que Carl G. Jung chamou de *anima* e de *animus* (forças vitais feminina e masculina, respectivamente), isto é, a energia psíquica que nos move – temática abordada no Capítulo 5. Trata-se do que Schopenhauer chamou de *vontade* e Freud, de *libido* – conceito derivado diretamente da ideia dos filósofos gregos sobre Eros (Platão optava por usar o termo *desejo*, como mencionamos na Seção 2.1).

Richard Thaler (2015), bem como George Akerlof e Robert Shiller (2009), afirma que o economista John Maynard Keynes reconhecia que a maioria das atividades econômicas resultava de motivações racionais, mas admitia também que, muitas vezes, elas eram determinadas pelo **espírito animal**. Nesse sentido, os agentes têm motivações não econômicas e nem sempre racionais na busca de satisfazerem seus interesses econômicos. Na visão keynesiana, esse espírito animal é a principal causa das flutuações econômicas. Portanto, compreender a economia demanda entender de que forma ela é movida pelo espírito animal.

Desse modo, o efeito manada é muito natural nos humanos. Reproduzimos o mesmo comportamento de um rebanho de animais sem que saibamos exatamente o porquê – quando um corre, todos os demais correm também. Para Freud (2013, p. 121), "há um instinto gregário inato no homem, assim como em outras espécies animais, biologicamente esse gregarismo é uma analogia e como uma continuação da pluricelularidade". De acordo com a teoria da libido, os seres vivos da mesma espécie tendem a se reunir em unidades sempre mais abrangentes, uma vez que o indivíduo se sente incompleto quando está sozinho. O medo da criança, por exemplo, é uma expressão desse instinto gregário. Trata-se do *esprit de corps* – um espírito comunitário (Freud, 2013).

Uma briga de torcidas, investidores querendo vender seus papéis na bolsa de valores, clientes em uma loja em época de *Black Friday*, pessoas desesperadas para estocar comida porque foi anunciada uma quarentena na cidade etc. são alguns exemplos da manada agindo.

6.6 Tulipomania

Embora exista o registro da *Kipper und Wipperzeit* – uma crise financeira europeia ocorrida entre 1619 e 1623, possivelmente por conta da necessidade de financiamento da Guerra dos Trinta Anos, entre 1618 e 1648, que afetou diversos países da Europa Central –, Peter Garber (2000), em seu livro *Famous First Bubbles*, afirma que a tulipomania holandesa dos anos 1630 é um dos exemplos mais antigos e famosos de uma **bolha econômica***. Esse termo se refere a uma época em que os preços de bulbos de tulipa atingiram níveis que pareciam absurdos e, obviamente, depois disso, entraram em colapso. Esse episódio é chamado também de *a mania das tulipas do século XVII* (O livro..., 2013; Ferreira, 2008; Shiller, 2000).

Naquele tempo, as tulipas de Constantinopla ficaram muito populares entre os ricos da Holanda e da Alemanha e, logo, outras pessoas também as quiseram. Acreditava-se que elas promoviam riqueza e sofisticação

---

*   Uma bolha, que pode ser chamada de *especulativa*, *financeira* ou, como aqui, *econômica* – mas que também pode receber outros nomes –, existe quando o valor de um ativo se desvia fortemente de seu valor intrínseco. Na bolha das empresas "ponto com", por exemplo, os valores de suas ações estavam muito acima de sua real capacidade de geração de valor.

entre aqueles que as tivessem, e a classe média holandesa ficou obcecada pelas variedades raras. Em 1636, a procura de espécies raras de tulipa cresceu tanto que estas passaram a ser negociadas na Bolsa de Amsterdã e um único bulbo de tulipa era vendido no câmbio por 12 acres de terra para construção.

Com isso, muitos ficaram ricos de repente. Uma isca dourada atraía as pessoas tentadoramente e todos – de nobres a criados – correram para os mercados de tulipas, imaginando que a paixão por essas flores seria eterna. Contudo, quando os ricos pararam de plantar tulipas no jardim, diminuiu o encanto delas e as pessoas perceberam que a loucura não podia continuar. A venda passou a ser frenética, confiança naufragou e o preço das tulipas despencou. Para quem pegou dinheiro emprestado para investir, foi um desastre.

Essa história ficou famosa por meio da obra *Ilusões populares e a loucura das massas*, do jornalista Charles Mackay (2001), publicada em 1841. Conforme o autor, havia uma insensatez disseminada entre as pessoas e no comércio. Até mesmo a indústria da Holanda foi negligenciada, tamanha a fascinação pelas tulipas. Sua hipótese era que as multidões, agindo em um delírio coletivo de especulação, podem fazer os preços subirem muito além de qualquer valor que os produtos tenham intrinsecamente (Mackay, 2001).

Entretanto, para Garber (2000), pode haver, de fato, motivos concretos por trás de altas de preços. O autor cita, por exemplo, a moda francesa de mulheres usarem tulipas raras em seus vestidos.

Já para Jeremy Bentham, a comunidade seria um ente fictício composto por indivíduos. Portanto, o interesse da comunidade nada mais seria do que a soma dos interesses dos indivíduos que a compõem (Mill, 2004). Por seu turno, Freud (1976a) entendia que o contágio é um fenômeno cuja presença é fácil de estabelecer e difícil de explicar e que deve ser classificado como fenômeno de ordem hipnótica.

Diante disso tudo, em qualquer bolha, o provérbio da Roma antiga repete-se: comprador tenha cuidado (*caveat emptor*). Você se lembra das paleterias mexicanas?*

6.7 Comportamento coletivo

Solomon Asch (1952), um respeitado psicólogo alemão, demonstrou o imenso poder de pressão social sobre a opinião individual. Seu experimento foi amplamente divulgado pois os cientistas estavam preocupados com os efeitos da propaganda comunista chinesa e também queriam compreender como os nazistas na Alemanha haviam conseguido o cumprimento obediente de suas ordens de extermínio em massa de judeus e de outros indesejáveis para o regime. Shiller (2000, p. 140) descreveu o experimento em questão da seguinte forma:

> O sujeito era colocado em um grupo de sete a nove pessoas que não conhecia, que eram colaboradores treinados por Asch. Todo o grupo devia responder a uma sequência de 12 perguntas sobre os comprimentos de segmentos de reta mostrados a eles em cartões, e o sujeito ouvia a maioria das respostas dos outros antes de responder. As respostas corretas às perguntas eram óbvias, mas os colaboradores davam, deliberadamente, respostas erradas a 7 das 12 perguntas. Diante de um grupo de pessoas que davam unanimemente respostas que pareciam obviamente erradas às perguntas, um terço das vezes os sujeitos cediam e davam as mesmas respostas erradas que tinham sido dadas pelos colaboradores. Além disso, os sujeitos muitas vezes mostravam sinais de ansiedade ou angústia, sugerindo que o medo de serem vistos como diferentes ou tolos diante do grupo havia influenciado seu julgamento.

Como explicou Freud (1976a), em um grupo, todo sentimento e todo ato são contagiosos em tal grau que o indivíduo prontamente sacrifica seu interesse pessoal em prol do interesse coletivo. Trata-se de uma aptidão

---

*   Por volta do ano de 2013, a paleta mexicana, um tipo de picolé com sabores e recheios variados, tornou-se uma novidade no mercado brasileiro, atraindo consumidores e empreendedores. As paleterias, lojas que vendiam os picolés, prometiam ser um grande sucesso, e muitas pessoas investiram dinheiro nisso – algumas, aliás, apenas criavam picolés e os batizavam de *paletas mexicanas*. Foram abertas diversas lojas e quiosques para a venda desses produtos, mas, entre os anos de 2014 e 2015, o fenômeno já havia passado e muitos estabelecimentos foram fechados.

bastante contrária à sua natureza e que um homem dificilmente é capaz de manifestar, exceto quando faz parte de um grupo. Conforme expressou o professor Kets de Vries (2010, p. 174), "A necessidade de apego e de laços afetivos é uma característica humana universal".

6.8 Tulipas, Asch e nós

As duas seções anteriores evidenciam como as pessoas são influenciadas por pessoas e por "tulipas" (ou melhor, como vimos, apenas por pessoas), o que desperta o chamado *comportamento de manada*. Do ponto de vista psicológico, explica-se que os seres humanos tendem a se adaptar ao comportamento de um grupo desde a infância, sendo recompensados pelo próprio grupo, que, em geral, prefere a uniformidade entre seus membros (Belsky; Gilovich, 2002).

Para Freud (2013), os grupos exigem ilusões e não conseguem viver sem elas. Assim, tanto faz se algo é falso ou verdadeiro, pois os grupos não conseguem discernir isso. Por exemplo, certos líderes creem deter um poder messiânico e divino – cabe dizer que Platão (2014), em *A república*, já trazia essa abordagem. De acordo com o psicanalista, a mente grupal (uma psique coletiva do grupo de pessoas, isto é, a massa) é semelhante às mentes dos povos primitivos, que exigem ilusões e demandam soluções simples: "o indivíduo abre mão de seu ideal do eu, trocando-o pelo ideal da massa corporificada no líder" (Freud, 2013, p. 141).

Essa necessidade da massa vem ao encontro do líder, que lhe corresponde por meio de qualidades pessoais, como o narcisismo – "no coração da liderança reside o narcisismo" (Freud, citado por Vries; Cheak, 2016, p. 305, tradução nossa) – e o prestígio (uma espécie de domínio que exerce sobre o grupo). Freud (2013) abordou esses temas antes da ascensão nazista ao poder. Comandada por Hitler, na Alemanha, esse movimento convenceu a grande massa a agir de forma uníssona. A propósito desse aspecto, Paul Ham (2020), em entrevista sobre o lançamento de seu livro *O jovem Hitler*, afirmou: "Hitler não ascendeu à posição de líder: a sociedade alemã se rebaixou a seu nível".

A ideia de uma psique de massa é muito forte na literatura de Freud, que aproveita uma compreensão de Le Bon (citado por Freud, 2013, p. 40-41) para reforçar sua ideia:

> *O que há de mais singular numa massa psicológica é o seguinte: quaisquer que sejam os indivíduos que a compõem, por mais semelhantes ou dessemelhantes que sejam seus modos de vida, suas ocupações, seu caráter ou sua inteligência, a mera circunstância de sua transformação numa massa lhe confere uma alma coletiva, graças à qual sentem, pensam e agem de modo inteiramente diferente do que cada um deles sentiria, pensaria e agiria isoladamente. Há ideias e sentimentos que só surgem ou se transformam em ações nos indivíduos ligados numa massa. A massa psicológica é um ser provisório constituído por elementos heterogêneos que por um momento se ligaram entre si, exatamente como por meio de sua união as células do organismo formam um novo ser com qualidades inteiramente diferentes daquelas das células individuais.*

Conforme a análise freudiana, quando crianças, estamos acostumados a sermos cuidados; quando adultos, no nível inconsciente, podemos sentir falta desse cuidado quase parental e, portanto, decidir procurar cuidados com outras figuras de autoridade não parentais (chefes, patrões etc.). Para Freud, o pai da família define o mundo psicológico do líder (Vries; Cheak, 2016; Pfeffer, 2015; Bass, 2008).

Erich Fromm, no livro *Escape from Freedom* (1941), afirma que, quando as pessoas são libertadas das restrições impostas por instituições ou por outros indivíduos, nem todas experimentam essa liberdade como algo positivo. Na realidade, muitos não gostam disso e acham desconfortável a ausência de restrições. Assim, Fromm aponta que algumas das maneiras pelas quais os indivíduos procuram minimizar os sentimentos negativos associados à liberdade incluem engajar-se em conformidade, destrutividade e autoritarismo. Do ponto de vista da experiência humana, essa seria, por exemplo, a razão pela qual pessoas voluntariamente abraçam regimes e lideranças autoritárias, como Hitler na Alemanha (Pfeffer, 2015; Ariely, 2008).

Fromm sugere que, em uma democracia moderna, não somos acossados pela falta de oportunidades, senão por uma estonteante abundância delas. Justamente nesse ponto reside um problema: Como viver à altura desse sonho? Como realizar tudo o que é possível? Ao analisar a obra de Fromm, Dan Ariely (2008) assinala que comprar em liquidação é um efeito desse fenômeno, pois pessoas compram não por precisarem, mas porque o sentimento é o de que nunca mais conseguirão comprar aquilo por aquele preço. Pensa-se que é preciso experimentar tudo – até mesmo o que não faz sentido.

Há, ainda, uma categoria do comportamento moderno, em inglês chamada de *fear of missing out* (Fomo)*, que se refere ao medo dos indivíduos de "ficarem de fora", isto é, de se sentirem excluídos, não fazerem parte do que todos estão fazendo ou não terem o que todos têm. Isso é muito potencializado pelas redes sociais, afinal, nelas todos são felizes, estão em bons restaurantes, têm famílias perfeitas, fazem viagens incríveis e seus trabalhos só envolvem novidades legais e proporcionam experiências impressionantes.

Contudo, como pontuamos, os recursos são escassos, então é preciso manter o foco. Devemos abandonar aquilo que suga nossa energia e nosso empenho e concentrar esforços naquilo que temos como objetivos.

Embora essa seja uma tarefa árdua – porque as emoções nos chamam para o contrário –, é exatamente o que devemos almejar. Como nos ensina Platão (2014) em *A república*, o que é nobre é difícil.

Nós, seres humanos, ao mesmo tempo que queremos ser livres e ser "nós mesmos", também queremos ser compreendidos, aceitos e acolhidos pelos outros. Trata-se de um paradoxo existencial, e uma escolha não muito fácil – se é que realmente escolhemos alguma coisa. Podemos acabar como o burro de Jean Buridan: não sendo nós mesmos nem sendo acolhidos pelos outros.

Essa imagem do burro de Buridan consiste em uma ilustração sobre a obra de Aristóteles. Reza a lenda que um burro faminto, à procura de feno, aproximou-se de um celeiro e viu duas pilhas de feno de mesmo tamanho, uma em cada canto do celeiro. O burro, então, posicionou-se exatamente no meio, entre ambas. Sem saber qual escolher, passaram-se as horas e ele não conseguiu decidir, de modo que acabou por morrer de

* Questão abordada no Capítulo 3.

fome (Ariely, 2008). Afinal, nada é mais paralisante do que uma quantidade infinita de opções.

Aristóteles (1991), em *Ética a Nicômaco*, apresenta reflexões sobre a vida em comunidade. Uma de suas frases mais famosas é "uma andorinha só não faz verão" (Aristóteles, 1991, p. 16). Embora esta seja uma metáfora para expressar que a felicidade depende de muitas coisas além de um simples pequeno prazer, no livro o filósofo comenta a importância do convívio social para os seres humanos. Segundo ele, a vida em sociedade – a boa convivência entre as pessoas – é um elemento fundamental para a felicidade, e o homem (espécie) é, por natureza, "um ser político" (Aristóteles, 1991, p. 212), portanto, social.

Seligman (2004) entende que as pessoas felizes são muito sociáveis e que, assim como aspectos tais quais alimentação e regulação térmica, bons relacionamentos são importantes para o estado de espírito dos seres humanos.

Todos esses fenômenos, que ajudam a compreender o efeito manada, estão por trás de parte das explicações sobre o *Crash* da Bolsa de Nova Iorque, em 1929, bem como sobre a bolha da internet nos anos 2000 – que culminou com a quebra das empresas "ponto com", quando a Nasdaq (bolsa norte-americana) sucumbiu e o valor de mercado delas derreteu – e a crise do *subprime* americano, em 2008, que será abordada na Seção 11.1.

No Brasil, são famosos até hoje o calote das Fazendas Reunidas Boi Gordo*, ocorrido nos anos 1990, durante o auge da audiência da novela televisiva *O rei do gado* (um nome sugestivo para um caso de efeito manada), e o esquema da Avestruz Master**, de 2005. Fatos dessa natureza tiveram a influência do efeito manada, porque muitas pessoas seguiram bovinamente o "rumo do rebanho".

Se um sujeito não tem a quem seguir, ele segue a si mesmo. Esse efeito é conhecido como **automanada** ou **autorrebanho**. Um é exemplo é o caso de pessoas que aceitam pagar mais para comprar um carro novo do mesmo fabricante de seu veículo antigo do que pagam as pessoas que

---

* O caso das Fazendas Reunidas Boi Gordo será explicado na Seção 11.6.
** O caso Avestruz Master será explicado na Seção 11.6.

adquirem pela primeira vez um automóvel da mesma montadora (Ariely, 2008; Belsky; Gilovich, 2002).

O espírito animal é o espírito animal. Ainda criança, aprendemos que o que nos diferencia dos outros animais é o fato de sermos racionais. Será mesmo?

Shiller (2000) intitulou seu livro *Exuberância irracional* em referência às palavras usadas no pronunciamento do então presidente do FED (o banco central americano), Alan Greenspan, em 5 de dezembro de 1996, as quais, logo depois de serem ditas, derrubaram os mercados mundiais. Greenspan usou essa expressão para descrever o comportamento dos investidores no mercado de ações e explicar os motivos de esses mercados terem previamente subido a níveis extremamente altos e insustentáveis sob a influência da psicologia.

Shiller (2000) elenca fatores estruturais, culturais e psicológicos como fundamentos para a formação da exuberância irracional nos seres humanos. Trata-se de uma mistura de narrativas, contextos e fatores psicológicos, como o viés da disponibilidade, o excesso de confiança, a busca pelo prazer e, claro, o efeito manada.

Nesse sentido, diversas notícias revelam que os golpes financeiros vêm crescendo no Brasil – as famosas pirâmides, por exemplo –, juntamente com outros tipos de golpe, como o famoso bilhete premiado e a sedução de pessoas em redes sociais que acabam acreditando estar em uma relação afetiva virtual e transferem dinheiro para o(a) suposto(a) namorado(a) que nunca existiu. Os motivos pelos quais as pessoas ainda caem nesses esquemas são explicados pela alma humana. Geralmente, os que confessam terem sofrido esses golpes acusam o otimismo exagerado, a ganância, as promessas de ganhos expressivos e fáceis, o excesso de confiança ao acharem que sabiam mais do que de fato sabiam, a contabilidade mental, a aversão à perda, o Fomo, a escassez e outras armas de persuasão que abordaremos na Seção 10.2 – além, é claro, de uma boa lábia por parte do(a) golpista, afinal, somos seres sociais. Trataremos em detalhes dessa influência social nos golpes financeiros na Seção 11.4.

Como tomamos decisões na vida?

Como mencionamos ao longo deste livro, utilidade é uma medida de satisfação. Os economistas tradicionais entendem que as pessoas decidem visando obter o melhor resultado possível, afinal, são racionais. O "homem econômico racional" quer apenas aumentar a "utilidade esperada", de modo que, quando está diante de incertezas, decide conforme as probabilidades de cada resultado possível. Será?

capítulo 7

Alguns resultados são completamente desconhecidos, o que causa uma insegurança sobre as escolhas. Essa insegurança traz ambiguidades, que nós evitamos ao máximo – é bom deixar claro. Isso porque queremos consistência.

Assim, em algumas situações, ignoramos as probabilidades e escolhemos o mais fácil. Tendemos a simplificar e acabamos por escolher o que não gera dor, em vez do que seria mais inteligente e ponderado (Ariely; Kreisler, 2019).

Até mesmo na hora de contratar pessoas usamos esses artifícios. Por exemplo, uma pesquisa mostrou que empresas contratam líderes muito mais por sua aparente confiança e seu carisma* do que por sua integridade e sua competência (Chamorro-Premuzic, 2019).

Essa visão pode explicar a divisão entre o que pensam os economistas tradicionais e o que propõem os economistas comportamentais. Em uma linha cronológica, a ideia de que somos 100% racionais começou a ser questionada nos anos

---

*   A confiança e o carisma voltarão ao debate no Capítulo 11.

1940, quando Herbert Simon argumentou que apenas a racionalidade não justificaria nossas decisões e, portanto, seria limitada.

Mais tarde, Maurice Allais, nos anos 1950, corroborou essa tese, até que Daniel Kahneman e Amos Tversky, em 1979, publicaram o artigo "Prospect Theory: an Analysis of Decision under Risk", que forneceu a base para a economia comportamental, pois apresentou ideias mais realistas sobre a tomada de decisão do ponto de vista psíquico. Trata-se do que Simon (1979, p. 504, tradução nossa) afirmara a respeito dos economistas matemáticos, isto é, que estes estariam adiando "o encontro com as deselegâncias do mundo real".

Por exemplo, até então o enfoque da área considerava que o indivíduo poderia ser avesso ao risco, indiferente a ele ou, ainda, disposto a corrê-lo. Contudo, os estudos de Kahneman e Tversky mostraram que esse posicionamento ocorre de modo diferente quando o sujeito está diante de uma possível perda ou de um possível ganho. Quando as pessoas estão diante de ganhos possíveis, elas não arriscam, porém, diante de uma perda possível, sim. Isso evidencia que os indivíduos não são avessos ao risco, mas às perdas. Aliás, a utilidade esperada muda para o mesmo valor quando se fala em perdas ou ganhos, como abordamos na Seção 4.3.

A esse respeito, a psicologia econômica aponta para o fato de que as decisões econômicas e financeiras refletem o poder das emoções sobre os comportamentos, em geral, e sobre o processo decisório, em particular. Segundo Vera Rita de Mello Ferreira, uma das pioneiras nos estudos de psicologia econômica no Brasil, "Há uma discrepância entre o modelo proposto pela economia tradicional, de pessoas que são racionais e sempre escolhem o que é melhor para si, e a realidade, na qual as pessoas nem sempre tomam decisões econômicas plenamente racionais, ou favoráveis a elas mesmas" (Ferreira, citada por Dias, 2016, p. 51).

Temos um grande problema na vida: precisamos decidir! A vida é repleta de escolhas. Nosso dia é cheio de decisões que devem ser tomadas a cada instante e, na maioria das vezes, temos de decidir diante da incerteza. Não há como escapar, afinal, não tomar uma decisão já é uma decisão por si só, assim como não fazer uma escolha é automaticamente uma escolha.

A tomada de decisão é pesquisada por várias disciplinas, como as psicologias comportamental, cognitiva e social, a biologia e a neurociência. De forma geral, o processo decisório implica resolver uma equação, apresentada no capítulo anterior:

$$\text{Decidir} = \text{Perceber} + \text{Avaliar} + \text{Escolher}$$

Neste capítulo, vamos analisar cada uma dessas fases a fim de esclarecer o processo de tomada de decisão.

7.1 Perceber

Primeiro, queremos propor um questionamento: O que significa *perceber*? Qual é a diferença entre *perceber* e *sentir*? Pense alguns segundos sobre a sutil diferença entre essas duas palavras.

Para ilustrar essa distinção, é possível utilizar o exemplo de duas crianças com criações diferentes que olham (uso sensorial da visão) para um cachorro na rua e o percebem de modo diferente. Uma criança criada em um lar com cães provavelmente o olha, dá um sorriso e se aproxima dele. Já uma que nunca teve um cachorro, foi criada longe de animais ou até mesmo foi mordida por um pode passar por ele com receio. Trata-se do mesmo cão, mas as crianças têm percepções distintas sobre ele, baseadas em seus "dicionários internos" relacionados a suas visões (sensoriais).

Segundo Banov (2015, p. 60), "a percepção é um processo por meio do qual os estímulos físicos, captados pelos órgãos dos sentidos, são transformados em interpretações psicológicas". Ainda de acordo com a autora, "o significado que o sentido encontrar é o que se chama percepção" (Banov, 2015, p. 61). Assim, podemos afirmar que **perceber é dar significado às sensações**, ou seja, consiste na capacidade de interpretar o mundo externo. O que nosso sistema sensorial (tato, olfato, paladar, visão e audição) capta ou sente é transformado em percepção por meio de nosso dicionário interno, que interpreta (percebe) aquilo que foi sentido e lhe dá significado.

Por exemplo, se alguém estiver de olhos fechados, mas passar a mão sobre sua mesa do escritório e tocar em algo gelado, cheio de imperfeições na superfície, pesado, com aproximadamente um palmo de altura, com uma boca larga e uma alça, saberá que se trata de uma caneca. Isso porque seu dicionário interno (percepção) reconhece o que é uma caneca e interpreta o que foi sentido pelo tato, mesmo sem a visão funcionar.

A seguir, observe o Quadro 7.1, que relaciona os sentidos com os respectivos órgãos, sensações despertadas e percepções aferidas.

Quadro 7.1 – Sentidos e percepção

Sentidos	Órgão	Sensação	Percepção
Visão	Olhos	Olhar	Ver
Audição	Orelhas	Ouvir	Escutar
Tato	Pele	Tocar	Sentir
Olfato	Nariz	Cheirar	Selecionar
Paladar	Palato	Degustar	Qualificar

Fonte: Echenique, 2010, p. 137.

Nossa percepção é moldada por nossas experiências e pela cultura, sendo carregada de vieses que podem nos trair e nos levar a erros de julgamento. Por exemplo, um deles é o **viés de confirmação**, que Dan Ariely e Jeff Kreisler (2019, p. 106) assim explicam:

> *Quando tomamos uma decisão financeira específica no passado, tendemos a supor que ela foi a melhor decisão possível. Para isto buscamos dados que apoiem nossa opinião, sentimo-nos ainda melhores com a qualidade de nossa decisão. Com o resultado, nossas decisões anteriores são reforçadas e simplesmente seguimos o exemplo no presente e no futuro.*

Estamos sempre procurando por notícias que confirmem nossas crenças e visões de mundo. Para ilustrar, pensemos: O que compartilhamos em nossas redes sociais? Sempre conteúdos que confirmam o que nós já sabemos ou que atestam uma suspeita que tínhamos previamente. E, quando alguém nos contradiz, reativamente, a primeira sensação é a de que "isso não está certo".

Professores do Massachusetts Institute of Technology (MIT) fizeram um experimento interessante em parceria com o Twitter. Eles analisaram o comportamento de notícias falsas e verdadeiras e descobriram que as falsas (as famosas *fake news*) se espalham 70% mais rápido que as verdadeiras (Vosoughi; Roy; Aral, 2018). A pesquisa mostrou que o viés de confirmação é um dos principais responsáveis por esse fenômeno, pois as pessoas tendem a confiar em fontes que confirmem o que elas já pensavam e a não acreditar naquelas que contrapõem seu pensamento ou sua opinião.

Pfeffer (2015, p. 72, tradução nossa) entende que "o viés de confirmação ajuda a explicar por que as primeiras impressões persistem; uma vez que as pessoas formam uma impressão, elas ignoram informações discrepantes, procuram e supervalorizam as evidências de confirmação". Não fomos fabricados para lidar com divergências, ambiguidades e falta de consistência. Precisamos que as coisas pareçam, ao menos, coerentes.

Em 1637, o filósofo René Descartes (2014, p. 71) imortalizou a frase "Penso, logo existo". No universo das redes sociais, cheias de vieses de confirmação, a frase teve suas definições atualizadas e tornou-se algo como "Acredito, logo estou certo".

Outro motivo que aumenta a velocidade de disseminação de *fake news* é o fato de que notícias sobre política penetram mais fundo na população, alcançando todos os níveis de renda e educação. Além disso, essas notícias despertam sentimentos mais exacerbados que os provocados pelas informações verdadeiras. Por conta das palavras utilizadas, elas tendem a ser mais viscerais e trazem sentimentos como culpa e vergonha, diferentemente de notícias verdadeiras, que acarretam sentimentos de tristeza e alegria mais contidos.

O cérebro humano e os de outros animais contêm um mecanismo que é projetado para priorizar notícias ruins, reduzindo em centésimos de segundos o tempo necessário para detectar um predador e preservar a vida. Segundo Kahneman (2012, p. 376), "O psicólogo Paul Rozin, um especialista em sensação de repulsa, observou que uma única barata irá arruinar completamente o atrativo de uma tigela de cerejas, mas uma cereja não fará nada por uma tigela de baratas".

Tanto Rozin e Royzman (2001) quanto Baumeister et al. (2001) apresentam artigos que evidenciam que o negativo é mais forte do que o positivo, das mais variadas formas. Nas palavras de Rozin e Royzman (2001, p. 296, tradução nossa), "Nós sugerimos que uma característica dos eventos negativos e que os torna dominantes é que as entidades negativas são mais contagiosas do que as positivas". Já de acordo com Baumeister et al. (2001, p. 323, tradução nossa),

> Emoções ruins, pais ruins e feedback ruim têm mais impacto do que os bons, e informações ruins são processadas mais minuciosamente do que as boas. O self é mais motivado a evitar más autodefinições do que buscar as boas. Más impressões e maus estereótipos são mais rápidos e mais resistentes à invalidação do que os bons.

O sucesso de longo prazo – inclusive matrimonial – depende mais de evitar o negativo do que de buscar o positivo, afirmam os pesquisadores (Baumeister et al., 2001). A esse respeito, "John Gottman, [...] especialista em relações conjugais, [...] estimou que um bom relacionamento exige que as interações boas superem as interações ruins em pelo menos 5 para 1. [...] Todo mundo sabe que uma amizade que levou anos para se desenvolver pode ser arruinada com um único gesto" (Kahneman, 2012, p. 377).

Essas ideias são muito próximas da filosofia schopenhaueriana do século XIX, segundo a qual o homem insensato corre atrás dos prazeres da vida e acaba sendo enganado; já o homem sábio evita seus males. Essa visão também remonta à Antiguidade, tendo em vista a afirmação aristotélica de que "o homem sábio não persegue o que é agradável, mas a ausência da dor" (Aristóteles, citado por Schopenhauer, 2001a, p. 47). Esse enunciado pode ser complementado por outro do filósofo grego: "os homens são bons de um modo só, e maus de muitos modos" (Aristóteles, 1991, p. 38).

Kahneman (2012) alega que somos uma máquina associativa e apresenta um exemplo disso com duas simples palavras: *bananas* e *vômito*. Quais sentimentos cada uma delas desperta? Você possivelmente vivenciou, nos últimos segundos, algumas imagens e memórias. Seu corpo se contorceu, assim como seu rosto, em uma expressão de nojo. Até mesmo os batimentos cardíacos podem ter-se alterado. Em resumo, você reagiu à palavra causadora de nojo com uma versão atenuada de como reagiria ao evento real. Tudo isso foi realizado de forma automática, isto é, para além de seu controle.

O que isso mostra? Que o modo como percebemos algo pode levar-nos às mais variadas interpretações e comportamentos.

Outro viés importante para nossas percepções é o chamado **efeito halo**, que, resumidamente, se refere ao julgamento que fazemos de uma pessoa com base na observação prévia de seu comportamento, ou seja, usamos o que sabemos para julgar o que não sabemos.

Ao decidirmos, precisamos, antes, perceber o objeto da decisão. Nesse sentido, nossa percepção pode recorrer a uma heurística, isto é, uma regra de bolso, um atalho mental para dar uma resposta rápida, como pontuamos anteriormente. O problema é que as heurísticas podem nos levar a erros sistemáticos de julgamento, uma vez que acionam os vieses cognitivos que todos nós temos. O viés é uma forma de usarmos o que sabemos para decidir sobre o que não sabemos – obviamente, essa conveniência causa um julgamento prematuro.

Os especialistas em comunicação Mílton Jung e Leny Kyrillos (2015), no livro *Comunicar para liderar*, afirmam que a comunicação humana é um processo dinâmico. Ela rapidamente constrói percepções entre as pessoas, de modo que os participantes de um diálogo entendem intuitivamente e reagem imediatamente. Isso ocorre porque nossas experiências moldam a interpretação daquilo que ouvimos. Essa ideia resume bem como se dá a reação a partir daquilo que recebemos de informação.

Para Freud (1976c), o órgão de percepção da mente é a consciência – o que é consciente é o que está percebido. Já de acordo com Mlodinow (2013, p. 18), "o comportamento humano é produto de um interminável fluxo de percepções, sentimentos e pensamentos, tanto no plano consciente quanto no inconsciente. A noção de que não estamos cientes da causa de boa parte do nosso comportamento pode ser difícil de aceitar".

A percepção que as pessoas têm de si mesmas tende a ser superestimada. Segundo Kahneman (2012) e Mlodinow (2013), os psicólogos confirmam que a maioria das pessoas acredita genuinamente ser superior aos demais em relação à maior parte das características desejáveis. Considerando nossos vieses cognitivos, tornarmo-nos cegos para o óbvio e, assim, não reconhecemos nossas próprias limitações. Ao focarmos apenas o que está disponível e visível para nós mesmos, tendemos a gerar uma autoconfiança excessiva, o que acaba por levar a uma distorção da autopercepção.

Outro fenômeno que pode afetar nossa percepção, apresentado por Kahneman e Tversky (1979) – embora no artigo de 1979 não utilizem esse termo –, é o chamado *framing* (enquadramento), que abordamos na Seção 4.3. Isso porque, quando uma mesma escolha é apresentada de formas diferentes, os julgamentos podem ser afetados e variar. A seguir, observe mais dois exemplos além dos já apresentados neste livro:

- **Qual das alternativas a seguir teria mais engajamento?**
  - Conseguiríamos abrir mão de 20% de nossa renda atual.
  - Conseguiríamos viver com 80% de nossa renda atual.
- **Qual dos produtos a seguir tende a vender mais?**
  - Carne com 20% de gordura.
  - Carne com 80% menos de gordura.

Ora, na reflexão proposta na Seção 4.3, dizer que 90% dos pacientes de um hospital sobrevivem é matematicamente a mesma coisa que dizer que 10% não sobrevivem. Do mesmo modo, na primeira pergunta, viver com 80% da renda é o mesmo que abrir mão de 20%. Na segunda, 20% de gordura também equivale a 80% menos de gordura. Porém, temos uma propensão a gostar mais das opções "80% da renda", "80% menos gordura" e "90% sobrevivem".

Logo, isso não tem a ver com a ordem em que as alternativas são apresentadas, e sim com a **aversão à perda**, isto é, há perguntas que parecem carregar um tom mais negativo ("não sobrevivem", "abrir mão", "com 20%"), enquanto outras soam como mais positivas.

Além disso, não podemos desconsiderar o efeito de enquadramento, que representa o fato de a escolha ser influenciada pela forma como o problema é expresso. Um exemplo de enquadramento muito comum pode ser percebido em uma pesquisa do Instituto Vox Populi sobre pena de morte (Oinegue, 2020). Foi feita a mesma pergunta a diferentes pessoas, porém com apresentações ou enquadramentos distintos, gerando os seguintes resultados:

- "**O erro nos processos judiciais** é um dos grandes problemas brasileiros. Alguns especialistas entendem que, **se houvesse pena de morte no Brasil, muitas pessoas inocentes poderiam ser executadas**. Você é a favor ou contra a pena de morte?" (Oinegue, 2020, grifo nosso).
Resultado: 62% contra e 38% a favor.
- "**A criminalidade** é um dos grandes problemas brasileiros. Alguns especialistas entendem que **uma forma de combater o crime é adotar a pena de morte para casos de homicídios hediondos**. Você é a favor ou contra a pena de morte?" (Oinegue, 2020, grifo nosso).
Resultado: 47% contra e 53% a favor.

Perceba que a forma como o problema foi apresentado levou a resultados diferentes. Na primeira pergunta, o enfoque foi dado aos erros que podem matar inocentes. Já na segunda, o foco residiu na criminalidade, que deixa o cidadão inseguro.

Portanto, nossas escolhas também dependem da forma como os problemas nos são apresentados. Não focamos apenas a utilidade esperada. Por vezes, até a focamos, porém podemos ser enganados e tomar decisões equivocadas.

Em resumo, a percepção é subjetiva e bastante rudimentar, o que pode resultar em dados distorcidos para nosso processo de tomada de decisão.

7.2 Avaliar

Avaliar implica certo julgamento entre lucros e perdas. Se você leu os capítulos anteriores, percebeu que as respostas emocionais, como a intensidade do medo e a busca pela satisfação imediata, governam diversos de nossos julgamentos. No entanto, vale elencar, a esta altura, outros fenômenos que podem participar dessa etapa do processo de tomada de decisão.

7.2.1 Emoções do momento

A avaliação de um evento ocorre de forma diferente a depender do grau de emoção envolvido na situação ou do que sentimos antes – dor, fome, sono, sede ou cansaço, excitação sexual, efeito de álcool ou drogas etc. Ir ao supermercado com fome ou tomar uma decisão depois de um péssimo dia são exemplos de situações em que o nível de avaliação está prejudicado.

Chamamos esse viés de **lacunas de empatia quente-frio** (*hot-cold empathy gaps*, em inglês). Ele evidencia que nossa capacidade de interpretar os acontecimentos é profundamente dependente de nosso estado emocional. Exploraremos um pouco mais esse tema quando abordarmos o mercado e a mídia, no Capítulo 10.

7.2.2 Limitações cognitivas

Nossas limitações cognitivas nos fazem ver apenas parte do todo. Um exemplo pode ser a fábula do rei que, muito feliz com os trabalhos realizados por um de seus súditos, decide presenteá-lo. O rei pede ao súdito que vá ao estábulo real e lá escolha o cavalo que quiser para levá-lo para casa de presente. O súdito – que jamais havia sequer entrado no estábulo, pois ali eram mantidos os cavalos mais caros e raros de todo o reinado – fica lisonjeado e, depois de algum tempo, volta para casa feliz e montado em seu animal, exibindo para todos os plebeus que o melhor cavalo agora é seu. No entanto, ele não sabe que, na noite anterior, o rei havia retirado os melhores, mais raros e caros cavalos do estábulo, de modo que permaneceram para serem escolhidos apenas os piores.

Esse fenômeno acontece conosco todos os dias. Não temos a visão do todo, apenas vemos o que se apresenta para nós e tomamos consciência disso. Kahneman (2012) refere-se a isso como WYSIATI, acrônimo em inglês para "O que você vê é tudo o que há" (*WhatYou See Is All There Is*).

Não temos como decidir sobre o que não vemos e não sabemos. Porém, o que não vemos e não sabemos em hipótese alguma deixa de existir e, principalmente, de nos afetar. Chamamos isso de *incerteza*, temática que exploraremos no Capítulo 8.

Outra limitação cognitiva diz respeito à **atenção limitada**. Não conseguimos prestar atenção a tudo e, por isso, precisamos focar. No entanto, ao fazermos isso, ignoramos o entorno. O cérebro humano é estruturado para ter essencialmente um único foco de atenção consciente por vez e, assim, passar rapidamente de um foco para outro.

O famoso teste do gorila invisível, de Daniel Simons e Christopher Chabris (1999), dois pesquisadores de Harvard, deixa isso evidente. Eles apresentam o argumento de que o foco em determinado contexto nos cega para outras oportunidades, bem como para os riscos presentes (Simons; Chabris, 1999).

Para saber mais, você pode procurar pelo livro *O gorila invisível* ou, na internet, buscar por "teste do gorila invisível" ou "teste de atenção". Com esses materiais, você poderá tirar as próprias conclusões. De todo modo, agora que você sabe do que se trata, já estará preparado para a experiência. Recomendamos, então, que mostre o teste a alguém sem contar em que ele consiste e só depois faça sua avaliação final.

7.2.3 Efeito de enquadramento

Outro exemplo é o efeito de enquadramento (*framing*), detalhado anteriormente. A forma como o problema nos é apresentado pode definir nossa escolha.

7.2.4 Conforto cognitivo

O conforto cognitivo também nos limita. Basicamente, refere-se ao desgaste mental, ao consumo de energia que tentamos evitar. Tomar decisões tem custos psicológicos. Escolher pode ser difícil e requer esforço, assim como qualquer outra atividade. Longas sessões de decisões a serem tomadas podem levar ao esgotamento e piorar nossa própria capacidade de decisão, fazendo com que tomemos escolhas cada vez piores. Isso porque nossa autorregulação é afetada, levando a uma redução de nossa capacidade, muitas vezes já precária, de autocontrole. Esse fenômeno recebe o nome de **fadiga da decisão**, que já abordamos nos Capítulos 3 e 4.

7.2.5 Efeito *satisficing*

O efeito *satisficing* – "satisficiência", como traduzido por Ávila e Bianchi (2015) – diz respeito àquilo que seria suficientemente satisfatório para tomarmos uma decisão "boa o suficiente" para o momento. O termo foi cunhado pelo cientista Kurt Lewin, mas ficou conhecido por conta dos trabalhos de Herbert Simon, conforme mencionamos no Capítulo 3.

7.2.6 Satisfação imediata

A satisfação imediata representa a busca pela recompensa e pelo objetivo de evitar a dor, assunto que discutimos em vários capítulos e que está tão presente na fundamentação tanto da economia clássica, na teoria da utilidade (explorada no Capítulo 4), quanto da psicanálise (Capítulos 5 e 6).

7.2.7 Ilusões cognitivas

Ilusão cognitiva é uma espécie de percepção ilusória. Por exemplo: Qual das duas linhas horizontais expostas na Figura 7.1 é maior em termos de comprimento?

Figura 7.1 – Linhas horizontais

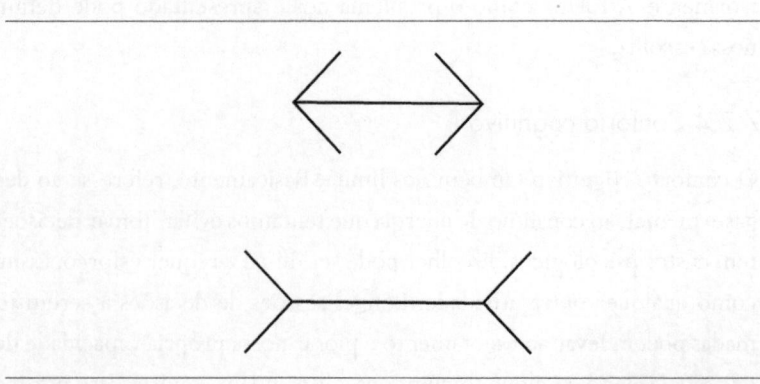

Fonte: Kahneman, 2012, p. 37.

Essa figura é conhecida como a ilusão de Müller-Lyer e, claro, a de baixo é visivelmente maior que a de cima... Todos nós vemos isso, correto? Errado. Ao medir as linhas horizontais, você perceberá que ambas têm o mesmo comprimento. Para tanto, basta traçar uma linha paralela entre as retas e duas linhas verticais nas extremidades, conforme a Figura 7.2.

Figura 7.2 – Linhas horizontais com parâmetros de medição*

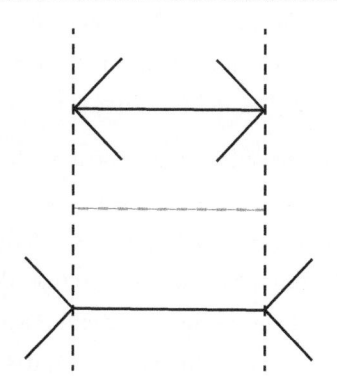

Fonte: Kahneman, 2012, p. 37.

Essas ilusões cognitivas nos levam a cometer erros de julgamento. Compreendemos, agora, que as linhas horizontais são iguais, mas não conseguimos ver isso sem o apoio das linhas pontilhadas. Existem vários outros exemplos de ilusão cognitiva que você pode pesquisar. Sabemos que são ilusões, porém não podemos ver isso claramente com nossos olhos.

7.2.8 Contabilidade mental

A contabilidade mental é um importante elemento que atrapalha nosso processo de avaliação. Ela define a forma como o indivíduo aloca os valores e as prioridades.

---

* No original de Kahneman (2012) não constam as linhas pontilhadas. Elas foram inseridas apenas para exemplificar o exposto.

Neste ponto, devemos nos deter na explicação do conceito, pois apenas o mencionamos brevemente quando abordamos, no início do livro, no Capítulo 1, a economia comportamental e, no Capítulo 5, o comportamento econômico.

Para Richard Thaler (2015), distribuímos nossa vida financeira em três tipos de contas, que seriam administradas de forma subjetiva, ou seja, sem guardar relação com a realidade da vida:

1. conta-corrente, que acumula ganhos e gastos;
2. conta de bens ou posses, que forma o patrimônio;
3. conta de renda futura.

Por exemplo, quando perguntamos às pessoas no Brasil, próximo ao fim do ano, sobre o que elas farão com o 13º salário a ser recebido, as intenções são sempre pagar as contas, colocar "a casa em ordem" e comprar alguns presentes de Natal. Contudo, não checamos o que, de fato, a pessoa fez com o 13º quando ele foi efetivamente recebido. Ao longo dos últimos anos, verifica-se um aumento do endividamento das famílias brasileiras, provavelmente porque essas intenções prévias não se confirmam quando o dinheiro chega às mãos do consumidor.

Qual é seu rendimento ou seu salário mensal? Podemos assumir que você disse ou mentalizou o valor bruto, correto? Mas quanto, de fato, sobra no seu bolso? Não seria o valor líquido?

Esse é um tipo de conta mental. Pensamos no valor bruto e tendemos a fazer contas considerando esse número. Muitas pessoas se endividam exatamente por esse erro de julgamento. Ao pensarem no valor bruto, elas calculam o quanto podem gastar com base nele, ou seja, não separam o dinheiro em "caixinhas", apenas o gastam. No início do mês, podemos até fazer uma reserva em diferentes envelopes (saúde, escola, entretenimento etc.), porém acabamos gastando o dinheiro, isto é, não o tratamos como se estivesse em "caixinhas" distintas.

E se você fosse questionado sobre quanto é seu patrimônio? Em que pese saber que seja a soma de todos os seus bens materiais, menos todas as suas dívidas, você teria essa resposta ou a mentalizaria? Será que, ao mentalizar, você se lembraria de tudo e chegaria ao valor correto?

Existe, ainda, a contabilidade mental maleável, que Ariely e Kreisler (2019) explicam por meio do exemplo de um famoso escritor que, tendo estabelecido um limite para si mesmo de fumar apenas um charuto por dia, com o tempo começou a comprar charutos cada vez maiores, até que ele mesmo pudesse dizer que um de seus charutos também poderia ser usado como muleta.

Levan e McGraw (2009) descobriram que existe uma espécie de contabilidade mental influenciada por sentimentos sobre o dinheiro, a qual intervém sobre o consumo. Os autores apresentam um experimento segundo o qual, quando as pessoas recebem dinheiro em circunstâncias negativas, elas evitam gastos **hedônicos** e preferem fazer gastos **utilitários*** ou virtuosos, para reduzir ou "lavar" seus sentimentos negativos a respeito desse lucro inesperado.

A título de ilustração, se você recebe uma herança de um tio que era sabidamente desonesto, tende a usar esse montante para a caridade. Depois de pagar essa espécie de "pedágio", sente-se confortável em usar o dinheiro para outros fins. O contrário também é verdade. Se recebesse o dinheiro de outra pessoa que era muito amada por você, o dinheiro poderia ser gasto sem maiores problemas.

Mas e se fosse um prêmio, um bônus ou um aumento de salário que não era esperado? Como seria consumido? O que podemos aprender com tais situações? De fato, contas mentais não fecham, e o fato de o dinheiro não estar "carimbado" nos faz não ter muita lógica sobre sua alocação.

Portanto, o melhor a fazer é proteger seu dinheiro de você mesmo. Afinal, em contabilidade mental, somos nossos próprios auditores. No mundo corporativo, isso é chamado de *conflito de interesses*, sendo mais indicado fazer a segregação de funções.

Os processos de perceber e avaliar são especialmente testados nos trabalhos de Tversky e Kahneman (1974, 1979). De acordo com Ferreira (2008, p. 167), nos experimentos dos autores, é possível compreender que

---

* Consumo hedônico é o consumo por impulso ou motivado por emoção. Já o consumo utilitário é aquele feito pela necessidade. Simplificando, podemos dizer que um item supérfluo seria hedônico, enquanto a alimentação seria utilitária.

"as pessoas tentarão tornar suas estimativas de probabilidade compatíveis com seus conhecimentos sobre o assunto, as leis de probabilidade e as próprias heurísticas e vieses".

7.3 Escolher

Não conseguimos satisfazer todas as nossas necessidades, de modo que precisamos escolher entre as alternativas, o que implica abrir mão, perder algo, assumir a dor da renúncia e buscar materializar a vantagem da escolha feita – em economês, "maximizar a utilidade", que consiste na base da premissa da racionalidade do agente econômico.

Thaler (2015) alega que seus estudos começaram diante de algo muito prosaico: a história de seus colegas que lhe pediam para afastar o prato de castanhas pois acabariam comendo demais. Ele usa esse exemplo para contestar a teoria econômica tradicional, segundo a qual as pessoas sempre estarão em melhor posição de escolha quanto maiores forem suas opções, e não o contrário. De acordo com Tversky e Shafir (citados por Ferreira, 2008, p. 192), "Quanto mais opções são oferecidas, mais as pessoas tendem a não fazer nada".

Quem já almoçou em restaurante na modalidade por peso sabe o que é isso. A quantidade de opções, além do tamanho do prato, acaba dificultando a decisão de escolher e, muitas vezes, faz o sujeito comer mais do que previa. Essa grande quantidade prejudica a escolha e leva a um erro de planejamento. Experimente planejar o peso do prato antes de entrar no restaurante e compare com o verificado depois de se servir.

Sobre as escolhas, é interessante recorrer ao velho dilema do bonde, que pertence à teoria utilitarista e foi defendido como uma doutrina ética principalmente pelos filósofos e economistas ingleses John Stuart Mill e Jeremy Bentham, durante os séculos XVIII e XIX, ainda que o pensamento utilitarista já fosse explorado desde a Grécia Antiga, em especial pelo filósofo grego Epicuro, que é citado por Mill (2004) em seu clássico *Utilitarianism*.

O dilema consiste na seguinte situação: Você é o maquinista de um bonde diante de uma encruzilhada, e o veículo está sem freios. À direita, existe uma pessoa e, à esquerda, cinco pessoas. Para qual lado você leva o bonde? Geralmente, os indivíduos optam por levar o bonde para a direita, afinal, acabar com a vida de apenas uma pessoa, por mais duro que possa ser, parece uma escolha mais razoável do que acabar com a vida de cinco pessoas. Esta é a ideia da ética utilitarista: fazer o bem para o máximo de pessoas possível.

Agora, suponha que esse mesmo dilema lhe fosse apresentado, mas você sabe que a pessoa à direita é quem você mais ama na vida, e há cinco desconhecidos do outro lado. Você ainda assim teria a atitude de salvar cinco vidas em prol de uma?

As escolhas nem sempre são tão cruéis como a descrita nesse dilema. Para Srour (2014), por exemplo, há um leque de decisões éticas, como a **escolha do bem para afastar o mal**, que é bem fácil. Afinal, em condições normais, qualquer pessoa se veste com um casaco quente para evitar um resfriado, a título de ilustração. Além disso, existe a escolha **entre dois bens**, que pode gerar certo desconforto: Sorvete ou pudim para sobremesa? Teatro ou cinema sábado à noite?

Todavia, pode-se estar diante de um sacrifício, uma escolha **entre o mal e o bem**, que consistiria em provocar o mal necessário para obter um bem maior, como no caso de abater um rebanho de animais infectados com alguma doença incurável para não permitir que ela contagie outros animais ou humanos ou, até mesmo, ter de amputar uma perna infectada para preservar a própria vida. É possível, ainda, vivenciar **o sacrifício de dois "males" e escolher o menor** para evitar um mal maior, quando, por exemplo, for preciso demitir empregados para salvar a empresa e milhares de outros empregos.

Escolher é, de qualquer forma, angustiante. Por isso, Simon (1979), com base em seus estudos sobre o comportamento decisório, compreende que escolhemos a alternativa "boa o suficiente", isto é, não a melhor, e sim aquela que preencheu alguns critérios, mantendo-nos não muito distantes do **conforto cognitivo**. O esforço para ponderar alternativas é gigantesco dentro de nossa mente e leva-nos quase à exaustão, pois não temos condições de processar o esforço computacional que a tarefa exige. Assim, nossas limitações cognitivas podem comprometer nossas decisões (Harari, 2016; Kahneman, 2012; Ferreira, 2008).

Tomar decisões parece bem mais simples no dia a dia. Contudo, agora, diante de tudo o que expusemos, parece assustadora nossa imprecisão perante nossas próprias escolhas. Mas esse é o caminho para podermos nos compreender melhor.

Esse processo gera algum pânico, mas faz parte do crescimento da vida intelectual. Muitos dizem, aliás, que a ignorância é uma das fontes da felicidade. A esse respeito, Schopenhauer (2015) apresentou proposições marcantes sobre a solidão dos gênios e dos sábios, com a ideia de que, quanto mais claro é o conhecimento do homem, quanto mais ele se torna inteligente, mais aumenta seu sofrimento diante da vida e de sua compreensão.

O conhecimento é fascinante, mas também gera angústias. Porém, tanto Simon quanto Kahneman foram laureados com prêmios Nobel, exatamente por suas contribuições ao processo de tomada de decisão humana. Portanto, o tema é importante, e não há como escapar disso.

Incerteza e risco

"Existe o risco que você não pode jamais correr, e existe o risco que você não pode deixar de correr."

Peter Drucker

A palavra *risco*, do latim *risicu* ou *riscu*, significa "ousar". O risco é sempre nosso inevitável parceiro, gostemos ou não. Alguns dizem que o número 13 dá azar, mas o excesso de confiança* sinaliza que isso não deve ser levado a sério. Afinal, que diferença há do 13 para o 31, por exemplo, além da ordem de apresentação dos dígitos? Ou, então, entre 3, 7 e 60?

---

* A Seção 11.3 é inteiramente dedicada ao tema do excesso de confiança.

capítulo 8

Investidores e empresários correm riscos quando alocam seu capital; cirurgiões se deparam com o risco do erro, e os pacientes, *idem*; engenheiros enfrentam os riscos de errarem os cálculos estruturais ou de se equivocarem com materiais ao fazerem seus projetos de construção; políticos correm o risco de ganhar ou perder ao disputarem eleições; manicures se arriscam ao manusear alicates, podendo machucar clientes; estudantes correm o risco de não serem aprovados nos exames. O risco está em toda parte, fazendo-se presente em qualquer atividade humana.

No conceito empresarial, o risco envolve algo mensurável em termos de probabilidade e pode ser quantificado e qualificado; já a incerteza, não. Esta é imensurável, não há padrões objetivos para expressar suas probabilidades, englobando o que vai além do WYSIATI (*What You See Is All There Is*), conceito apresentado no capítulo anterior. Essa noção foi elaborada por Frank Knight (1921).

Figura 8.1 – Incerteza e risco

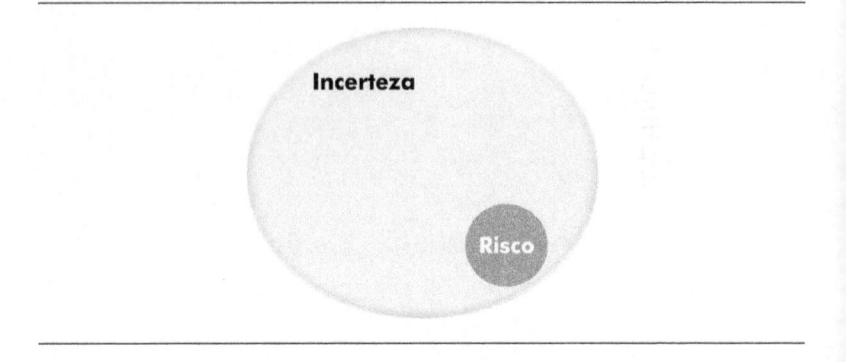

Incerteza

Risco

Fonte: Elaborado com base em Knight, 1921.

A Figura 8.1 ilustra que o risco representa a parcela quantificável da incerteza, sendo esta infinitamente maior do que aquele, pois ela contém tudo o que não sabemos.

Louis Frankenberg foi pioneiro em escrever sobre finanças pessoais no Brasil, nas décadas de 1970 e 1980. Fundou e presidiu o Instituto Brasileiro de Certificação de Profissionais Financeiros (IBCPF) – atual Planejar –, entidade que certifica os profissionais CFP® (*Certified Financial Planner*) no Brasil. De acordo com o autor,

> *A única certeza que temos em nossa vida é o caráter finito da mesma [sic]. A incerteza há de sempre nos acompanhar enquanto vivermos. Estamos permanentemente sob o signo da mudança e dos imprevistos. É a maior razão para jamais usarmos em nossas projeções e previsões, sejam quais forem, termos absolutos e imutáveis.*
> (Frankenberg, 2013)

De fato, temos poucas certezas na vida, mas as incertezas são infinitas. Nesse sentido, Bertrand Russel (2022, tradução nossa) certa vez escreveu que "A causa fundamental do problema é que no mundo moderno os estúpidos são arrogantes cheios de certezas, enquanto os inteligentes estão cheios de dúvidas". Após tantas pesquisas em ciências sociais, muitas dúvidas permanecem. Isaac Newton foi um gênio quando, ainda no século XVIII, declarou: "o que sabemos é uma gota, o que ignoramos é um oceano" (Newton, citado por SPM, 2019). Podemos reinterpretar essa afirmação e dizer que a gota pode ser o risco e o oceano, a incerteza. No século XXI, ainda temos um oceano a ser desvendado, e muito desse desafio está dentro de nós.

8.1 Buracos, aviões e mosquitos

Deixando a profundidade filosófica de lado, o que nos interessa é saber como quantificar e qualificar o risco de um investimento, certo? Estatística é a resposta. Se você vem das ciências humanas e quer entender sobre as finanças comportamentais, fique tranquilo, pois vamos guiá-lo nessa empreitada.

Para o assunto se tornar mais leve, vamos recorrer aos ensinamentos do escritor Ariano Suassuna. Em uma palestra, ele contou que Benjamin Disraeli dizia que existem três mentiras na vida: a primeira é a mentira comum; a segunda, a mentira deslavada; e a terceira, a estatística (Suassuna, 2011). Com esse argumento, o escritor justificou seu medo de voar de avião. Para ele, só havia dois tipos de viagem de avião: as tediosas e as fatais. Por isso, preferia longas distâncias de carro.

Sabemos que o risco de um acidente de carro é maior do que o de um acidente de avião. Suassuna (2011) concordava com isso, mas sua tese era a seguinte: "Pegue 50 acidentes de avião e 50 acidentes de carro e veja quem teve mais sobreviventes". Ao ser indagado sobre o risco de o carro cair em um buraco na estrada, ele respondeu: "pior é o avião, que onde vai o buraco vai junto" (Suassuna, 2011).

Podemos compreender a fala de Suassuna, porque nós, seres humanos, não pensamos de forma estatística, e sim de forma dramática. Observe: Do que você tem mais medo: tubarão, mosquito, avião ou carro?

Pois bem, tubarões matam, por ano, cerca de dez pessoas no mundo; mosquitos matam 725 mil. A cada 1,2 milhão de voos, um avião sofre algum acidente, sendo que os momentos mais críticos de um voo são os três primeiros minutos, logo após a decolagem, e os oito últimos minutos, antes da aterrissagem. Nesses dois intervalos de tempo, acontecem 80% dos acidentes (Caputo, 2014; Busis, 2013). Os dados apontam, ainda, que 95,7% dos passageiros de voos que sofrem algum tipo de acidente sobrevivem à situação. Somando-se, então, a pouca possibilidade de um acidente com a alta chance de sobrevivência, chega-se à seguinte probabilidade de morte em um acidente de avião: uma chance entre 11 milhões. E quais são as chances de morrer em um acidente de carro em uma estrada? Giram em torno de uma em cinco mil.

Agora, se você for questionado sobre o que é mais perigoso, avião ou torresmo, qual seria sua resposta?

De acordo com o Conselho Nacional de Segurança estadunidense, as maiores chances de morte acidental são em decorrência de doenças cardíacas, com uma chance em seis (Caputo, 2014). Então, é mais seguro e mais aconselhável cuidar da alimentação e da saúde do que se preocupar com medo de avião, correto? Há um século apenas 10% das mortes eram por más escolhas; atualmente são 40% (Dias, 2016).

Para levá-lo a compreender definitivamente o conceito de risco, podemos recorrer a mais comparações: as chances de morrer por câncer são de uma em sete; por queda de locais altos, de uma em 171; e de ataque de cachorro, de uma em 119 mil (Caputo, 2014).

Lembre-se disto da próxima vez em que for voar: feche os olhos e relaxe. Isso é possível? Parece-nos que não, certo? Isso porque, como indicamos, não pensamos de forma estatística, mas de forma dramática, porque as emoções se sobrepõem à razão.

8.2 Ativos e passivos

O que detalhamos anteriormente não é diferente no ambiente de finanças. Nesse cenário, prega-se que um investidor só assume um risco se o retorno esperado for suficientemente elevado para compensá-lo.

Por exemplo, se você tivesse em mãos, neste exato momento, R$ 1.000.000,00 disponíveis para investimento, optaria por um empreendimento que promete 10% de retorno ao mês ou por outro que assegura 15% de retorno ao mês?

Parece óbvio que todos buscariam o maior retorno, uma vez que sempre procuramos pela maximização da utilidade. Porém, não podemos apenas considerar o retorno esperado. Devemos, também, avaliar os riscos envolvidos em cada projeto.

A combinação risco *versus* retorno faz, ou deveria fazer, parte de qualquer análise prévia de investimentos. Desse modo, risco e retorno são sempre parceiros. Por exemplo, o retorno que os acionistas podem esperar conseguir no mercado de capitais* é aquele que exigirão das empresas quando estas avaliarem projetos de investimento com risco. Trata-se, portanto, do custo de capital próprio da empresa (Ross; Westerfield; Jaffe, 1995).

De modo geral, investimentos menos arriscados tendem a ter rendimentos mais baixos que investimentos mais arriscados.

Para Knight (1921), o lucro advém da imprevisibilidade inerente e absoluta das coisas. Segundo o autor, existe lucro quando investidores ou empresários estão dispostos a aceitar uma incerteza inafiançável e a recompensa do risco. Esses agentes atuam quase sempre sob risco e incerteza com vistas ao ganho potencial (retorno) – a "utilidade esperada".

A Figura 8.2, a seguir, esquematiza um balanço patrimonial na linguagem da administração financeira e da contabilidade, a fim de ilustrar as ideias apresentadas até aqui nesta seção. Do lado direito estão os passivos (as fontes de financiamento) e do lado esquerdo os ativos (as aplicações dos recursos).

---

* Esse tema será aprofundado no Capítulo 10.

Figura 8.2 – Balanço patrimonial e riscos envolvidos

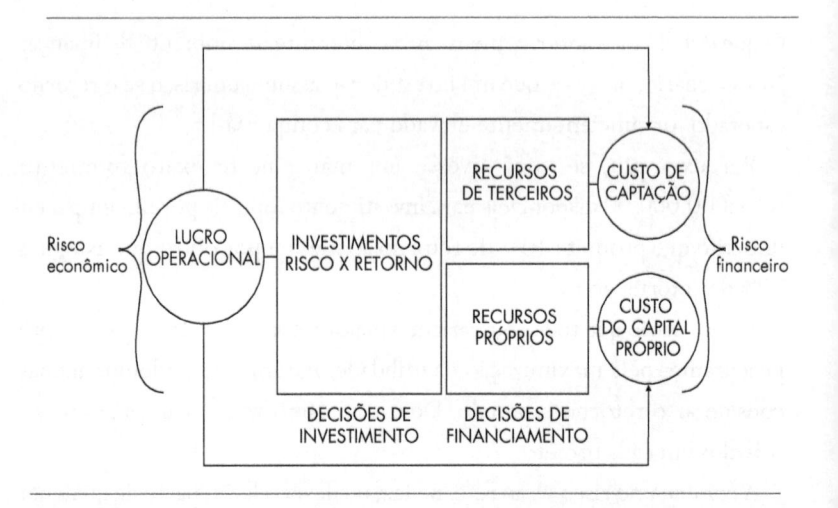

```
                    ┌─────────────┬──────────┐
                    │  RECURSOS   │ CUSTO DE │
                    │ DE TERCEIROS│ CAPTAÇÃO │
  Risco  ╱ LUCRO  ╲ │ INVESTIMENTOS│         │ Risco
econômico│OPERACIONAL│ RISCO X RETORNO        │financeiro
         ╲         ╱ │  RECURSOS   │  CUSTO   │
                    │  PRÓPRIOS   │DO CAPITAL│
                    │             │  PRÓPRIO │
                    ├─────────────┼──────────┤
                      DECISÕES DE   DECISÕES DE
                      INVESTIMENTO  FINANCIAMENTO
```

Fonte: Assaf Neto; Lima, 2014, p. XVIII.

Imagine que você queira abrir um empreendimento comercial, mais precisamente um restaurante. A fonte de financiamento para isso pode ser seu próprio dinheiro, proveniente de suas reservas financeiras, ou um montante emprestado de alguém, de um banco etc. Do lado do financiamento, você precisa analisar decisões desse tipo, sobre como e por quem quer ser financiado. O dinheiro emprestado de um banco tem uma taxa de juros, portanto, um custo de captação. O dinheiro de suas reservas pessoais também tem um custo; se você quiser utilizá-lo no empreendimento, também deverá saber qual é esse custo.

Abordaremos de forma mais detida esse tema no Capítulo 9. De todo modo, a fórmula para calcular o preço do capital próprio é dada pelo *Capital Asset Pricing Model* (CAPM) – em português, modelo de precificação de ativos.

Espera-se sempre que os custos de captação dos recursos sejam os mais baixos possíveis, assim como o risco financeiro, o qual, de acordo com Assaf Neto e Lima (2014, p. 11, grifo do original),

> *reflete o risco associado às decisões de financiamento, ou seja, a capacidade da empresa em liquidar seus compromissos financeiros assumidos.* Empresas com reduzido

*nível de endividamento apresentam baixo nível de risco financeiro; altos níveis de endividamento, por outro lado, ao mesmo tempo em que podem promover maior capacidade de **alavancar** os resultados, denotam também maior risco financeiro.*

Uma vez captado o recurso financeiro, é hora de aplicá-lo no projeto. No caso de nosso exemplo, você precisará comprar mesas, alugar ou comprar um espaço comercial, montar a cozinha, enfim, alocar o dinheiro nos referidos ativos para o empreendimento funcionar.

Você avaliará o risco *versus* o retorno do investimento. A intenção é que o restaurante tenha lucros operacionais superiores aos custos de captação dos recursos. Só assim você operará de forma saudável do ponto de vista financeiro.

Diante disso, cabe ressaltar que qualquer negócio está sujeito ao risco operacional ou econômico, definido por Assaf Neto e Lima (2014, p. 11, grifo do original) do seguinte modo:

> **risco econômico (operacional)**: *é inerente à própria atividade da empresa e às características do mercado em que opera. Esse risco independe da forma como a empresa é financiada, restringindo-se exclusivamente às decisões de investimentos (ativos). Alguns exemplos: sazonalidade de mercado, tecnologia, concorrência, estrutura de custos mantida pela empresa, qualidade dos produtos negociados, variações nas taxas de juros de mercado etc.*

Se seu restaurante prosperar e você quiser trazer investidores para aportar dinheiro e expandi-lo, eles analisarão o retorno prometido e os riscos envolvidos, ou seja, o custo de oportunidade de investir em seu restaurante, como em qualquer outro investimento.

Abordamos os custos de oportunidade na Seção 3.2. Agora, precisamos considerar como os riscos são calculados, já que, como pontuamos, eles correspondem à parte quantificável da incerteza.

8.3 Quantificando o risco

Basicamente, o risco é mensurado por duas variáveis: probabilidade e impacto, conforme ilustrado na Figura 8.3.

Figura 8.3 – Matriz de riscos

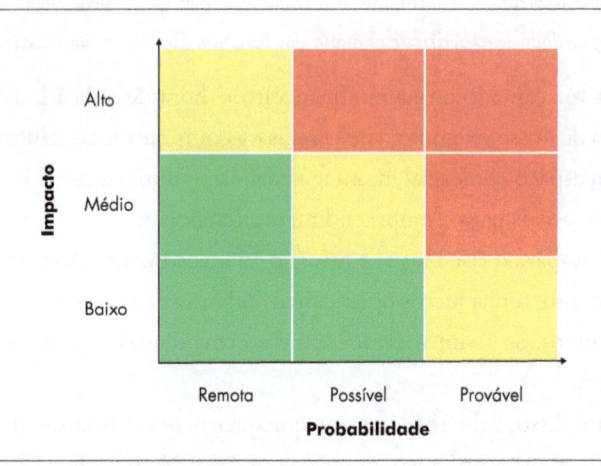

É possível que você já tenha visto uma matriz de riscos como essa, em que a probabilidade é a chance estatística de o risco se materializar e o impacto é o efeito da materialização do risco – por exemplo, o dano financeiro causado.

No universo das finanças, o risco de um investimento é matematizado pelo coeficiente beta – a letra grega (β) –, que consiste em uma medida estatística de relação entre duas variáveis. Trata-se de um elemento de difícil estimação (guarde bem essa palavra).

Para a determinação do beta, deve-se identificar um mercado de referência. Por exemplo, se você quer comprar ações da empresa A, pode recorrer a uma amostra de empresas do mesmo setor, com características operacionais e financeiras semelhantes. Suponha, assim, que, nesse contexto, foram selecionadas as empresas B, C e D para comparação.

Então, aplicamos a seguinte fórmula:

$$\beta_p = \frac{\text{Cov}(r_p, r_b)}{\text{Var}(r_b)}$$

Em que:
- β = covariância – retorno da ação da empresa A, retorno da amostra (empresas B, C e D);
- variância = retorno da amostra (empresas B, C e D).

Atenção!

A covariância, assim como a correlação, é uma medida estatística que indica como duas variáveis se relacionam entre si. Nesse sentido, se o preço da ação da empresa A se eleva, como se comporta a amostra? Se um acompanhar a subida do outro, diz-se que a covariância é positiva, denotando risco maior para a carteira; caso contrário, existe uma covariância negativa, reduzindo o risco de perda pelo comportamento inverso de um ativo em relação ao outro. A covariância é, no fundo, o desvio padrão dividido pela média. Por sua vez, o desvio padrão, representado pela letra grega sigma (σ), é a raiz quadrada da variância, que, representada pela letra grega sigma (σ^2) ao quadrado, é calculada pela média da dispersão, ou seja, levantam-se os retornos da amostra em questão e calcula-se sua variância. Tanto o desvio padrão quanto a variância têm por objetivo medir estatisticamente a variabilidade (grau de dispersão) dos possíveis resultados em termos de valor esperado. Eles representam medidas de risco. Quanto maior for o desvio padrão de um ativo, mais difíceis serão suas projeções de resultado (ganhos ou perdas) e maior será o risco da decisão. A covariância dividida pela variância aponta o beta (β) e, quanto maior este for, maior será o risco da ação da empresa A em relação ao risco de mercado – representado aqui pela amostra das empresas B, C e D – e, portanto, pela lógica, maior deverá ser o retorno exigido por quem investir nas ações dessa empresa A.

Vale destacar que a moderna gestão de risco começou a se desenvolver a partir da teoria do portfólio (*portfolio selection*), também chamada de *teoria da carteira*, apresentada inicialmente em 1952 por Harry Markowitz e estendida por William Sharpe e Eugene Fama (todos laureados com prêmios Nobel), além de outros pesquisadores que desenvolveram importantes trabalhos subsequentes.

O artigo "Portfolio Selection", de Markowitz, publicado no *The Journal of Finance*, difundiu a noção de que um investidor deve formar um portfólio, ou seja, possuir vários ativos, montar uma carteira diversificada (não colocar todos os ovos na mesma cesta), de modo a maximizar o retorno e minimizar o risco por meio da diversificação de ativos com reduzido nível de covariância.

Por exemplo, suponha que você tenha as propostas de investimento indicadas na Tabela 8.1. Por qual você optaria?

Tabela 8.1 – Opções de investimento em ativos

	Ativo A	Ativo B
Retorno esperado	15%	10%
Risco	5%	2%

O investidor racional escolheria o ativo com a melhor relação retorno-risco, sempre. Analisando-se apenas o retorno, o ativo A parece ser mais interessante. Todavia, observando-se o risco, esse ativo tem uma ordem de grandeza de retorno sobre risco de três vezes, o que não parece tão atrativo assim, já que o ativo B apresenta cinco vezes o retorno sobre o risco.

Agora, se formarmos uma carteira investindo nos dois ativos, poderemos reduzir o risco, pois, de acordo com a teoria de Markowitz, o que acontece é o seguinte:

$$Rc^2 = (W_1^2 \cdot \sigma_1^2) + (W_2^2 \cdot \sigma_2^2) + (2 \cdot W_1 \cdot W_2 \cdot \sigma_1 \cdot \sigma_2 \cdot r)$$

Em que:
- Rc^2 = risco da carteira elevado ao quadrado;
- W_1 = proporção do ativo A na carteira total (50%, nesse exemplo);
- W_2 = proporção do ativo B na carteira (50%, uma vez que só existem os ativos A e B na carteira);
- σ_1 = desvio padrão do ativo A;
- σ_2 = desvio padrão do ativo B;
- r = coeficiente de correlação entre as ações 1 e 2.

Assim, observe o Quadro 8.1, a seguir.

Quadro 8.1 – Opções de investimento nos ativos A ou B conforme a teoria da carteira

	Ativo A	Ativo B	
Retorno esperado	15%	10%	Retorno médio (15 + 10/2) = 12,5%
Risco	5%	2%	O risco não equivale à média $\left(\dfrac{5+2}{2}\right) = 3,5\%$. Ele deve ser calculado pelo desvio padrão, uma medida de dispersão, segundo a fórmula apresentada. Markowitz provou que o risco da carteira neutraliza perdas e ganhos entre ativos que tenham correlações contrárias, o que reduz o risco total, aumentando, desse modo, a chance de retorno.

Portanto, a orientação que se assume nas decisões financeiras é sempre selecionar alternativas que levem à melhor diversificação dos investimentos. Essa diversificação visa encontrar o melhor lugar para estar – no jargão financeiro, trata-se da **dominância estocástica**, que nada mais é do que a melhor estatística.

Na Figura 8.4, os ativos A e B formam a chamada *fronteira eficiente*, pois estão mais bem posicionados entre as variáveis risco e retorno do que os demais, como C, D, E, F ou G.

Figura 8.4 – Fronteira eficiente

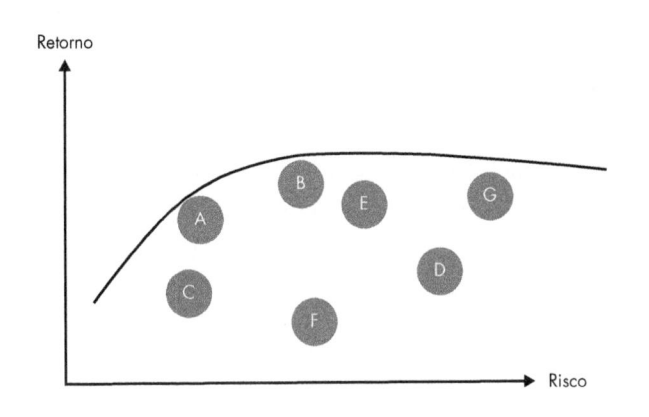

Desse modo, o portfólio, ou carteira, corresponde a um conjunto de bens financeiros (ações, títulos de renda fixa, imóveis, moedas etc.) de propriedade de um investidor, seja uma pessoa física, seja uma pessoa jurídica. O objetivo da formação de portfólios diversificados é sempre reduzir o risco (Assaf Neto; Lima, 2014).

Em que pesem as críticas sobre a teoria da carteira, ela continua sendo muito importante para qualquer investidor. A seguir, detalhamos os três principais questionamentos a seu respeito.

Questões de ordem técnica

Para apurar os cálculos, é preciso ter uma enorme quantidade de dados estimados, além das variâncias e covariâncias de cada ativo envolvido na carteira.

A teoria não considera os ativos livres de risco

Exemplos seriam os títulos classificados como AAA pelas agências de classificação de riscos (como Fitch, S&P e Moody's), as quais medem o *rating* (classificação de risco), ou seja, atribuem uma nota a uma empresa, a um país, a um título ou a uma operação financeira para medir o risco de crédito.

Trata-se de um balizador para indicar a capacidade do avaliado em pagar ou não suas dívidas. As notas mais altas são AAA e as mais baixas, C ou D, a depender do critério da agência. Entre as letras da classificação, há uma série de variações, e cada uma delas representa uma situação distinta em maior ou menor *rating*.

Como evidencia a Figura 8.5, o grau de investimento é uma posição melhor que especulação. Aqueles que são classificados como especulação, para serem atrativos, precisam oferecer mais juros para a remuneração aos investidores, onerando, assim, seu próprio custo.

Figura 8.5 – Comparativo de *ratings* entre três grandes agências

Fitch Ratings	Standard & Poor's	Moody's	
AAA	AAA	Aaa	
AA+	AA+	Aa1	
AA	AA	Aa2	
AA-	AA-	Aa3	
A+	A+	A1	
A	A	A2	Grau de investimento
A-	A-	A3	
BBB+	BBB+	Baa1	
BBB	BBB	Baa2	
BBB-	BBB-	Baa3	
BB+	BB+	Ba1	
BB	BB	Ba2	
BB-	BB-	Ba3	
B+	B+	B1	
B	B	B2	Grau de especulação
B-	B-	B3	
CCC	CCC	Caa1	
CC	CC	Caa2	
C	C	Caa3	
D*	D*	Ca	*Nível de calote (default)
		C*	

Fonte: Elaborado com base em Entenda..., 2019.

Elimina-se apenas o risco não sistemático

Esse tipo de risco corresponde ao risco das empresas em que se investe, mas não ao risco sistemático, ou seja, do mercado, do país etc. Por exemplo, na pandemia de covid-19, o risco sistemático esteve presente, pois todos os mercados foram afetados e não apenas uma ou outra empresa de determinado setor.

Sabendo que a incerteza é sempre muito maior do que o risco, o que se espera de um bom gerenciamento de riscos é que este estabeleça um processo de monitoramento, a fim de identificar e classificar os riscos de modo a estabelecer os controles de mitigação.

Contudo, quantas pessoas você conhece que sacaram o Fundo de Garantia por Tempo de Serviço (FGTS) ou receberam uma indenização após uma demissão e investiram tudo em um negócio que não deu certo? Quantas pessoas você conhece que apostaram na "grande sacada"? Compraram ações da própria empresa em que trabalhavam esperando a aposentadoria? Venderam a casa para serem sócios de alguém? Certamente, essas pessoas não pensaram em diversificação de riscos, se é que pensaram em riscos, e isso é muito comum.

O Serviço Brasileiro de Apoio às Micro e Pequenas Empresas (Sebrae), em uma pesquisa sobre sobrevivência e mortalidade de empresas, apontou alguns fatores cruciais nesse sentido (Sebrae, 2016):

- **Situação do empresário antes da abertura do negócio**: diz respeito ao tipo de ocupação que o indivíduo exerce antes de se tornar empreendedor, à sua experiência no ramo em que está empreendendo e à sua motivação para a abertura do negócio. No geral (obviamente, sempre há exceções), as chances de sobrevivência de um empreendimento aumentam quando a motivação é, de fato, uma oportunidade de negócio percebida, e não apenas uma necessidade de sobrevivência*. Isso ocorre quando surge a oportunidade de o empresário ter, por exemplo, algo muito importante: um cliente. Logo, trata-se de um contexto diferente do vivido pelos empresários que, por necessidade, abrem um negócio, investem dinheiro e só depois buscam o primeiro cliente.
- **Planejamento do negócio**: construir um plano não necessariamente leva ao sucesso, mas sem um plano, mesmo que mínimo, é bem arriscado aventurar-se em um negócio. Um plano consiste, por exemplo, em fazer uma pesquisa prévia sobre o que se deseja vender, avaliar a concorrência, enfim, coletar informações relativas ao negócio. Caso o empreendimento vá vender algo que ainda não existe no mercado, não há como avaliar o produto e a concorrência, porém torna-se importante testar a ideia, mesmo que com um grupo pequeno de pessoas, para investigar como e o que elas percebem sobre o empreendimento. Ocorre que, geralmente, a cegueira da "grande sacada" inibe a pessoa de estruturar qualquer tipo de plano, afinal, ela

---

* Vamos discutir mais a fundo essa temática quando abordarmos os eventos raros, na Seção 10.4.

crê que chegou a hora de ganhar dinheiro. Perceba como a emoção de ter encontrado o "pote de ouro", o grau máximo de satisfação na vida, pode deixar a pessoa cega em relação à própria cegueira.

- **Gestão do negócio e capacitação dos donos em gestão empresarial:** pessoas que nunca empreenderam na vida têm mais chances de quebrar, pois é necessário aprender sobre gestão e o aventureiro geralmente não está muito disposto a isso, preferindo acreditar em seu *feeling*. Assim, ele foca tanto o produto/serviço que se esquece do controle do fluxo de caixa, das contas a pagar e receber, das relações trabalhistas e tributárias etc. O **efeito Dunning-Kruger** pode explicar isso. Ele evidencia que indivíduos com pouco conhecimento ou pouca competência em relação a um assunto muitas vezes acreditam saber mais do que outros mais bem preparados, ou seja, embora saibam muito pouco sobre tal assunto, são mais confiantes que os especialistas e estudiosos do tema (Figura 8.6). Aqueles que pensam saber muito, mas não têm experiência, na realidade apenas sentem o efeito da própria incompetência, que os priva da habilidade de reconhecer os próprios erros. Essas pessoas sofrem de uma superioridade ilusória. Nesse caso, a ignorância gera mais confiança do que o conhecimento.

Figura 8.6 – Efeito Dunning-Kruger

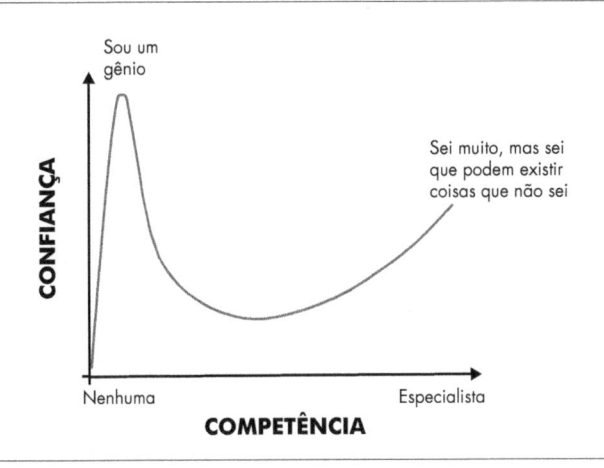

8.4 Meu risco, minhas regras

Sobre incerteza e risco, vale citar, ainda, o **excesso de confiança***, também chamado de *viés da confiança excessiva* ou *otimismo injustificado*. Esse conceito ajuda a explicar por que os riscos são tão mal gerenciados, levando à falência de muitos negócios – que sequer deviam ter sido abertos.

O excesso de confiança é um viés bastante comum, pois sempre fazemos previsões otimistas em nossa vida. Nosso "eu" futuro sempre é mais bonito, mais magro, mais rico, tem mais tempo para fazer as coisas que gostaria de fazer etc.

E nossos planos? Toda reforma que você fez em sua casa saiu de acordo com o orçamento original e no prazo esperado? Os *budgets* das empresas fecham o orçado *versus* o realizado?

A confiança excessiva não é, necessariamente, uma competência. Por vezes, simboliza apenas um traço de loucura. Para piorar o cenário, nós, seres humanos, gostamos de pessoas que demonstram confiança (os "visionários"), afinal, mostrar dúvidas transmite a ideia de alguém não muito confiável. Preferimos um médico que diga qualquer coisa de forma séria e confiante a um médico que mostre dúvidas. O mesmo vale para advogados, contadores etc.

Todavia, na maioria das vezes, os outrora visionários acabam sendo confirmados como "loucos" e, quando suas "visões" não dão certo na vida prática, a culpa é do mercado, dos clientes, enfim, nunca de suas próprias previsões estapafúrdias.

Outro viés importante aqui é o da **atribuição da perda e do sucesso**. Nele o sucesso, quando materializado, é atribuído à pessoa. Assim acontece com o empreendedor que deu certo. Já com o insucesso, não é isso o que ocorre.

Nesse sentido, na pressão por resultados imposta pelo mundo corporativo, é difícil aceitar um desafio de ser CEO de uma empresa sem um traço de psicopatia. Obviamente, não podemos generalizar essa afirmação, mas as pesquisas de Chamorro-Premuzic (2019) evidenciam que, além de

---

* Exploraremos mais as temáticas do excesso de confiança e do otimismo na Seção 11.3.

traços de psicopatia, o narcisismo e o excesso de confiança são características presentes em boa parte das lideranças atuais.

Além disso, existe o viés das **correlações ilusórias**. Não entendemos profundamente as coisas, então atribuímos correlações capazes de explicá-las, mesmo que estas não sejam verdadeiras. Trata-se, por exemplo, do caso de atribuir o sucesso de um empreendimento ao uso de um crucifixo no peito, de uma roupa da sorte no dia de fechar contratos ou de uma camisa especial no dia de um jogo. Não há a menor correlação entre a camisa usada por um torcedor e o resultado do time em campo, mas diversas pessoas abraçam superstições desse tipo.

Há, ainda, um componente muito importante: nós não nos enganamos, claro. Somos muito espertos. É fácil admitir estar errado, não é mesmo? Basta perguntar isso a pessoas que foram demitidas de seus empregos, que foram preteridas em uma promoção nas empresas em que trabalham, que terminaram casamentos ou, ainda, que receberam um não após um convite para um encontro amoroso e observar as respostas sobre a responsabilidade pelo erro. Não é fácil admitir que não somos tão bons quanto pensávamos.

Para finalizar, vale destacar que, na linguagem das finanças, geralmente as pessoas são classificadas de acordo com sua postura em relação ao risco. Assim, elas podem ser:

- **Indiferentes ao risco**: situação em que nenhuma mudança no retorno é exigida diante de um aumento de risco.
- **Tendenciosas ao risco**: situação em que uma diminuição do retorno poderia ser aceita diante de um aumento do risco.
- **Avessas ao risco**: situação em que um incremento do retorno seria exigido diante de um aumento do risco.

Lembre-se de que, de acordo com a teoria da perspectiva, abordada na Seção 4.3, temos aversão à perda, mas não necessariamente ao risco. Na iminência de uma perda, até arriscamos mais.

Para Daniel Kahneman (2012), isso está em nosso DNA, pois o sobrevivente no processo evolutivo foi o covarde, aquele que decidiu não correr riscos, que se recusou a espiar o movimento debaixo de um arbusto na savana. O corajoso certamente foi devorado pelo predador escondido.

Isso demonstra o porquê de a autoconfiança nem sempre ser sinal de competência, bem como a ideia de que **"Uma apreciação imparcial da incerteza é o alicerce da racionalidade"** (Kahneman, 2012, p. 328, grifo nosso).

O economista libanês Nassim Nicholas Taleb (2012, p. 210), autor de *A lógica do cisne negro* e *Antifrágil*, livros que tratam do risco e da incerteza, tem uma frase muito interessante que transmite uma ideia de mitigação de riscos: "Não atravesse um rio se ele tiver, em média, um metro e vinte de profundidade". Contudo, como bem expressou Peter Drucker (citado por Silbor, 2020), retomando a frase que abre este capítulo, "Existe o risco que você não pode jamais correr, e existe o risco que você não pode deixar de correr". Diante disso, concluímos afirmando que a principal dificuldade está em saber distingui-los.

O preço... Freud explica

Neste capítulo, vamos abordar a psicologia do preço. Para começar, propomos a você, leitor, algumas perguntas:

- Qual é o preço justo de uma banana?
- A expressão a preço de banana faz algum sentido?
- Por que o aluguel é tão caro?
- Quanto cobrar pelos honorários de prestador de serviços?
- Como os preços são formados na economia e se espalham na sociedade?

capítulo 9

Tomás de Aquino, filósofo medieval, dizia que o preço de um produto seria justo somente se o lucro não fosse excessivo e não houvesse má-fé na venda. Em sua obra *Suma teológica*, escrita entre 1265 e 1273, ele apresentou ideias sobre problemas econômicos, sociais e políticos (Sandroni, 1994). Aparentemente, no século XIII, ele já sabia um pouco sobre psicologia dos preços. A construção linguística do filósofo mostrava toda a subjetividade envolvida no tema.

Nesse sentido, o que seria um preço justo? O que seria um lucro excessivo? Anteriormente, discutimos que as percepções sobre um mesmo objeto podem ser diferentes para as diversas pessoas que o avaliam. Como, então, saber qual é o preço certo?

Na economia clássica, aprendemos que o preço representa a melhor estimativa de valor para aquele momento – a famosa **lei da oferta e da demanda**. Nesse contexto, quando a demanda é maior que a oferta, o preço sobe, ao passo que, quando a oferta é maior que a demanda, o preço desce. Afinal, os mercados são eficientes e a "mão invisível" faz-se presente. Fácil, não?

Entretanto, a economia comportamental trabalha com a ideia de que o agente econômico não é racional e, portanto, sabe que não existem mercados eficientes, em que tudo funciona como deveria de acordo com as "leis" econômicas. Esse ser racional tampouco acredita que a "mão" seja "invisível".

As finanças comportamentais fornecem uma visão de que é quase possível afirmar que o preço é algo que surge do nada. Contudo, não é bem assim, porque os preços são formados geralmente por meio da computação dos custos, acrescidos das margens de lucro. Essa equação, no entanto, depende da possibilidade de o comprador ter dinheiro para pagar e querer gastá-lo, ou seja, o preço também depende da vontade do consumidor e de sua percepção de valor sobre o produto ou serviço a ser adquirido.

Por que pessoas pagam mais caro por um vinho só porque estão em um jantar especial em um restaurante? Porque o contexto é outro, diferente do dia a dia, assim como as emoções presentes envolvidas nele.

9.1 Mentiras sinceras interessam

O famoso caso da loja americana J.C. Penney explica bem o que expusemos anteriormente. Em 2012, o CEO da empresa, Ron Johnson, decidiu praticar preços justos e corretos, como recomendava Tomás de Aquino, eliminando a manipulação de colocar etiqueta de valor mais caro e depois lançar um "desconto" ou uma "promoção" para o valor real de venda (Thaler, 2015; Ariely; Kreisler, 2019).

Essa política de total sinceridade e transparência com seus clientes se revelou uma catástrofe, pois estes prefeririam ler "ofertas" e "promoções" nas etiquetas de preços, mesmo que o valor líquido fosse exatamente o mesmo sem esses artifícios. A empresa perdeu, em um ano, quase 1 bilhão de dólares e o CEO sincero foi demitido. Sim, as pessoas preferem isso, e ponto final.

Você sabe por que muitas lojas usam preços como R$ 4,99 em vez de R$ 5,00 ou R$ 99,00 em vez de R$ 100,00? Porque o primeiro dígito faz diferença na visão do comprador, que percebe o preço como mais barato. Há uma enorme diferença psicológica contra uma ínfima diferença de dinheiro. Como o comprador lê o preço da esquerda para a direita, o número que fica em sua memória é 4, em vez de 5, ou 99, em vez de 100. Isso ocorre por conta do efeito da **ancoragem**, isto é, quando estimamos o valor numérico de algo, ancoramo-nos em outra coisa – por isso o nome *ancoragem*, que corresponde ao efeito de uma âncora de navio. Assim, somos inconscientemente influenciados por outros números relacionados ou não ao que vamos estimar (Poundstone, 2010).

Cabe relembrar que a ancoragem está relacionada aos momentos em que deixamos informações irrelevantes poluírem o processo de tomada de decisão. Tratamos disso quando discutimos a racionalidade limitada, no Capítulo 3, e detalhamos as três heurísticas apresentadas por Amos Tversky e Daniel Kahneman (1974) no experimento da roleta.

O fenômeno da ancoragem aparece nas mais variadas situações. Em um experimento com alunos do Massachusetts Institute of Technology (MIT), por exemplo, os alunos deveriam dizer quanto pagariam por alguns produtos aleatórios (Ariely; Loewenstein; Prelec, 2003). Porém, antes disso, eles precisaram escrever os dois últimos números de suas inscrições na previdência social. O resultado foi que os alunos com os números de inscrição mais altos responderam que pagariam os maiores valores.

Relato do autor

Realizei esse experimento em sala de aula. Pedi aos alunos que listassem os dois últimos dígitos de seus CPFs em uma folha. Depois, solicitei que dissessem o quanto pagariam pelo meu livro, mesmo os que não tinham a menor intenção de comprá-lo. O resultado também foi que as pessoas com os números mais altos no final do CPF ofereceram os valores mais altos pelo livro.

Tendemos a usar a **relatividade** para avaliar valores. Por exemplo, uma loja pode anunciar um produto ao preço de R$ 150,00, mas indicando que, por uma promoção, custe apenas R$ 90,00, mesmo que o valor de venda tenha sido desde sempre R$ 90,00 e nunca R$ 150,00. Nesse caso, o consumidor compara o valor supostamente anterior (R$ 150,00) com o valor atual (R$ 90,00), independentemente do verdadeiro preço original. Comprar algo por R$ 90,00 "na promoção" sendo o "preço normal" R$ 150,00 dá-nos a ideia de que conquistamos uma grande vantagem. Além disso, a palavra *promoção* nos induz a pensar que estamos tendo um benefício, e nós buscamos sempre o prazer.

Um dos erros cometidos no caso da J.C. Penney foi esse. Ao remover os descontos, tirou-se do consumidor a possibilidade de comparação, bem como a ideia de que ele tinha uma vantagem.

Por exemplo, uma placa mostrando que você precisa acrescentar R$ 10.000,00 para comprar um veículo parece significar que é preciso ter mais dinheiro para adquirir tal bem do que uma placa em que está escrito apenas R$ 10 mil (Figura 9.1).

Figura 9.1 – Anúncios de mesmo preço

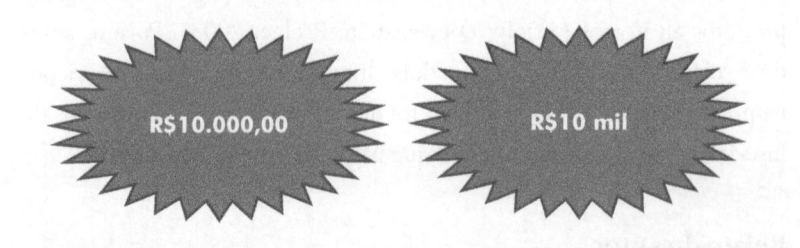

R$10.000,00   R$10 mil

Assim, tanto a ancoragem quanto a relatividade enviesam nosso pensamento. A primeira decisão a respeito do valor a pagar pode estar ancorada em algo. Contudo, depois de decidir, temos a opção de comprar mais um produto. Essa segunda compra sofre o efeito da relatividade sobre a primeira, de modo que saímos da ancoragem e caímos na relatividade.

Não conseguimos definir um preço do nada. Precisamos usar algum artifício para isso, algo que possa ser alvo de comparação. Por exemplo, qual você prefere: banana ou manga? A resposta naturalmente será dada de acordo com sua preferência pela fruta. Porém, em vez dessa pergunta, você poderia ser questionado da seguinte forma: Uma banana por R$ 1,00 e uma manga por R$ 3,00, qual você prefere? O fato de acrescentar um preço à fruta muda sua forma de pensar. Segundo Dan Ariely e Jeff Kreisler

(2019, p. 21), "sempre que o dinheiro é acrescentado qualquer decisão fica mais difícil".

Esse exemplo nos mostra que sempre buscamos alguma referência para a resposta. Pode ser nossa preferência de paladar, o afeto pelo objeto a ser comprado ou seu preço.

Vale lembrar que não avaliamos como deveríamos o custo de oportunidade de cada escolha. A esse respeito, analise qual das duas perguntas a seguir é mais fácil de ser respondida:

- O que você quer almoçar hoje?
- Você quer carne ou peixe para o almoço hoje?

Certamente, a segunda opção é mais assertiva que a primeira. As possibilidades para a primeira são imensas, e **nada é mais paralisante para nós do que uma quantidade infinita de opções**.

Isso ocorre por conta da relatividade. Comparar carne com peixe nos dá um parâmetro e restringe as opções – em linhas gerais, fica mais fácil decidir!

Vejamos outro exemplo: suponha que você esteja com fome e tenha diante de si a uma opção de prato em um restaurante popular com arroz, feijão, um grelhado, batatas fritas e salada, em diferentes tamanhos, considerando-se a seguinte precificação:

- Prato pequeno: R$ 20,00
- Prato médio: R$ 22,00
- Prato grande: R$ 25,00

Qual desses tamanhos você escolheria? Provavelmente, a segunda ou a terceira opção, já que apresentam uma melhor avaliação do custo-benefício, correto? Porém, só há uma vantagem nessa escolha, porque você se ancora no preço da primeira opção e usa a relatividade para avaliar os preços com base nisso.

Nesse tipo de situação, o vendedor geralmente precifica o prato pela terceira opção. Assim, ele não tem prejuízos, e o consumidor tem a sensação de que está levando vantagem na compra. Embora seja só imaginação, a relatividade deixa a impressão de que fizemos uma boa escolha entre as possíveis, e ficamos bem com isso.

Além do preço, é interessante notar que, certamente, acabamos por comer mais do que deveríamos. Afinal, o que comemos tende a ser também responsabilidade do tamanho do prato que usamos.

9.2 Mentiras caras interessam mais

Outra ideia muito importante quando tratamos de psicologia dos preços tem relação com a famosa frase "Se é caro, deve ser bom!". Lembre-se de que o mesmo vinho pode ser servido em recipientes diferentes com preços completamente distintos. O preço maior dá apenas a sensação de que a bebida é melhor. Contudo, sinceramente, a maioria das pessoas não consegue perceber a diferença de sabor e aroma entre um vinho caro e um vinho barato – desde que ambos sejam de boa qualidade, é claro.

Um episódio ocorrido no badalado restaurante Balthazar, em Nova Iorque, confirma isso. Executivos de Wall Street pediram o vinho Château Mouton Rothschild 1989, que era o mais caro da casa, custando US$ 2.000,00 a garrafa; na mesa ao lado, um casal pediu um Pinot Noir, de US$ 18,00. No entanto, por um erro do serviço, os vinhos foram trocados, e os consumidores não perceberam. Essa história foi divulgada pela imprensa estadunidense anos depois, para evitar o constrangimento dos personagens e do restaurante. Nesse contexto, cabe citar que um estudo de pesquisadores da Universidade de Basileia, na Suíça, mostrou que um vinho barato, quando oferecido a preços majorados, recebe uma aprovação mais alta pelo paladar de quem o bebe (Vidale, 2021).

A luta das empresas para colocar seus produtos como diferenciados, com mais benefícios e vantagens, nada mais é do que uma luta para justificar suas margens de lucro, porque elas conhecem a psicologia do preço.

Um experimento realizado com um grupo-teste comprova o que mencionamos. Uma mesma pílula de vitamina C oferecida para o alívio de dor teve efeito distinto quando precificada em US$ 0,10 e em US$ 2,50. Quem pagou mais caro alegou ter tido o dobro de alívio, o que significa que o preço alto sinaliza um valor alto. Comercializados com preços mais altos, planos de saúde, pratos de comida, roupas, acessórios etc. sugerem, além do alto valor, que são produtos de alta qualidade, reservados para "pessoas exclusivas", mesmo que, em certas situações, isso não faça o menor sentido (Ariely; Kreisler, 2019; Ariely, 2008).

A frase "Pague 2 e leve 3" até corresponde a uma vantagem financeira em certas situações. Porém, você vai usar os três produtos rapidamente ou apenas investiu dinheiro (custo de oportunidade) que deveria ser alocado em outra prioridade?

Muitas vezes, no entanto, essas jogadas são apenas armadilhas. Os "pacotes-combo" iludem-nos porque não conseguimos usar a relatividade, não podemos distinguir os preços individuais e o tempo para decidir é escasso. Assim, o **conforto cognitivo** e a **fadiga da escolha** nos fazem gastar mais dinheiro. Por exemplo, uma nova impressora para o computador é barata, mas a tinta exclusiva do fabricante é cara e acarreta gastos maiores por mais tempo. O mesmo princípio se aplica à garantia de um veículo, condicionada à norma de que todas as manutenções devem ser feitas na concessionária, em que os produtos originais custam mais caro.

Você sabia que é mais fácil desistirmos de uma compra quando vemos que um produto de R$ 1.000,00 está R$ 50,00 mais barato em outra loja do que quando um produto de R$ 5.000,00 está sendo vendido por R$ 4.950,00 na concorrência? Você pode dizer que isso é óbvio, afinal, 50 sobre 1.000 equivale a 5%, enquanto sobre 5.000 é apenas 1%. Esse pensamento está certo e, em termos percentuais, faz sentido, mas, em ambos os casos, a economia absoluta é a mesma: R$ 50,00.

Trata-se de mais uma prova de que não pensamos de forma estatística, e sim dramática. Até chegamos a fazer uma conta percentual de cabeça, mas, como o valor relativo é baixo, ele é desprezado. Contudo, estatisticamente, ficamos mais pobres em R$ 50,00 nas duas situações. Logo, a utilidade de comparar duas opções é a mesma.

No fundo, na primeira situação, você economizou R$ 50,00 e, na outra, não fez a mesma economia. O que interessa do ponto de vista patrimonial é o quanto de dinheiro se tem no bolso, no banco ou no cofre. Logo, se você fosse racional, teria buscado economizar R$ 50,00 em ambas as situações.

Imagine que você chegou em casa tarde da noite e não há ninguém na residência. Percebe, então, que perdeu a chave da porta. Esforça-se para lembrar onde ela poderia ter ficado, mas o cansaço mental atrapalha e, assim, você decide chamar um chaveiro. Ele chega depois de meia hora, trabalha na fechadura por dez minutos e finaliza o serviço. Finalmente, você consegue entrar em casa. Por esse providencial serviço ele lhe cobra R$ 350,00. Qual seria sua sensação em relação a esse preço?

Pois bem, dois anos depois, a mesma situação acontece. Tarde da noite, ninguém em casa e, sem a chave, você novamente chama um chaveiro. Ele chega, trabalha na fechadura por 40 minutos e lhe cobra R$ 350,00. Qual seria sua sensação diante do valor cobrado?

Surpreendentemente, a maioria das pessoas tende a acreditar que o segundo chaveiro é mais vantajoso, pois gastou mais tempo para fazer o serviço e cobrou o mesmo valor que o outro. Todavia, na realidade, ele apenas consumiu mais tempo para fazer o mesmo trabalho que o outro fez na primeira ocorrência. No fim, não há muita lógica em acreditar que quem gastou mais tempo mereça remuneração maior quando, na verdade, a pessoa foi apenas menos produtiva.

Há um elemento importante nessa situação: a atribuição psicológica que damos ao preço, a qual advém do fator justiça. Julgamos mais justo que um trabalho de 40 minutos custe R$ 350,00 do que o mesmo serviço realizado em apenas 10 minutos. Encaramos o esforço do trabalho do chaveiro como merecedor do valor. Não sabemos nada sobre como abrir portas sem chave, então o esforço aparente – já que não conhecemos o efetivo – influencia o quanto estamos dispostos a pagar (Ariely; Kreisler, 2019). E, sim, existem pessoas que tiram proveito disto e valorizam mais do que deveriam um trabalho apenas para afetar nosso sentimento de justiça, fazendo-nos pagar mais do que o habitual.

Relato do autor

Por alguns anos, minha mãe foi sócia de uma sobrinha em uma pequena loja (10 × 10 m²) de roupas para crianças no Paraguai, razão pela qual ficou dois anos passando temporadas de dois a três meses por lá.

Nesse período, quando alguém em São Paulo me perguntava sobre minha mãe, eu dizia que ela estava em viagem de negócios. Em seguida, caso a pessoa me perguntasse: "Mas ela não se aposentou da escola onde trabalhava?", eu respondia: "Sim, agora ela é empresária do ramo de moda infantil com negócios internacionais". Isso não era o mesmo que dizer que ela era sócia de uma lojinha de roupas para crianças no Paraguai, criando um apelo maior. No imaginário das pessoas, tratava-se de algo grandioso.

Geralmente, estamos dispostos a pagar mais por algo que afete nossa percepção. É a forma de anunciar, a narrativa criada, que causa esse impacto. Por exemplo, você gosta mais de Paulo ou de João? Paulo é inteligente, esforçado, impulsivo, crítico, obstinado e invejoso. João é invejoso, obstinado, crítico, impulsivo, esforçado e inteligente. As pessoas tendem a afirmar que gostam mais do primeiro, muito embora as descrições sejam as mesmas e apenas tenham sido apresentadas em ordem invertida. O fato de a descrição de Paulo começar com a palavra *inteligente*, que corresponde a uma característica melhor do que a de ser invejoso, no sentido de representação de sentimentos, serve de âncora, suscita o efeito halo, enche-nos de vieses, de modo que tendemos a considerar Paulo como alguém melhor do que João. No entanto, essa percepção se dá apenas por uma questão de narrativa.

Algo surpreendente ocorre quando, ao pronunciar essas palavras, o narrador reveste cada uma com uma entonação diferente, ressaltando algumas em detrimento de outras. Isso molda a opinião das pessoas que o ouvem. As palavras mais enfatizadas – nesse caso, por meio da entonação da voz – tendem a pesar mais no julgamento de quem as escuta, mas tudo isso é apenas **saliência**, uma **narrativa**, ou seja, a maneira como se transmite a mensagem. Isso mostra como a comunicação de massas é poderosa. Ela pode criar narrativas capazes de formar heróis, vilões e vítimas na sociedade*.

Ariely e Kreisler (2019) abordam a **economia do compartilhamento**, que se refere aos modelos de negócios de empresas como Uber,

---

*   Abordaremos esse assunto mais detalhadamente na Seção 10.4.

Airbnb e outras. O uso da palavra *compartilhamento* enquadra esses serviços de modo positivo e evidencia, ao menos no nome, uma qualidade humana das mais nobres; sensibiliza-nos para o lado bom dos seres humanos, fazendo com que tudo pareça ser desinteressado e altruísta. Todavia, na realidade, sabemos que as empresas de economia compartilhada buscam lucros e os usuários pagam pelos serviços consumidos como em qualquer outro negócio da "velha economia".

Nesse sentido, além da linguagem, o ritual também pode ser impulsionador do consumo e do preço. Um exemplo disso é o da criança que precisa ser alimentada e é iludida pelos pais com a frase "Olha o aviãozinho", a qual pode fazê-la não perceber que está comendo um insosso purê. Outra manifestação desse fenômeno ocorre quando as pessoas pagam mais caro pelos mesmos produtos porque estes são transformados em experiências, ou são vendidos dentro de um contexto, ou, nos termos de Ariely e Kreisler (2019), são apresentados em um ritual diferente.

Segundo os autores, os seres humanos querem acreditar que a comida será deliciosa, que os investimentos renderão muito, que ficaremos milionários de uma hora para a outra e que conseguiremos sempre encontrar uma ótima oferta (Ariely; Kreisler, 2019). Nós buscamos o prazer e a satisfação, não se esqueça disso.

Ainda sobre o sentimento de justiça, para tratar de psicologia dos preços, vamos examinar mais um exemplo. Você usa transporte por aplicativo para determinado trajeto e está acostumado a pagar um preço por ele. Se em um dia as condições de trânsito são afetadas por chuvas intensas, grandes eventos, panes em semáforos ou qualquer outro imprevisto que eleve a tarifa, você se sente injustiçado. Nesse caso, algumas pessoas podem até mesmo fazer o trajeto a pé ou usar outro meio de transporte, por conta da sensação de injustiça.

Ora, como bem define a economia clássica, a lei da oferta e da demanda deveria explicar o fenômeno, afinal, diminuiu a oferta de veículos disponíveis e aumentou a demanda de pessoas que precisam de transporte, de modo que os preços, naturalmente, subiram.

O mesmo vale para um guarda-chuva que é vendido por R$ 5,00 na banca de jornais em frente do escritório em que você trabalha. Você o vê todos os dias, mas não precisa dele. Porém, em um dia de chuva, em que precisa sair para uma reunião, você decide comprá-lo e ele está com etiqueta de R$ 15,00. Diante de mais essa "injustiça", você pode decidir não gastar tanto dinheiro e, em forma de protesto, ir para a reunião sob a chuva, molhando-se, mas sem perder sua dignidade. Essa é uma atitude prejudicial que pode render um resfriado, ou mesmo algo mais sério, com implicações de custos muito maiores que apenas R$ 15,00. Contudo, você, agente racional da economia, despreza todo o arcabouço teórico dos últimos 300 anos e decide, com base na emoção do momento, encarar a chuva e chegar à reunião todo molhado.

E quando o preço é zero? Simplesmente, não resistimos à atração gravitacional do grátis. Pensemos: Qual oferta você prefere, um vale-presente de R$ 10,00 de um *site* de compras grátis ou um vale presente de R$ 20,00 do mesmo *site*, mas com um custo de R$ 7,00? Pense rápido. Qual seria sua escolha? A maioria das pessoas prefere o vale-presente de R$ 10,00, por ser grátis. No entanto, se você pagar R$ 7,00 por um vale de R$ 20,00, terá um lucro de R$ 13,00, o que representa 30% a mais de poder de compra. Mas não somos verdadeiramente racionais e, de alguma forma, o fator grátis nos cega.

O valor zero não contém perda. Em todas as decisões, há um aspecto positivo (benefício) e um negativo (custo), que são, de certa maneira, ponderados pela utilidade, como discutimos anteriormente. Isso acontece porque o zero elimina o negativo, com uma carga emocional maior do que o real, uma vez que, sendo grátis, não oferece risco de perda.

Um refrigerante zero calorias aumenta a sensação de que, ao tomá-lo, se faz algo bom, certo para a saúde, a ponto de você pedir uma porção de fritas com queijo *cheddar* e *bacon* para acompanhar (Ariely, 2008).

Isso explica por que um item de baixíssimo valor sobre o conjunto total da compra, sendo gratuito, ajuda a vender. É o que ocorre, por exemplo, quando se compra um carro por R$ 70.000,00 e se ganham os tapetes, cujo preço é R$ 19,00.

A diferença entre um e dois é pequena, mas a diferença entre um e zero é enorme.

Sob essa ótica, parece que o preço não tem tanta explicação na economia. Se Freud tivesse se debruçado sobre o tema, teria sido mais feliz que Adam Smith. Será? Para certas questões, temos as finanças comportamentais; para outras, não há preço.

9.3 Negócios à parte! Freud também explica?

Quanto custa uma empresa? Se você quiser comprar um negócio, como deve fazer? Freud explicaria isso também ou, nesse caso, precisamos recorrer aos estudiosos de *valuation*? Em se tratando de *valuation*, Aswath Damodaran (2018), mestre na temática, afirma que há dois modos de estimar o valor de uma empresa: a avaliação intrínseca e a relativa.

Na **avaliação intrínseca**, "o valor do ativo é determinado pelos fluxos de caixa que se espera sejam gerados pelo bem durante sua vida útil e pelo grau de incerteza a eles associados" (Damodaran, 2018, p. 4). Já na **avaliação relativa**, "estima-se o valor do ativo com base nos preços de mercado de ativos semelhantes" (Damodaran, 2018, p. 4).

Damodaran (2018, p. 73) ainda cita um pequeno detalhe: "Einstein estava certo sobre a relatividade, mas mesmo ele teria dificuldade em aplicar a avaliação relativa nos mercados de ações de hoje".

Considerando-se as mais variadas formas de colocar preço em uma empresa, nenhuma delas escapa das tais projeções futuras feitas por alguém.

Por exemplo, suponha que o patrimônio investido em uma empresa seja de $ 100,00, representado pela soma de todos os ativos (bens e direitos) com a subtração das dívidas (passivos). Esse seria o valor da empresa? Do ponto de vista patrimonial, sim. Um balanço patrimonial demonstraria isso tal como indicado na Figura 9.2.

Figura 9.2 – Balanço patrimonial

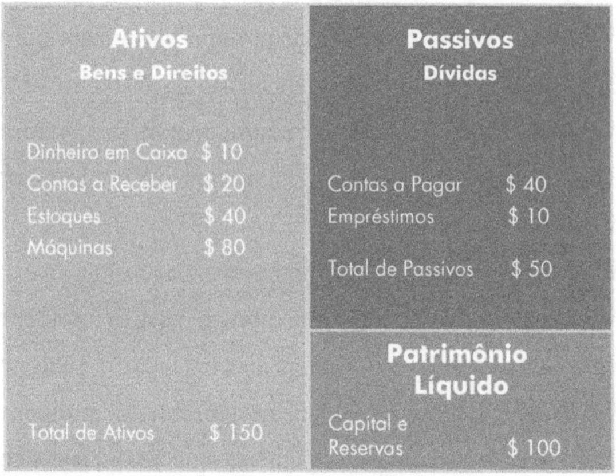

Ativos Bens e Direitos		Passivos Dívidas	
Dinheiro em Caixa	$ 10		
Contas a Receber	$ 20	Contas a Pagar	$ 40
Estoques	$ 40	Empréstimos	$ 10
Máquinas	$ 80	Total de Passivos	$ 50
		Patrimônio Líquido	
Total de Ativos	$ 150	Capital e Reservas	$ 100

Os ativos menos os passivos (tudo o que se tem menos tudo o que se deve) formam o que se chama, em contabilidade, de *patrimônio líquido*, a riqueza patrimonial dos sócios. No exemplo da figura anterior, considerando-se o total do grupo dos Ativos ($ 150), deduzido do total do grupo dos Passivos ($ 50), descobre-se o patrimônio líquido da empresa, representado em seu balanço pelo saldo de $ 100.

Ocorre que a contabilidade não captura o valor de mercado de seus ativos na data de hoje, pois eles foram contabilizados em sua grande maioria com o chamado *custo histórico*, que corresponde ao valor na data de aquisição dos ativos e de assunção dos passivos. Ademais, esses ativos podem ser reduzidos por seus valores de realização ou recuperação, em virtude da forte influência do conservadorismo na mensuração contábil.

Outro elemento que impossibilita que o valor patrimonial seja utilizado para colocar preço em uma empresa consiste no fato de que esse valor não captura o valor de mercado advindo da expectativa da geração de benefício econômico futuro da empresa. Por isso, recorre-se ao trabalho denominado *valuation*, que existe para dar preço às coisas. Os profissionais de *valuation* usam técnicas para projetar os lucros futuros da empresa e trazê-los a valores de hoje, a fim de fornecer o preço atual do empreendimento.

Nesse sentido, vamos retomar o que discutimos no Capítulo 5, mais precisamente na Seção 5.6: "Quanto maior a confiança que se tem no amanhã maior o 'juro' que se estará disposto a pagar para antecipar e desfrutar desde já suas promessas" (CVM; GET-PE, 2016, p. 22). Se existe a perspectiva de um futuro próspero (mesmo que de modo infundado), por que renunciaríamos, no presente, a coisas que serão abundantes e fáceis de obter futuramente?

Então, podemos afirmar que pagamos um preço maior ou menor por uma empresa tendo em vista o quanto estamos dispostos a acreditar no futuro. Tudo é baseado em projeções de ganhos futuros ou, mais precisamente, em **expectativas** de ganhos futuros. Em contabilidade, dizemos que algo se caracteriza como um investimento desde que apresente expectativa de geração do benefício econômico futuro.

Agora, projeções são projeções, correto? Por mais que existam especialistas que fazem projeções de preços de empresas, nenhum deles consegue dizer o que vai acontecer amanhã, muito menos daqui a três ou cinco anos, período que corresponde ao horizonte usado geralmente em projeções empresariais.

A ideia para se formar o preço de uma empresa está representada na Figura 9.3, a seguir.

Figura 9.3 – Projeções futuras e preço das ações

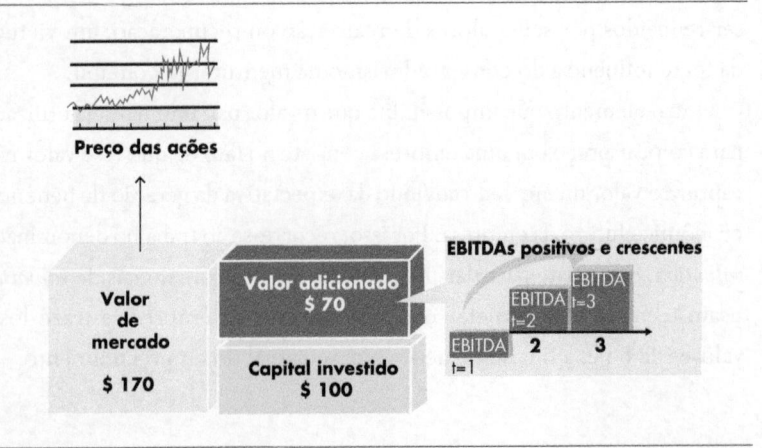

Essa imagem é central para compreendermos como se formam os preços das ações das empresas no mercado. Suponha que uma organização tenha um capital de $ 100, exatamente como o exemplo do balanço anterior. Por que ela valeria $ 170? Porque o valor de mercado é dado pelo que ela tem mais o que se espera que gere no futuro – os famosos fluxos de caixa futuros, também conhecidos como EBITDA, sigla em inglês para *Earnings Before Interest, Taxes, Depreciation And Amortization* (em português, "Lucros Antes de Juros, Impostos, Depreciação e Amortização").

Simplificando, trata-se do resultado operacional sem os efeitos de amortização e depreciação, que não afetam o caixa da empresa, sem juros e imposto de renda, que são efeitos de financiamento e taxação e podem poluir o resultado gerado estritamente da operação. É um "lucro" sem outros efeitos que não sejam os operacionais, em que pesem suas diferenças, já que não existe uma lei ou regra geral para a definição do que deve ou não constar em um EBITDA; além disso, muitas empresas acabam publicando EBITDAs ajustados.

Portanto, não se pode afirmar que este seja, de fato, um indicador estritamente técnico. Por vezes, ele atende à conveniência de quem o publica. De todo modo, ele representa, com todos os devidos cuidados, o fluxo gerado pelo negócio* (Vasconcelos, 2017).

Suponha que os EBITDAs tenham sido $ 7, no ano 1; $ 15, no ano 2; $ 24, no ano 3; $ 27, no ano 4; e $ 35, ano 5; considere, ainda, que a taxa de desconto foi de 13%. Com essas projeções de valores futuros, utilizando-se uma taxa de desconto de 13% ao ano, os valores presentes seriam os que estão, na Figura 9.4, em amarelo, e o valor presente total seria $ 70.

---

* Para compreender melhor o conceito de EBITDA e as diferentes formas de composição que esse indicador apresenta, recomendamos a leitura de Vasconcelos (2017).

Figura 9.4 – Projeções futuras e preços das ações

Ano	0	1	2	3	4	5
						$ 35 EBITDA
					$ 27 EBITDA	
				$ 24 EBITDA		
			$ 15 EBITDA			
		$ 7 EBITDA				
Valor presente	70	EBITDA				
Ano 1		6	13	21	24	31
Ano 2			12	19	21	27
Ano 3				17	19	24
Ano 4					17	21
Ano 5						19

Espera-se que as empresas tenham sempre EBITDAs futuros crescentes e positivos, como no exemplo indicado. Assim, ao trazer os valores futuros à data presente, a depender do valor da taxa de desconto, o valor seria também positivo. Para uma maior compreensão do cálculo, é preciso entender um pouco de matemática financeira e o conceito de valor presente líquido. Em linhas gerais, os valores futuros descontados ao valor presente e somados ao que a empresa tem hoje corresponderiam ao *valuation* ou ao preço da empresa.

No exemplo anterior, o capital investido seria $ 100. A projeção que o mercado faz da empresa seriam os lucros futuros, descontados a valor presente, os quais somariam $ 70. Portanto, o valor de mercado da empresa é $ 170 e reflete o valor da ação da organização no mercado.

Se a empresa tivesse seu capital dividido em cem ações, cada ação valeria $ 1,00, analisando-se apenas o valor contábil ou patrimonial do negócio (valor do capital dividido pela quantidade de ações). Contudo, analisando-se o valor de mercado, cada ação valeria $ 1,70, ou seja, 70% a mais que seu valor de face (valor de mercado dividido pela quantidade de ações).

Obviamente, em uma negociação na bolsa de valores, você pode acreditar que ela vale $ 2,00, $ 10,00, $ 20,00, $ 0,70, ou $ 0,20 – tudo depende de sua ideia de futuro.

9.4 O futuro a Deus pertence

Como pontuamos, tudo depende de quanto você aposta no futuro, na qualidade das projeções futuras, em como o mercado se comportará e no que o futuro reserva ou não para aquele negócio. Isso explica, por exemplo, por que empresas como Apple e Amazon têm valores de mercado acima de US$ 1 trilhão, como sinaliza a seguinte manchete: "Depois da Apple, Amazon alcança US$ 1 trilhão em valor de mercado" (Bradshaw; Bond, 2018). Elas não têm esses valores em seus patrimônios líquidos, apenas valem essas quantias na "cabeça" do mercado.

Aqui, intentamos destacar que esses resultados futuros (EBITDAs) serão descontados a uma taxa para formar o valor presente agregado ao capital da empresa. E qual seria essa taxa? E mais, qual seria a credibilidade de números projetados para o futuro?

Duas coisas são importantes nesse caso, no que tange a finanças comportamentais. Em primeiro lugar, quais foram as premissas para projetar os lucros futuros? Alguém, em algum momento, colocou algum número nesse cálculo. Independentemente da fonte utilizada ou da consultoria especializada que tenha fornecido esses números, isso é meramente uma estimativa – um julgamento que alguém fez com base em algum julgamento prévio. Em segundo lugar, como se chegou à taxa de desconto aplicada sobre o valor projetado? Novamente, entram em cena "os caras das projeções".

De acordo com Damodaran (2018, p. 14, grifo nosso), "a taxa de desconto reflete o retorno real **esperado** (refletindo as **preferências** de consumo), a inflação **esperada** (para **projetar** o poder de compra do dinheiro ou caixa) e um prêmio, ou ágio, pela **incerteza associada ao fluxo de caixa**". Isso significa dizer que as taxas são projetadas com base em premissas e descontadas a uma taxa calculada também com base em premissas. Esta é, pois, a sustentação do valor de uma empresa: premissas.

Esse fato explica, por exemplo, como existem relatos que sugerem que uma empresa como a Uber tem um valor de mercado de US$ 120 bilhões mesmo registrando prejuízos de US$ 3,3 bilhões, em 2018, e de US$ 6,7 bilhões, em 2020 (Thornhill, 2019; Uber..., 2021).

A Uber e tantas outras empresas e *startups* são promessas futuras. Aquelas que alcançam valor de mercado acima de US$ 1 bilhão são até mesmo chamadas de *unicórnios*.

Figura 9.5 – Prejuízos passados e projeções futuras

A Figura 9.5 ilustra o que acontece com organizações que, embora tenham anos de prejuízos, são sustentadas pelo dinheiro de seus investidores e continuam operando e tendo altos valores de mercado. A explicação desse fenômeno reside no fato de que, enquanto elas têm um "futuro promissor", têm valor. Nesse sentido, segundo as expectativas, em algum momento no futuro, os prejuízos se transformarão em lucros, acreditam os investidores.

O problema acontece quando o futuro se transforma em apenas uma história bonita que não se materializa. Para exemplificar, podemos mencionar o famoso caso da *startup* Theranos, que prometia revolucionar a forma como são feitos exames de sangue no mundo. A organização chegou a ser avaliada em US$ 10 bilhões, transformando sua fundadora, a jovem Elizabeth Holmes, em celebridade prodígio. Mais tarde, porém, percebeu-se que se tratava apenas de uma grande fraude. Aqui, é importante salientar que nem sempre a não materialização dos resultados corresponde a uma fraude. Por vezes, o modelo de negócio não se prova e a expectativa não se concretiza por si só.

A taxa de desconto, por sua vez, considera a taxa *Weighted Average Cost Of Capital* (WACC), que corresponde à média ponderada entre o custo de capital próprio e o de terceiros. O custo de capital próprio é calculado pelo *Capital Asset Pricing Model* (CAPM). Para o custo de capital de terceiros, utiliza-se como referência uma taxa de juros compatível com o *rating* da empresa (tanto o *rating* quanto o CAPM foram introduzidos no Capítulo 8).

No exemplo que estamos analisando, o modelo didático para o cálculo da taxa WACC de 13%, utilizada para descontar os fluxos de caixa futuros, é o esquematizado na Figura 9.6.

Figura 9.6 – Modelo de cálculo de WACC*

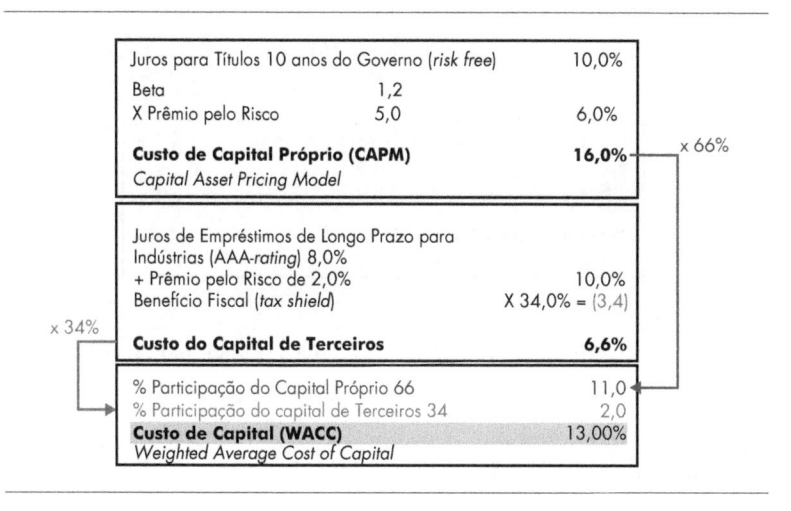

Juros para Títulos 10 anos do Governo (*risk free*)		10,0%
Beta	1,2	
X Prêmio pelo Risco	5,0	6,0%
Custo de Capital Próprio (CAPM) *Capital Asset Pricing Model*		**16,0%** — x 66%
Juros de Empréstimos de Longo Prazo para Indústrias (AAA-*rating*) 8,0% + Prêmio pelo Risco de 2,0% Benefício Fiscal (*tax shield*)		10,0% X 34,0% = (3,4)
x 34% **Custo do Capital de Terceiros**		**6,6%**
% Participação do Capital Próprio 66 % Participação do capital de Terceiros 34 **Custo de Capital (WACC)** *Weighted Average Cost of Capital*		11,0 2,0 **13,00%**

No exemplo, o Custo de Capital Próprio é 16%. Contudo, ao olharmos o balanço da empresa, entendemos que a proporção entre Capital Próprio (Patrimônio Líquido) e Capital de Terceiros (Passivos) é de 66% a 34%.

---

* Observação importante: todos os números usados no modelo apresentado são fictícios. Eles não servem como referências de mercado, são apenas exemplos para tornar didática a explicação do conceito.

Por isso, o resultado da taxa WACC é sempre uma ponderação (*Weighted Average*) entre as origens e as fontes de financiamento da empresa.

O fator beta, nesse caso, corresponde à volatilidade em relação a um índice econômico – o Ibovespa, por exemplo. Trata-se do mesmo coeficiente beta que estudamos no Capítulo 8, representado pela letra grega β, e que se refere a uma medida estatística de relação entre duas variáveis, sendo um elemento de difícil *estimação* – lembra-se dessa palavra? Tudo o que é estimado não tem precisão cirúrgica. E o beta é componente de um cálculo que vai definir o preço de uma empresa.

Sobre esse fator adiciona-se o prêmio pelo risco, afinal, existe o custo de oportunidade – queremos ser recompensados por escolher esse investimento em vez dos outros de que poderíamos participar.

Assim, o cálculo do CAPM pode ser feito tal como consta na Figura 9.7, a seguir, que corresponde à parte superior da Figura 9.6.

Figura 9.7 – Fórmula para o cálculo do CAPM

Juros para Títulos 10 anos do Governo (*risk free*)		10,0%
Beta	1,2	
X Prêmio pelo Risco	5,0	6,0%
Custo de Capital Próprio (CAPM)		**16,0%**
Capital Asset Pricing Model		

Além disso, é possível utilizar a opção mais tradicional de aplicar uma fórmula específica para o cálculo, como exposto por Bruni e Famá (2017):

$E(Ri) = Rf + \beta [E(Rm) - Rf]$

Em que:
- $E(Ri)$ = retorno esperado do ativo *i*;
- Rf = taxa livre de risco (*risk free*);

- β = beta, nível de risco sistemático – o coeficiente beta da ação ou da carteira;
- E(Rm) = retorno esperado do mercado – geralmente, utiliza-se o Ibovespa.

O único risco que o modelo leva em conta é o risco de mercado (risco sistêmico), o qual considera que os riscos específicos de cada ativo podem ser anulados justamente pela diversificação ampla e eficiente das carteiras, de acordo com o modelo de Markowitz, que abordamos no Capítulo 8.

Esse modelo é usado para risco/retorno de ações, estimativa para taxa mínima de atratividade (TMA) de projetos de investimento, estimativa para custo de capital próprio, enfim, para saber o preço de seu dinheiro. O modelo foi Proposto por William Sharpe, que ganhou o Prêmio Nobel em 1990.

No custo de capital de terceiros, precisamos considerar o efeito fiscal que os juros têm sobre as empresas, pois, como a despesa com juros é dedutível para fins de imposto de renda, ela é tratada como um *tax shield*. Desse modo, mesmo que se pague seu percentual cobrado pelo empréstimo, a despesa financeira gerada, posteriormente, reduzirá o lucro tributável e, portanto, gerará um "benefício fiscal", fazendo com que a taxa efetiva seja um pouco menor no fim do dia.

Além da estimativa de cinco anos de EBITDAs, como uma empresa não dura apenas esse período, estima-se também a perpetuidade*, o valor (de EBITDAs) que a empresa vai gerar após esse quinquênio, ou seja, o valor que se repete indefinidamente após o quinto ano da projeção de EBITDAs – a soma dos infinitos valores futuros. Esse valor é calculado, simplificadamente, pela divisão do fluxo de caixa estimado descontado pela taxa WACC. Em suma, trata-se da divisão do que foi estimado pela taxa também estimada – dividir a estimação pela estimação.

---

* "Perpetuidade ou série infinita é uma sucessão perene de pagamentos ou recebimentos a intervalos regulares. Obtém-se o valor presente dividindo-se o pagamento ou recebimento pela taxa de desconto" (Damodaran, 2018, p. 16-17).

9.5 Indígenas, meteorologia, investidores e expectativas

Uma anedota sobre um jovem indígena que não sabia prever o tempo

Os indígenas perguntaram ao novo chefe da aldeia se o inverno seria suave ou rigoroso.

O chefe não havia aprendido as técnicas de seus ancestrais e, não querendo mostrar fraqueza, disse aos demais que recolhessem lenha. Todavia, ele conhecia as novidades do mundo tecnológico e, então, telefonou para o serviço meteorológico (SM) da cidade para perguntar sobre a previsão para o inverno.

– Parece que será rigoroso, sim! – respondeu o também jovem trabalhador do SM.

Com mais confiança, o chefe indígena mandou seu povo recolher mais lenha. E, para garantir que não estava errado, passou as semanas seguintes falando com o SM, do qual ouvia sempre a mesma confirmação de um inverno rigoroso.

Depois de dez semanas repetindo o procedimento e vendo que o tempo não mudava, o chefe, receoso, ligou novamente para o atendente do SM e indagou:

– Você tem certeza de que será mesmo rigoroso?

– Será o inverno mais rigoroso que já se viu nesta cidade, meu senhor – respondeu o SM.

– E por que tem tanta certeza assim? – perguntou o chefe.

– Porque os indígenas estão recolhendo lenha todas as semanas como nunca vi antes – disse o rapaz.

Essa anedota fica ainda mais interessante quando consideramos a leitura da Seção 6.5. Trata-se de um típico caso de comportamento de manada. Aqui, porém, ela ajuda a ilustrar como colocamos preço nas coisas.

Para encerrarmos este capítulo, precisamos pontuar que os profissionais que fazem as premissas para colocar preço nas empresas se comportam da mesma forma que já descrevemos neste livro, isto é, são indivíduos cheios de vieses, impactos emocionais e uma certa cegueira de si mesmos. Também é importante assinalar que os investidores, aqueles que comprarão a empresa ou as ações de tais empresas nas bolsas de valores mundo afora, também são humanos, com os mesmos vieses, impactos emocionais e uma certa cegueira de si próprios.

Sob essa ótica, agora, propomos o seguinte exercício: imagine que você ganhou na loteria. O prêmio é de R$ 65.000.000,00 e você foi o único apostador a ganhar. Comece a pensar no que você faria com esse dinheiro. Feche os olhos por alguns segundos e pense sobre isso. Elenque, a seguir, as cinco primeiras coisas que faria:

I. _____

II. _____

III. _____

IV. _____

V. _____

Muito bem, tenho certeza de que você fez ótimos planos. Talvez sua pressão sanguínea até tenha se alterado. Você está feliz e imaginativo, com uma sensação ótima. Mas pode tirar este sorriso do rosto, pois você não ganhou nada!

O simples fato de ficar na expectativa em relação ao que fazer com esses valores o levou a ter uma visão mais otimista, certo? Pronto! O mercado de ações está explicado. As expectativas alteram o valor de nossas experiências antes de elas ocorrerem e mesmo enquanto estão acontecendo. Por exemplo, se você for pegar uma caixa do chão, seu corpo se preparará fisicamente para o peso esperado. Caso a caixa seja mais leve do que o imaginado ou mais pesada, você terá experiências distintas em relação a ela.

Quando temos expectativas positivas, ficamos mais otimistas, sorridentes e liberamos endorfinas no organismo. Por seu turno, quando temos expectativas negativas, tensionamos o corpo, ficamos estressados e resmungões. Por isso, a experiência de consumo é tão importante (Ariely; Kreisler, 2019).

Esse fenômeno é tão forte que, quando geramos expectativas sobre os outros seres humanos, ele recebe um nome: *efeito pigmaleão*, também conhecido como *efeito Rosenthal*, uma espécie de profecia autorrealizadora (Rosenthal; Jacobson, 1966).

A **profecia autorrealizadora**, conceito cunhado por Robert K. Merton (1948), sociólogo americano, é similar ao efeito Rosenthal, pois corresponde a um fenômeno no qual, quanto maiores forem as expectativas que temos em relação a uma pessoa, melhor será o desempenho dela, pois o "profeta" ajudará, consciente ou inconscientemente, a outra pessoa a realizar sua profecia.

Por exemplo, a psicologia explica, com alunos e professores, que o comportamento de um professor que tem expectativas positivas ou negativas sobre um aluno faz com que este atenda, de fato, a tais expectativas (Mlodinow, 2013).

No campo das finanças comportamentais, com base em experimentos, ficou evidenciado que o rótulo, a marca e a embalagem de um produto geram expectativas maiores e afetam a experiência do consumidor. Essa é uma informação muito poderosa para o *marketing* (Ariely, 2008; Mlodinow, 2013; Lee; Frederick; Ariely, 2006; Laird, 1932; Kringelbach, 2005). A neurociência explica isso da seguinte forma: o córtex pré-frontal, região do cérebro associada às emoções e às lembranças culturais, é mais ativado nessa experiência. Desse modo, tudo tem um efeito real sobre as pessoas. Indivíduos que tomam o mesmo vinho extraído de receptáculos distintos – de uma garrafa com um rótulo elegante ou de uma caixa de leite – sentem sabores diferentes (Ariely, 2008; Mlodinow, 2013).

Você já deve ter visto algum vídeo em que um famoso ou uma banda muito conhecida faz uma apresentação dentro de uma estação de metrô e as pessoas não dão muito valor ao que ouvem. Somente depois de a identidade do artista ser revelada é que os passantes têm a noção do que presenciaram. Em suma, o local, as roupas usadas e todos os detalhes da cena afetam nossa percepção, por isso valorizamos ou deixamos de valorizar e, assim, pagamos ou não um preço pelo que é oferecido. Porém, esse preço só faz sentido quando sabemos que se trata do artista X ou da banda Y. Antes disso, talvez nem de graça quiséssemos.

Kahneman (2012) aborda esse fenômeno relacionado à utilização de expectativas, bem como o uso do otimismo dos empreendedores (confiança excessiva). Muitas vezes, a negligência com a competição e as ilusões empresariais fazem muitos empreendedores se tornarem cegos para os riscos – como um motor do capitalismo. No entanto, tudo isso precisa existir para que as pessoas empreendam, abram negócios e a economia se desenvolva, embora a taxa de sucesso seja estatisticamente desfavorável.

Conforme assinalamos no Capítulo 6, de acordo com George Akerlof e Robert Shiller (2009), que se basearam nas ideias de John Maynard Keynes, os agentes econômicos têm motivações não econômicas nem sempre racionais na busca de satisfazerem seus interesses econômicos. Esse espírito animal move a economia – e, observe, animais agem em bando!

Todos nós procuramos satisfazer nossos desejos. Buscamos o prazer imediato e a recompensa, a maximização da utilidade.

A expectativa sobre o futuro move o presente. A narrativa construída sobre o futuro tem efeito direto em nossa agenda atual – assunto que será abordado em mais detalhes na Seção 10.4. Essa expectativa não deixa de ser uma exuberância irracional, ainda que, na maioria das vezes, o excesso de confiança represente, de fato, um problema seríssimo. E, se você acha que ele não lhe afeta, é porque você tem excesso de confiança.

Tudo é movido com base nas expectativas futuras. Nosso "eu" futuro sempre é mais rico, mais magro, mais bonito, tem mais tempo para exercícios, família etc., como pontuamos.

Como explica Ariely (2008, p. 2), "os humanos raramente fazem escolhas absolutas. Não temos um medidor interno de valores que nos informe quanto vale cada coisa. Pelo contrário, nós nos concentramos na vantagem relativa de uma coisa sobre a outra e calculamos o valor adequadamente".

Ao longo das pesquisas realizadas para escrever este capítulo, descobrimos que algumas pessoas têm tanta expectativa no futuro que se imaginam até mesmo mais jovens nele.

Mercado e mídia

Você já experimentou ir ao supermercado com fome? Se sim, você comprou mais do que deveria? A resposta verdadeira da maioria das pessoas é "sim". Portanto, não frequente ambientes de compras alimentares quando estiver com fome, pois ela faz com que os alimentos se tornem mais atrativos e, dessa forma, é provável que você adquira mais itens do que precisa. Outra boa recomendação para não comprar mais do que necessita e gastar mais do que deve é ir ao supermercado com uma lista dos itens que precisa comprar. Especialistas indicam que, com uma lista nas mãos e resistindo às tentações das "ofertas", conseguimos economizar (Idec, 2011). Isso porque temos dificuldade em manter ativa a memória sobre o que temos de comprar em uma lista de compras, havendo um esforço do sistema 2 (Kahneman, 2012), explicado na Seção 6.3. Além disso, o estado emocional do momento influencia a forma como percebemos o que olhamos nas prateleiras, como sugerimos na Subseção 7.2.1.

capítulo 10

Você sabia que os pisos desses locais de compras tendem a ser lisos? Sabe por quê? Com o piso liso, andamos mais devagar e essa simples redução da velocidade do passo faz com que olhemos mais tempo para as gôndolas, que estão cheias de produtos com embalagens chamativas para capturar nossa atenção.

O que é para ser visto pelas crianças fica na parte de baixo, bem à altura de seus olhos. Ademais, a ausência de relógios dentro de corredores diminui nossa noção de tempo. Assim, permanecemos mais do que gostaríamos dentro de um ambiente todo projetado para nossa experiência de compra, em um "*show* pirotécnico" que envolve luzes, músicas, cheiros, cores, formas e muito mais para aguçar nossos sentidos e nos fazer gastar mais, deixando o tempo correr como se não houvesse melhor lugar para estar.

Você já sentiu vontade de comer algo só porque viu uma propaganda na televisão ou no celular? Já sentiu vontade de comer algo, de repente, sem saber por quê? Pois bem, o *marketing* de persuasão tem responsabilidade nisso, afinal, o cérebro decide o que você vai fazer baseado na emoção despertada, antes mesmo de essa decisão surgir em sua consciência.

A esse respeito, Camargo (2013, p. 19) destaca:

> Em 1983, Benjamin Libet foi o primeiro cientista a descobrir que o cérebro pode tomar decisões antes mesmo das pessoas o fazerem conscientemente. O que significa dizer que o cérebro decide antes da própria mente. O professor Michael Gazzaniga, presidente do Instituto de Neurociências Cognitivas (EUA) e professor de Psicologia em Neurologia no Cornell University Medical Center, também afirma esse fato que se confirma nas mais recentes pesquisas.

Desse modo, temos a sensação de estarmos tomando uma decisão, de que somos racionais, mas, na realidade, apenas agimos de acordo com o que nosso cérebro, a partir de uma emoção, decidiu. Nesse sentido, Gazzaniga (citado por Camargo, 2013, p. 19, grifo do original) afirmou que "**quando pensamos que sabemos qualquer coisa já o cérebro concluiu o seu trabalho. Os sistemas incorporados no cérebro realizam o trabalho automaticamente e muito antes do nosso conhecimento consciente**".

10.1 *Marketing* sensorial: os cinco sentidos da perdição

Vejamos como uma estratégia de *marketing* sensorial pode funcionar. As subseções a seguir referem-se a recomendações de um *blog* voltado a varejistas (Como..., 2018) e a conversas travadas com gerentes de lojas.

10.1.1 Audição

Não é recomendável usar a rádio preferida do gerente da loja, e sim traçar o perfil do cliente, a fim de identificar os ritmos musicais compatíveis com o humor dos consumidores em diferentes momentos do dia. Da mesma forma, é interessante promover pesquisas com o público, para elaborar uma estratégia mais assertiva. Além disso, usar vinhetas curtas inseridas no som ambiente da loja sobre promoções ou caixas disponíveis também pode ajudar, pois atuam quase como mensagens subliminares: "Não perca tempo!", "Não se preocupe", "Você só paga depois!" e, até mesmo, "Não roube", "Você está sendo vigiado"*. Essas mensagens alteram o comportamento. Por exemplo, músicas francesas na seção de vinhos podem aumentar a venda de vinhos dessa procedência (Mlodinow, 2013).

10.1.2 Olfato e paladar

De acordo com o guru de *marketing* Paul Ardem (2011, p. 119), "as pessoas até assam pão para deixar as casas cheirando bem quando querem vendê-las". Pães que acabam de sair do forno em supermercados ou padarias aguçam nosso instinto. Várias marcas são reconhecidas por seu odor característico em seus ambientes de venda. O cheiro do produto fresco, pronto para consumo, incentiva o consumidor a experimentá-lo e, assim, estimula a compra. Em outra estratégia, promotores de marcas oferecem degustação grátis nos corredores do supermercado, na intenção de mostrar a qualidade do produto.

10.1.3 Tato

Repare na evolução dos carrinhos de supermercado nos últimos anos. Primeiro, surgiram os carrinhos em que era possível carregar crianças. Hoje em dia, existem alguns que permitem também levar animais de estimação. Além disso, mesmo as cestas já têm rodinhas e puxadores, tudo para o conforto do cliente, para que sua experiência de compra seja a mais agradável possível.

Muitas embalagens são feitas de forma a se encaixarem perfeitamente em nossas mãos; assim, quando as tocamos, já nos identificamos com elas. Segundo Dan Ariely e Jeff Kreisler (2019), bastam 30 segundos para criar uma sensação de maior propriedade, de modo que apenas segurar um objeto pode alterar a maneira como percebemos seu valor, por meio da propriedade virtual.

---

* Trata-se do efeito de *priming*, que será explicado adiante neste capítulo.

10.1.4 Visão

Desde sempre, sabemos que o que os olhos não veem o coração não sente. Você pode decidir visitar ou não uma loja com base em sua impressão visual sobre ela. Como assinalou Ardem (2011, p. 68), "Quanto maior o impacto visual de sua apresentação, mais gente vai se lembrar dela". A atratividade visual da loja é condição *sine qua non*. Por isso, dos cinco sentidos, a visão é o mais explorado nos supermercados.

10.1.4.1 O que os olhos veem o coração sente

Outro efeito visual muito forte é o chamado **efeito de *priming***. Daniel Kahneman (2012) narra um experimento em que a palavra *eat* (comer) estava temporariamente mais em evidência para as pessoas. Posteriormente, em um desafio, ao serem solicitadas a preencher a lacuna na palavra SO_P, a grande maioria completou como *soup* (sopa) e não *soap* (sabão). O contrário também ocorreu: quando foram expostos à palavra *wash* (lavar), os participantes escolheram *soap*, e não *soup*.

O efeito de *priming* faz com que a exposição prévia a uma palavra cause mudanças imediatas e mensuráveis na facilidade com que muitas palavras relacionadas podem ser evocadas. Isso não se refere somente a palavras, mas também a ideias próximas, a imagens etc., como no caso da palavra *dia*, que evoca *noite*, ou da palavra *comida*, que pode evocar *restaurante*, *garfo*, entre outras.

Assim, as frases "Não roube" e "Você está sendo vigiado" podem evitar furtos, e lembrar alguém de sua própria mortalidade (*memento mori*) pode diminuir seu autoritarismo. Esses são *insights* freudianos sobre a importância de símbolos e metáforas em associações inconscientes.

John Broadus Watson, considerado o fundador do behaviorismo*, produzia experimentos sobre emoções e comportamentos, sendo um dos

---

* *Behavior* significa "comportamento", em inglês. O behaviorismo consiste em uma área da psicologia que tem como objeto de estudo o comportamento. Procura examinar, de modo objetivo, os comportamentos humanos e animais, com ênfase nos fatos (como estímulos e reações), sem recorrer à introspecção, como ocorre na psicanálise, por exemplo.

mais famosos aquele que ficou conhecido como *pequeno Albert*, feito com um recém-nascido, para avaliar a origem do medo. Depois de Watson deixar sua posição acadêmica, em virtude de um relacionamento amoroso extraconjugal com sua secretária, ele começou a trabalhar para uma agência de publicidade e, claro, levou todo o seu conhecimento sobre estímulos psicológicos para o *marketing*:

"Diga-lhe algo que o amarre com medo, algo que desperte uma raiva leve, que chame uma resposta afetuosa ou amorosa ou atinja uma profunda necessidade psicológica ou de hábito"* (Watson, citado por A Short..., 2022, tradução nossa).

Watson ajudou a desenvolver muitas embalagens com apelos visuais, capazes de despertar emoções e aumentar as vendas dos produtos, assim como utilizou testemunhos de celebridades, para estimular o consumo, e de mulheres com apelo de sedução, para a venda de produtos masculinos.

Os cartazes com preços e promoções ajudam a diferenciar a loja na visão do consumidor, bem como as gôndolas, quando arrumadas e organizadas, podem gerar sensações agradáveis e ser vistas como interessantes. A seção de churrasco pode estar próxima do açougue, por exemplo. Os produtos tendem a estar sempre dispostos em locais que induzam às conexões e ao aumento de compras. Esse processo se chama **saliência**, assunto ao qual voltaremos quando tratarmos de narrativas.

A luz também é responsável pelas sensações nos pontos de venda. Por exemplo, tente reproduzir em casa a luz do provador da loja em que comprou uma calça que parecia perfeita em seu corpo. A iluminação pode construir atmosferas favoráveis à compra, como em uma seção de vinhos na qual uma luz amarela pode criar o clima confortável de uma lareira.

Desde sua criação, o *marketing* sempre soube como nos atrair para o consumo. Um campo novo de estudos relacionado a isso é o *neuromarketing*,

---

* No original: "Tell him something that will tie him up with fear, something that will stir up a mild rage, that will call out an affectionate or love response, or strike at a deep psychological or habit need".

que recorre a técnicas da neurociência com vistas a aumentar a preferência do consumidor por produtos, marcas e serviços, ou seja, afetar suas decisões de compra.

Como o visual é importante, muitas pesquisas de *neuromarketing* usam *o eye tracking*, uma espécie de óculos que possibilita o monitoramento do sistema visual do consumidor. O equipamento mede a posição do olhar, a movimentação, o trajeto que os olhos percorrem e a dilatação da pupila, o que auxilia na compreensão da complexidade da tarefa e/ou do nível de excitação do indivíduo. Enfim, o *eye tracking* capta muitos dados referentes à experiência de consumo e, assim, melhora a exposição de produtos, o visual de *sites*, as vitrines, os cartazes etc. A ideia do *neuromarketing* é tentar ler as respostas não verbais do consumidor (Camargo, 2013; Las Casas, 2019).

A seguir, na Figura 10.1, observe uma imagem com resultados do uso de um *eye tracking*.

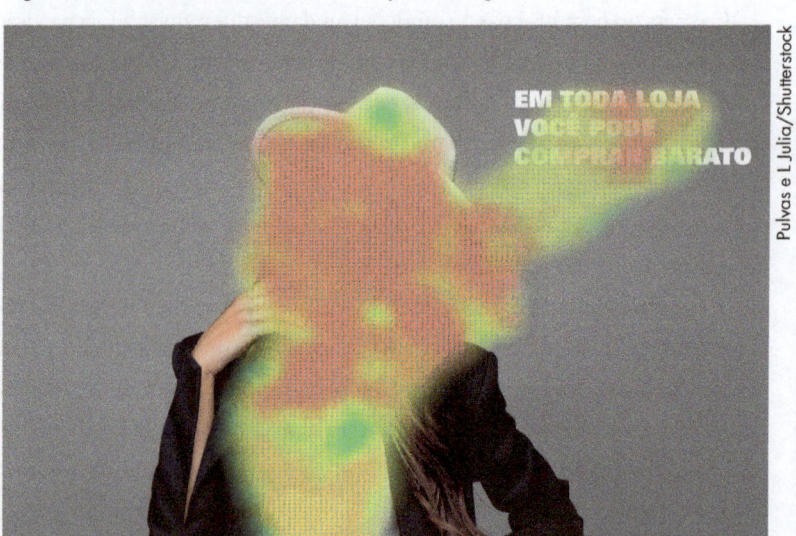

Figura 10.1 – Resultados obtidos com *eye tracking*

A parte vermelha mostra onde os olhos do consumidor permaneceram por mais tempo. Repare que o rosto foi a parte mais visualizada e o texto ficou em segundo plano. Com isso, podemos tirar duas importantes lições. Em primeiro lugar, os rostos têm um papel muito importante em nosso comportamento. Eles nos dizem (ou, ao menos, com base neles podemos julgar) se quem estamos observando está feliz ou triste, se essa pessoa representa uma ameaça ou é amigável, por exemplo. Conseguimos, assim, detectar os sentimentos por meio das expressões faciais. Além disso, estas, na maioria das vezes, são reflexos incontrolados de nosso inconsciente. Há uma parte de nosso cérebro dedicada a analisar rostos, chamada de *área fusiforme da face*. O cérebro dedica-se de forma muito mais intensa à análise de rostos do que à de qualquer outro tipo de estímulo visual (Mlodinow, 2013; Weil; Tompakow, 2013).

Em segundo lugar, isso nos mostra, também, que imagens comunicam mais às pessoas do que textos. Por exemplo, a manchete "Brasil: 9,4 milhões de crianças vivem na extrema pobreza" (Garcia, 2019) sinaliza uma notícia importante. Você pode se sensibilizar com o montante, afinal, 9,4 milhões é uma quantidade muito grande. Porém, essa informação não toca tanto quanto uma fotografia de uma criança em situação de pobreza extrema.

O enunciado "Ajude as crianças carentes da Venezuela. Doe R$ 5,00" tem menos apelo do que "Ajude Karen, ela é uma criança venezuelana que precisa de você. Doe R$ 5,00". Isso porque a personificação mexe com nossas emoções, aumenta a empatia e promove generosidade, afinal, agora estamos falando de Karen, e não de vítimas abstratas, como "as crianças da Venezuela".

Novamente, trata-se de uma pura e simples narrativa. Mas e se, ainda por cima, existir a foto de Karen na campanha (Figura 10.2)?

Figura 10.2 – Menina venezuelana

Tudo que é visual tem mais apelo emocional. A imagem ajuda a produzir empatia, principalmente se se tratar de rostos, bebês, filhotes de animais, mulheres de biquíni etc.

Além da experiência sensorial, há ainda outros elementos muito bem explorados pelo mercado e pela mídia. A **aversão à perda** e o **efeito dotação** são exemplos disso – aos quais já recorremos no exemplo dos *test drives* em veículos –, considerando-se o quanto eles alteram nossa percepção de propriedade após o uso.

Outros exemplos desses recursos estão nas provas gratuitas, usadas pelo *marketing* dos canais televisivos e dos serviços de *streaming* a todo instante. Por exemplo: "Experimente, fique com ele por 30 dias grátis e, se não quiser mais, é só cancelar ou devolver". Segundo Ariely (2008, p. 110), "A 'propriedade virtual', naturalmente, é uma das molas mestras do ramo da publicidade". Há um ditado popular que diz: "Quem viu TV colorida não quer mais preto e branco". Esse é o perfeito exemplo de aversão à perda, que, combinada com o efeito dotação (posse) do objeto ou serviço disponível por 30 dias, faz com que acabemos, definitivamente, optando por ficar com algo que seria, 30 dias antes, apenas um teste, um serviço ou objeto temporário. Lembre-se: o "eu" que prometeu só testar era um; o "eu" que, depois, precisa decidir se continua ou não com o serviço/produto é outro.

Não percebemos que a perspectiva muda depois que o objeto chega e que começamos a encará-lo como nosso, considerando a devolução uma perda. Isso não se limita a coisas materiais ou serviços virtuais; estende-se também a pontos de vista, ideias, relacionamentos etc. Conforme Ariely (2008, p. 111), "Não se conhece cura para os males da posse. Como disse Adam Smith, ela está entretecida em nossa vida".

Outro ponto importante, abordado no Capítulo 5, diz respeito aos pagamentos eletrônicos. O dinheiro em espécie instiga a razão, porque temos o prazer da compra e a dor da perda do dinheiro ao mesmo tempo. De acordo com Ariely e Kreisler (2019), estudos indicam que estamos dispostos a gastar mais quando usamos o cartão de crédito, uma vez que o uso do cartão aumenta nossa tendência a subestimar ou, até mesmo, esquecer o quanto gastamos. Com os pagamentos eletrônicos, temos apenas o prazer da compra e a ilusão de que ela nem está sendo paga, visto que ainda não desenvolvemos nosso modo de operar com o dinheiro virtual, sob o ponto de vista emocional. Assim, "o pagamento eletrônico pode ser um problema" (Ariely, 2008, p. 187).

Shiller (2000) já apresentava essa preocupação com o aumento das dívidas da população após a liberação dos cartões de crédito há duas décadas, quando as transações eletrônicas ainda não eram tão usuais. Na atualidade, segundo Ariely e Kreisler (2019), certamente o desafio se torna ainda maior. Os vendedores podem "surgir" em nossos *smartphones*, pois sabem onde estamos e nos lembram o tempo todo, por meio de redes sociais, *e-mails* e outras mensagens, de que "este produto é incrível, você vai adorar" etc. Trata-se do Fomo (*fear of missing out*), isto é, "a fome junto com a vontade de comer".

10.2 As armas da persuasão

Robert Cialdini é considerado uma das maiores autoridades mundiais quando o assunto é persuasão. Como ele mesmo define, "persuasão é a habilidade de trazer as pessoas para o nosso lado, mudando apenas a maneira como apresentamos nossos argumentos" (Cialdini, 2012b). No livro *O poder da persuasão: você pode ser mais influente do que você imagina*, Cialdini (2006) defende que existem seis armas que aumentam o poder de persuasão das pessoas. Posteriormente, o autor reforçou seus estudos no livro *As armas da persuasão* (Cialdini, 2012a), em que aprofundou a persuasão sob a ótica de como influenciar e não se deixar influenciar, alterando alguns nomes das seis armas previamente definidas. Na sequência, detalhamos cada uma delas.

1. Reciprocidade

Caracterizada pela velha prática franciscana de "é dando que se recebe", produz o mesmo efeito de uma "amostra grátis", pois tendemos a retribuir, a ajudar quem nos ajuda.

Segundo a teoria da dádiva de Mauss (2003), a criação de um relacionamento implica um processo de sucessivos atos de dar-receber-retribuir. A dádiva é um princípio fundador das relações sociais. Assim, um presente dado pode ser aceito ou recusado, deixando o receptor em dívida com o doador. Nesse ato, cria-se uma necessidade de retribuição que gera um novo ato de dar. Esse simples processo fortalece os laços sociais e estabelece um vínculo duradouro entre os participantes. As trocas, a retribuição, a questão da honra, a moeda e suas relações são práticas dadivosas.

2. Compromisso e coerência

Essa arma de persuasão também pode ser apresentada como *consistência*. Trata-se de um processo mental, que nos impele a buscar coerência nas coisas, de modo que, quando não a encontramos, a mente "grita".

Já comentamos, na Seção 4.2, por meio do exemplo das imagens com triângulos, que buscamos por alguma coerência porque precisamos de referências para avaliar alguma coisa. Não conseguimos ficar à deriva, lidando com situações incertas. Lembre-se do paradoxo de Ellsberg.

Por isso, se alguém diz que "no passado fez assim", vem à nossa mente a ideia de que no futuro ele repetirá o feito.

Fugimos da inconsistência a ponto de, quando estamos diante de uma, tendermos a criar alguma coerência, mesmo que só para nossa "cabeça". É o caso da dissonância cognitiva, estudada na Seção 5.3. "A coerência tola é o espírito maligno das mentes pequenas", decretou Ralph Waldo Emerson (citado por Mintzberg; Ahlstrand; Lampel, 2010, p. 32).

3. Prova ou aprovação social

Refere-se ao impacto de sermos animais sociais, aspecto bastante discutido no Capítulo 6. As pessoas tendem a fazer o que os outros estão fazendo. Por sermos seres sociais, gostamos de pertencer, fazer parte, temos a necessidade de viver em grupo. O efeito manada faz-se presente na prova social e é tão forte a ponto de a mídia evitar a divulgação de notícias sobre suicídio, pois a simples comunicação pode aumentar o nível de casos (Phillips, 1974).

É possível que as condições sociais – por exemplo, reveses econômicos, taxas de criminalidade e tensões internacionais – levem pessoas ao suicídio, mas também ao aumento dos níveis de acidentes, visto que indivíduos com tendências suicidas, em vez de cometerem o ato, podem reduzir a qualidade de seus trabalhos e, portanto, deixar menos seguras as manutenções de automóveis, aviões etc., de modo que acabam por elevar os níveis de mortes tanto intencionais quanto acidentais (Cialdini, 2006).

O livro *Os sofrimentos do jovem Werther*, do maior nome da literatura alemã, Johann Wolfgang von Goethe, lançado em 1774, chegou a ser proibido em alguns países da Europa exatamente por narrar o suicídio de Werther, o personagem principal. A leitura dessa obra acabou desencadeando uma onda de suicídios pela Europa à época. O sociólogo David Phillips (1974), anos mais tarde, batizou o fenômeno de *efeito Werther*. Esse fenômeno ajuda a compreender, por exemplo, suicídios coletivos promovidos por seitas (apresentaremos um caso na Seção 11.6).

Como alguém seria capaz de dar fim à própria vida? Um dos elementos que ajudam a responder a essa questão é a incerteza, que Cialdini chama de *braço direito da prova social*: "quando estão inseguras, as pessoas buscam orientações para as próprias ações nas ações dos outros" (Cialdini, 2006, p. 151). Você se lembra do exemplo da Seção 6.5, sobre descer de um avião no Uzbequistão? Você seria o único a fazer algo diferente da manada?

Cialdini (2006) aborda, ainda, a "ignorância pluralista", observada quando pessoas que querem parecer sofisticadas, por estarem em um grupo de pessoas estranhas, acabam por deixar de avaliar corretamente as expressões de alguém que pede ajuda e, portanto, não compreendem que se trata de uma emergência real. Conforme exposto por Cialdini (2006, p. 139, grifo do original), "Usamos as ações dos outros para decidir sobre nosso próprio comportamento **especialmente quando consideramos as outras pessoas semelhantes a nós mesmos**". Além disso, "como funcionários de matadouros sabem há muito tempo, a mentalidade de um rebanho o torna fácil de ser manipulado" (Cialdini, 2006, p. 154).

Darley e Latane (1968), em um experimento com um ator que fingia ter um ataque epilético, provaram que a maioria das pessoas acaba por não prestar socorro à vítima quando sabe que outros escutaram o mesmo pedido de ajuda. Portanto, a presença de outras pessoas por perto reduz o senso de responsabilidade, embora todos nós, antes de vivenciarmos uma situação como essa, provavelmente digamos que agiríamos de modo diferente.

Este livro enfoca as finanças comportamentais, então vamos retomar a prova social para as questões de finanças. Ela tende a nos seduzir para o consumo em algumas situações, como naquelas em que você ouve algo do tipo "Só você vai ficar de fora?", "Tá todo mundo usando, você não viu?", "Todo mundo conhece isso, em que mundo você vive?", "Você nunca foi lá? Não acredito!" e "Nossa, você é a primeira pessoa que conheço que diz não gostar disso!".

A exclusão social e o sentimento de injustiça são dores psíquicas e, em alguns casos, físicas. Pesquisas evidenciaram que sentimentos feridos ativam as mesmas regiões cerebrais que ossos quebrados ou outras lesões físicas, e um estudo de neuroimagem examinou os correlatos neurais da exclusão social, testando a hipótese de que as bases cerebrais da dor social são semelhantes àquelas da dor física (Eisenberger; Lieberman; Williams, 2003). Assim, quando alguém diz "Estou tão enojado por ser tratado dessa forma", isso é literal, não é metafórico, ou seja, a pessoa realmente se sente enojada (Camerer; Loewenstein; Prelec, 2005).

Seligman (2004) compreende que as pessoas felizes são muito sociáveis e que, assim como a alimentação e a regulação térmica, bons relacionamentos são importantes para o estado de espírito dos seres humanos.

Pessoas querem estar perto de pessoas. Isso explica classes sociais, crenças comuns, torcidas de futebol, comportamentos de manada diante de uma promoção de *Black Friday* e o fato de vendas aumentarem porque uma famosa cantora usou um produto na televisão ou fez uma postagem na rede social, entre outros casos.

Em 1820, dois frequentadores de ópera, Sauton e Porcher, fundaram em Paris a L'Assurance des Succès Dramatiques, um negócio que envolvia colocar pessoas em óperas para aplaudi-las. A ideia era que, por serem muito aplaudidas, as óperas se transformariam em um sucesso, isto é, que o "boca a boca" se encarregaria da popularização. Foi daí que surgiram as claques. Por que isso? Bem, a resposta parece agora um tanto óbvia: a prova social, o comportamento de manada.

4. Simpatia ou afeição

Também é chamada de *afeto*. Como bem disse Clarence Darrow (citado por Cialdini, 2006, p. 164), "O maior trabalho de um advogado no tribunal é fazer o júri gostar de seu cliente". Gostamos de quem gosta de nós. Fazemos concessões a essas pessoas. Freud (citado por Cardoso, 2007, p. 145) reconheceu isso quando declarou que "podemos nos defender de um ataque, mas somos indefesos a um elogio". Atração física, semelhanças, elogios, contato e cooperação, condicionamento e associação, carisma, todos esses são elementos que despertam afeto.

Camerer, Loewenstein e Prelec (2005) brincam com a metáfora de Platão, que abordamos no Capítulo 6, ao afirmarem que a mente (a razão) é o cocheiro conduzindo dois animais: a cognição, um pônei esperto, e a emoção, um grande elefante. Os autores recorrem a essa metáfora para mostrar o tamanho do peso que o fator afeto, ou emoção, tem em nossas decisões.

Os trabalhos conduzidos por Norbert Schwarz deram destaque à **heurística afetiva**, evidenciando que uma base emocional tem papel importante na atitudinal, ou seja, a decisão, se racional, é pautada pela emoção. É por meio de uma experiência emocional que a esfera racional é afetada (Kahneman, 2012). Como explorado na seção 6.2.

Assim, vale saber que o termo *simpático* tem a mesma origem etimológica de *empático* – do grego *pathos*, definido como "emoção", "paixão". Por isso, se você tiver amor pela marca, pela estratégia de *branding* que algum publicitário desenhou, e virar fã dela, sua capacidade de tomada de decisão de compra, que já era precária, será deteriorada por completo. Afinal, a razão é escrava da emoção.

5. Autoridade

Adoramos ouvir alguém que tenha autoridade sobre um tema. Isso nos alivia de ter de pensar, nos deixa sempre em nosso **conforto cognitivo**. Somos o único animal que usa 25% de sua energia cerebral em estado "sem pensar".

Se você precisar fazer uma conta de 1 + 1, isso será muito fácil. Porém, se a conta for 17 × 24, vai consumir de você alguma energia. Se, ao mesmo tempo que estivesse calculando, você precisasse responder qual é a capital da Bulgária e onde esteve há dois dias, haveria até mesmo o perigo de você "travar".

Pensar cansa e consome energia, e tendemos a evitar isso o máximo possível. Queremos um conforto cognitivo. Precisamos poupar energia para podermos fugir do predador que nos vai atacar logo à frente (Kahneman, 2012).

Assim, gostamos de delegar para o especialista. Isso fica nítido quando ouvimos expressões como "Se o fulano falou, eu acredito!", "Se a atriz X está nisto...", "Ela é a pessoa que mais entende disso", "Se ele, que trabalha com isso, está dizendo...".

Aqui, cabe um alerta: tenha cuidado, pois decisões têm regra de validade. Nem sempre o especialista está com a razão; pode ser apenas que tenha decidido de determinada forma anteriormente e agora somente está repetindo a mesma decisão.

Títulos que a pessoa tenha, roupas que use, objetos ou bens (veículos, por exemplo), tudo isso influencia nossa percepção de autoridade. Já abordamos isso no Capítulo 9 – faz parte da psicologia do preço.

A necessidade humana de ter respostas para tudo e sua dificuldade de lidar com a angústia da incerteza fazem as pessoas se iludirem e começarem a acreditar em qualquer coisa que "pareça" responder a suas dúvidas. Mesmo que não seja verdade ou que o especialista seja apenas um charlatão, a sensação de parecer ter uma resposta nos basta. Por isso existem, às pencas, charlatões vendendo curas e milagres.

Na Seção 11.4, abordaremos mais profundamente a temática do charlatanismo e analisaremos por que a autoridade nos afeta tanto.

6. Escassez

Se um objeto é raro, ele é mais desejado. A escassez é a primeira lei da economia: nunca há algo em quantidade suficiente para satisfazer a todos que o querem. As necessidades são infinitas, mas os recursos são escassos. Sempre temos mais desejos do que tempo, dinheiro e energia para realizá-los (Dias, 2016).

Como mencionamos na Seção 2.4, dedicada à escassez, você já deve ter ouvido algo como "É só até sábado", "Últimas unidades disponíveis", "Vagas limitadas", "Inscreva-se", "Só tem mais algumas horas!", "É só para os primeiros 10 que ligarem!". Todas essas frases mexem conosco de alguma forma, fornecem a ideia de que vamos perder algo e, como afirmamos anteriormente, o ser humano tem **aversão à perda**, ainda mais se for relativa a algo que parece bom e de que todos estão fazendo parte menos ele.

Ultimamente, os profissionais de *marketing* digital colocam na tela de seu dispositivo um relógio de *countdown* que mostra o tempo restante disponível para tomar a decisão de compra (Figura 10.3). Chega a ser desesperador.

Figura 10.3 – Contador de tempo

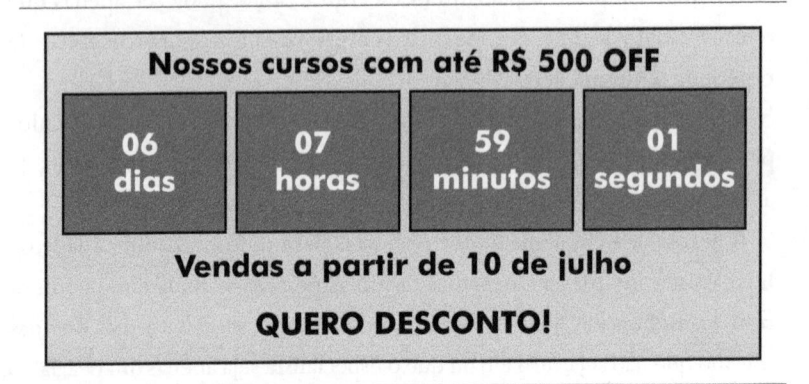

> **Nossos cursos com até R$ 500 OFF**
>
> | 06 dias | 07 horas | 59 minutos | 01 segundos |
>
> Vendas a partir de 10 de julho
>
> **QUERO DESCONTO!**

A escassez evoca a dor da perda. Não à toa, G. K. Chesterton (citado por Cialdini, 2006, p. 233) disse, conforme indicamos no Capítulo 2, que "a maneira para amar qualquer coisa é perceber que podemos perdê-la". Por isso, uma das principais formas de persuadir alguém é mostrar-lhe o que poderá perder se não aceitar sua oferta: "Não perca mais tempo!", "Faça **agora** sua matrícula no meu curso de **finanças comportamentais!**", "Não seja a única pessoa a **ficar de fora!**", "Vagas **limitadas** esgotando nos próximos minutos", "**Corra! Parcelamos** no cartão e com **descontão!**".

Não pense que essas técnicas de persuasão só funcionam com desavisados. Lembre-se do excesso de confiança, do fato de que somos cegos para nossa própria cegueira e de que a emoção do momento pode nos inebriar. Essas armas todas voltarão ao debate quando tratarmos dos charlatões, na Seção 11.6.

Recapitulando, vimos que são seis as armas da persuasão: (1) reciprocidade; (2) compromisso e coerência; (3) autoridade; (4) prova social; (5) simpatia ou afeição; e (6) escassez. Não é fácil resistir às armas da sedução usadas pelo mercado e pela mídia, e torna-se um grande risco usar o piloto automático (sua mente) quando os dados que ele tem estão errados.

Portanto, mesmo que pensar e aprender tudo isso pareça e seja trabalhoso, ainda é uma opção menos arriscada do que não ter controle da própria vida financeira. Afinal, quem realmente conhece você mesmo é sua emoção, e não sua razão.

10.3 Rituais

Ariely e Kreisler (2019) alertam para o fato de que os rituais importam para os seres humanos, sendo que a maioria deles advém de alguma religião. Trata-se de poderosíssimos instrumentos de persuasão. Por exemplo, na Universidade do Sul da Califórnia, estudantes que, antes de entrarem em contato com determinado jogo de *videogame*, imaginaram como ele seria tiveram mais prazer durante a experiência. Isso vale para consumidores que adiam o consumo de chocolate por algum tempo. O fator antecipação, que pode ser um ritual imposto, aumenta a expectativa do consumidor.

Experimente contar a alguém algo sobre um prato que tenha preparado. Diga, por exemplo, que você colocou gotas de chá de boldo sobre a carne que você preparou para o almoço. Nesse instante, olhe para a cara de quem não suporta o gosto de boldo. Depois de a pessoa comer (se ela realmente comer), pergunte o que achou da experiência. Faça a mesma coisa em outro almoço, mas não avise sobre o chá de boldo – se você ainda conseguir fazer seus amigos virem até sua casa para uma refeição (nesse caso, é melhor fazer primeiro a experiência sem o boldo e, depois, com o boldo, para ter uma comparação).

Relato do autor

Certa vez, realizei a experiência descrita a seguir com o meu grupo de futebol das quartas-feiras.

Sempre tomávamos a mesma marca de cerveja. Se alguém algum dia comprasse de outra marca, seria motivo de protestos. Porém, o dono do bar me disse que a cerveja que tomávamos havia acabado. O que fiz para solucionar o problema? Pedi a ele que levasse à mesa as primeiras garrafas daquela marca dentro de um *cooler*, com o pretexto de não as deixar esquentar.

Testei para ver se alguém perceberia diferença no sabor. Ninguém reclamou. Então, para as reposições, de modo a evitar que garrafas ficassem sobre a mesa expostas e meus colegas ("atletas" e "*sommeliers*") percebessem a diferença dos rótulos, pedi ao garçom que sempre que levasse as novas garrafas para a mesa já as colocasse dentro dos *coolers*. Nunca houve protestos e meus amigos só saberão dessa experiência se lerem este livro.

Outra vez, depois de termos bebido já uma certa quantidade da mesma marca que sempre consumíamos, pouco antes de pedirmos "a saideira", o garçom me avisou que nossa marca havia acabado e, portanto, só havia da outra. O que fiz? Novamente, um experimento científico, afinal, eu não vou ao futebol apenas por lazer, também é trabalho – embora minha esposa não acredite.

Contudo, nessa segunda vez, solicitei ao garçom que arrancasse o rótulo das garrafas. Novamente, todos tomaram as cervejas e ninguém, até hoje, sabe que bebeu de outra marca.

As expectativas geradas mudam nossas percepções, que podem ser positivas ou negativas. Isso não ocorre apenas pelo fato de a experiência física ser diferente, mas também por conta das expectativas geradas pela advertência. Se nossas expectativas são altas, valorizaremos muito um produtor ou serviço e estaremos dispostos a pagar um adicional por ele. Além disso, quando as coisas têm preço alto, esperamos mais delas do que quando são baratas (Ariely, 2008).

O médico Emile Coué (citado por Cialdini, 2006, p. 267), há mais de 100 anos, convenceu os doentes que ele tratava a dizer a si mesmos todos os dias a seguinte frase: "Todo dia, de todas maneiras, estou melhorando". Certamente, à época, isso provocou muitos risos. Todavia, se ligarmos essa experiência com a ideia da profecia autorrealizadora – de Robert Merton, abordada na Seção 9.5 – e com o que recém-discutimos sobre as expectativas mudarem nossas percepções, veremos que ela se torna um elemento poderoso de mudança de comportamento. Isso porque, ao dizer a si mesmo tal frase, o indivíduo começa a procurar os pontos que afirmou em si e, assim, age em direção a eles, ou seja, age conforme as expectativas criadas.

Pessoas que afirmam terem poder, de fato, têm, porque despertam a ação, que muda o comportamento ou o confirma. Se pensarmos que falamos bem em público, tenderemos a falar bem. Porém, se pensarmos que não conseguiremos, certamente não dará certo. Você não consegue pensar positivamente e negativamente ao mesmo tempo – precisa escolher um pensamento por vez.

Entendeu por que vendedores de roupa sempre jogam seu astral para cima? Pensar positivo tem relação com situações em que você pode tomar uma ação e, portanto, moldar seu comportamento. As expectativas são como ver um haltere em que está escrito "50 kg" no chão da academia e querer pegá-lo. Seu corpo vai preparar-se fisicamente para isso. Se o peso for de isopor – portanto, muito mais leve do que o indicado –, quando você o puxar, terá uma surpresa e poderá desequilibrar-se pela força em excesso.

As expectativas podem influenciar quase todos os aspectos da vida. Elas alteram não só nossas convicções, mas também a fisiologia da própria experiência. Isto é, o conhecimento prévio pode, de fato, modificar as atividades neurais que estão na base do próprio paladar, para que, quando esperamos que algo seja saboroso ou ruim, o sabor seja realmente esse. Não subestime, por exemplo, o poder da apresentação de um simples prato de comida, da taça em que se bebe o vinho nem de uma preliminar ao ato sexual (Ariely, 2008).

Em 1794, Dr. Gerbi, médico italiano, tratava seus pacientes que tinham dor de dente com as secreções de um tipo de verme. Sessenta e oito por cento dos pacientes relatavam que a dor desaparecia por um ano. Tanto os pacientes quanto o Dr. Gerbi acreditavam nisso. Por volta de 1785, surgiu na literatura médica a palavra *placebo*, que, em latim, significa "agradarei". A origem do termo remonta ao século XIV, quando surgiu para se referir às carpideiras contratadas para chorar e soluçar pelos mortos em enterros (Ariely, 2008).

O placebo tem esse efeito. Se acreditamos que estamos tomando algo que nos curará, provavelmente vamos melhorar. Se acreditamos que o médico é um ultraespecialista, só de vê-lo já temos a sensação de nos sentirmos melhor. A mente controla o corpo.

Novamente, o efeito é fisiológico. O simples ato de acreditar e estar condicionado a tomar um remédio faz com que substâncias (endorfina e opiáceos) sejam liberadas no organismo, sendo capazes, até mesmo, de aliviar a dor física. "Por isso cuidado, meu bem, há perigo na esquina", cantava Belchior (1976), visto que os charlatões sabem disso e, justamente por isso, vendem toalhas ungidas, vidros de água benta, garrafadas, pulseirinhas do equilíbrio e toda sorte de indulgências para curar sua dor.

10.4 Narrativas

*O discurso transmite e produz poder; ele o reforça,
mas também o debilita e o expõe.*

Michel Foucault

Robert Shiller (2000) conta que o ano de 1929, com o fatídico *Crash* da Bolsa de Nova Iorque*, foi um período de atenção dos investidores para o mercado de ações. Ele referenda isso com um texto do economista John Kenneth Galbraith na obra *The Great Crash 1929*. Esse texto demonstra que o mercado havia dominado não apenas os noticiários, mas também a cultura, pois a elite que outrora se interessava por São Tomás de Aquino, Proust, psicanálise e medicina psicossomática passava a falar sobre corporações. Era uma espécie de *Zeitgeist*** – quando as pessoas têm opiniões semelhantes nos mesmos períodos, em parte porque reagem às mesmas informações.

Assim, o foco das atenções constitui uma narrativa que, naturalmente, pode levar a uma bolha especulativa, sem que haja uma manipulação do mercado por ninguém. Naturalmente, acontece o **efeito manada**. Por exemplo, basta algo entrar na moda que o bando seguirá bovinamente. Abordamos isso no caso das tulipas, na Seção 6.6.

Em *marketing*, pode-se representar a vida de um produto com o chamado *Product Life Cycle Management*, ou seja, a curva de vitalidade de um produto. Essa curva se refere ao ciclo natural do produto: nasce, desenvolve-se, chega à maturidade e começa a cair em desuso, até tornar-se obsoleto (Figura 10.4).

---

* O dia 24 de outubro de 1929 ficou conhecido como *Black Thursday* (Quinta-Feira Negra). Foi o dia em que a Bolsa de Valores de Nova Iorque teve queda de 11%. A data é considerada o marco inicial da Grande Depressão.

** *Zeitgeist* é uma palavra alemã traduzida como "espírito do tempo".

Figura 10.4 – Curva de vitalidade de um produto

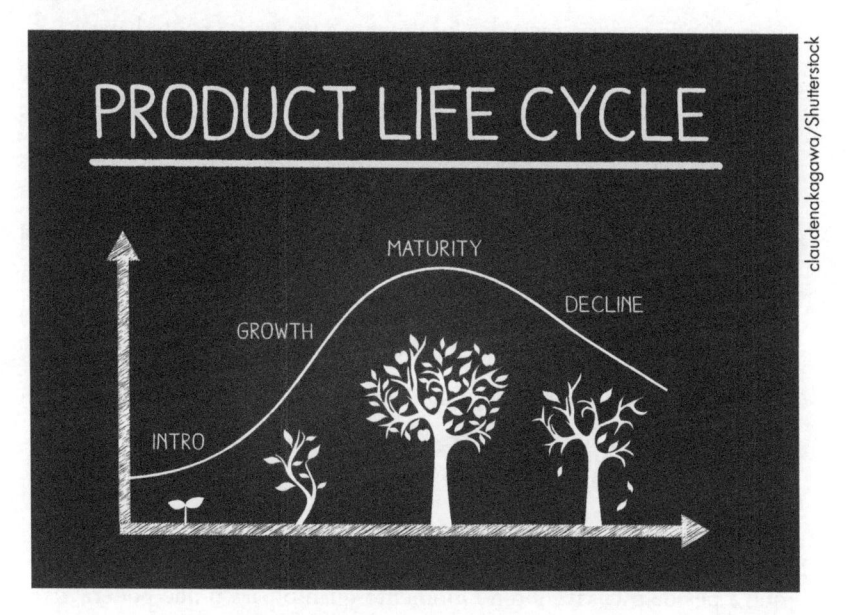

PRODUCT LIFE CYCLE

INTRO — GROWTH — MATURITY — DECLINE

Essas fases do *Product Life Cycle Management* podem ser esticadas ou encurtadas no tempo por narrativas. Por exemplo, se uma pessoa muito famosa utiliza o produto enquanto ele ainda está nas fases iniciais, este pode chegar à maturidade mais rápido. Trata-se de um fenômeno muito observado nas redes sociais – pessoas com muitos seguidores ajudam a dar visibilidade, criar tendência e impulsionar vendas. Da mesma forma, se essa pessoa descarta o produto ou, por alguma razão, existe um "cancelamento" dele por parte do público, a fase de declínio pode vir na sequência.

Relato do autor

Lembro-me de que, entre os anos 1996 e 1997, um amigo comprou um carregamento de bichinhos eletrônicos chamados Tamagotchi, espécie de animal de estimação virtual. A graça do brinquedo era ficar o tempo todo alimentando-o (virtualmente, é claro), dando-lhe carinho, banho e outros cuidados. Se isso não fosse feito, o "bichinho" morreria.

Na época, foi uma febre. Muitas pessoas o compraram e o carregavam para todos os cantos. Mario, esse meu amigo, decidiu importar do Japão um contêiner com esses brinquedos, acreditando que faturaria alto, pois importando poderia revender localmente a um preço muito baixo.

Todavia, ele não contava que os grandes varejistas já tinham comprado centenas de contêineres por um preço tão baixo a ponto de colocarem o brinquedo à venda a um valor inferior àquele que meu amigo havia pago para custear a compra.

Como depois disso ele obviamente teria de liquidar o estoque para diminuir seu prejuízo, Mario passou semanas dentro de um contêiner alimentando os bichinhos para que não morressem, o que ocasionaria um aumento no prejuízo.

O que aconteceu com meu amigo? A narrativa do momento fez com que ele tomasse uma decisão no presente, esperando que o futuro promissor dos bichinhos virtuais resolvesse sua vida financeira.

O papel da narrativa é dar estrutura e sentido, e isso vale tanto para o que a pessoa está vivendo no momento quanto para o que poderá viver no futuro. Uma narrativa pode dar sentido de direção e controle sobre nossos caminhos, mesmo que estes sejam totalmente falsos. Afinal, não temos controle de nada. Temos apenas uma **ilusão de controle**, por conta de nossos vieses e nossas limitações cognitivas, além de tantos outros elementos. Como afirma Kahneman (2012, p. 77), "o mundo faz muito menos sentido do que você pensa. A coerência deriva principalmente do modo como sua mente funciona".

Ademais, Kahneman (2012) chama de **ilusão de compreensão** o fato de acreditarmos que, por compreendermos o passado, também conhecemos o futuro – mero **efeito halo**.

Nassim Nicholas Taleb (2012), por exemplo, refere-se à **falácia narrativa**. Na realidade, ele assume que gostaria de chamá-la de *fraude narrativa*, mas o termo *falácia* suscita uma relação mais afetiva. A falácia é usada para mostrar como histórias distorcidas do passado moldam nossas visões de mundo e, portanto, nossas expectativas para o futuro. Esse é o caso da história de um empreendedor que "deu certo" – ele menciona dois ou três eventos que aconteceram em sua vida e atribui a eles seu sucesso. Na verdade, trata-se somente de uma simplificação estúpida de uma vida inteira narrada em dois ou três fatos, que, por serem simples, ganham atenção e justificam seu presente, ocultando que diversos outros eventos aconteceram ou deixaram de acontecer para que ele estivesse ali contando seu sucesso a todos. Damos muito valor ao evento raro.

O **evento raro** tem mais relevância do que deveria para nós. Após um atentado terrorista, por exemplo, ficamos mais ressabiados, mas, do ponto de vista estatístico, o risco de acontecer outro evento dessa natureza e nos afetar é muito baixo – já tratamos dos riscos de comer torresmo em comparação com os de voar de avião no Capítulo 8.

A emoção é desproporcional à probabilidade estatística, e o evento improvável passa ser o foco, ainda mais se o noticiário falar do fato por quase 24 horas no dia, o que afeta nossa **heurística da disponibilidade** e traz o viés de confirmação. Por conta do conforto cognitivo, acabamos acreditando que um tsunâmi, por exemplo, vai nos atingir em poucos instantes, em razão daquela imagem chocante das águas do Pacífico invadindo ruas e casas na Ásia – mesmo que estejamos na América do Sul.

Para Taleb (2012, p. 84, grifo nosso), os humanos se iludem constantemente construindo relatos do passado que eles acreditam ter alguma consistência e que, portanto, tornam-se verdades: "nós nos enganamos com histórias que saciam nossa sede platônica por padrões distintos: a **falácia narrativa**".

Assim, as narrativas podem tanto surgir naturalmente como ser criadas e induzidas – nesse caso, com grande apoio de uma máquina de comunicação, como a mídia. Shiller (2000) chama de *cascata de atenção* e *cascata de informações* a sequência de eventos que podem estimular a atenção das pessoas. Não que a mídia seja uma força monolítica, que impinja ideias a um público puramente passivo, mas ela representa um canal para a comunicação de massa e a interpretação da cultura popular que tem uma lógica e um processo inerente.

Os casos do Tamagotchi e das tulipas, bem como o experimento de Asch, abordados anteriormente, mostram-nos isso. A mídia vive da atenção do público. Por isso, sempre preferirá as informações e notícias que tiverem maior apelo. O público é formado por pessoas, que são seres de emoção, razão pela qual geralmente ele se interessa por aquilo que desperta emoções, sejam positivas, sejam negativas.

Notícias financeiras têm esse impacto, pois lidam com a formação ou a destruição de riquezas, assim como os eventos esportivos. Nesse sentido, um debatedor que defenda algum ponto de vista mais radical certamente será preferido a alguém que assuma um tom mais moderado para comentar algum assunto (Shiller, 2000).

Já vimos alguns casos de enquadramento (*framing*) e de como isso altera nossas respostas. Eles valem para as narrativas também. A esse respeito, observe as duas manchetes hipotéticas a seguir. Qual delas poderia convencê-lo a comprar ações da empresa A?

- A empresa A cresceu 10% no último trimestre
- A empresa A cresceu apenas 10% no último trimestre

Dá-se o nome de **saliência** ao processo externo que, quando combinado com o processo interno do indivíduo, como disponibilidade e afeto, resulta em vieses. Por exemplo, alguém pode apresentar um equipamento tecnológico das seguintes formas:

- 99% confiável!
- 1% de taxa de falha apenas.

A depender da narrativa que se queira criar, são enfatizadas informações positivas ou negativas. A saliência não se aplica apenas a textos. Você pode, por exemplo, usar tamanhos diferentes de fontes para palavras ou preços. Os tamanhos maiores terão maior saliência e se destacarão. Por isso, as peças de desconto têm números grandes, assim como as palavras que têm maior apelo, que mostram as qualidades do produto ou parte de sua composição (Dolan, 2014), como nos exemplos a seguir (Figura 10.5).

Figura 10.5 – Saliência em características

Observe a saliência para o texto que destaca a qualidade dietética do produto. Já na Figura 10.6, o destaque está no valor "promocional", com uma pitada de escassez (que reforça: só hoje).

Figura 10.6 – Saliência em preços

John Kennedy inspirou muita confiança nos estadunidenses nos anos 1960, vendendo a imagem de visão e otimismo. Desde sempre, ele criou uma ideia de que os Estados Unidos fariam o homem chegar à Lua antes de 1970. Assim, os estadunidenses esperavam que isso fosse marcante na história: o primeiro homem a sair de seu planeta de origem seria um nativo daquele país (Shiller, 2000).

Para Shiller (2000), Kennedy construiu uma brilhante narrativa de futuro, de confiança, que fez surgir a expressão *mercado Kennedy* para descrever a força fenomenal dos preços das ações em Wall Street. Era a ideia de uma *nova economia*, uma *nova era*, expressões bastante usadas para criar narrativas de um futuro próspero e gerar confiança nos investidores.

Em uma campanha eleitoral, em quem você votaria? Considere estas alternativas:

- Alguém que soubesse tudo sobre as contas públicas, que entendesse de formulações de políticas públicas, mas que se recusasse a fazer um curso de oratória para falar de forma mais empolgante e preferisse apresentar números e cálculos de todas as suas propostas. É um sujeito sem muito carisma, honesto, mas totalmente sem graça.
- Alguém sem muita experiência na vida pública, um *outsider*, muito bom comunicador e muito articulado, capaz de falar sobre várias coisas, menos contas e políticas públicas, mas que antecipadamente já dissesse que montaria um time técnico tão logo fosse eleito! Recentemente, ele apareceu em um vídeo cometendo adultério cinco anos atrás, mas foi à televisão, chorou e disse: "Atire a primeira pedra quem nunca errou, ensinou-nos Jesus". Ele tem até um bordão: "Juntos e fortes por nosso país!".

Talvez você opte pelo primeiro candidato. Mas, em sua opinião, quem o povo escolheria? De acordo com Toledo (2018), "as evidências mostram que pessoas que se comunicam com segurança inspiram confiança e, portanto, têm mais chance de ter sucesso na política". Contudo, como sabemos, o excesso de confiança não é necessariamente sinônimo de competência – lembre-se do efeito Dunning-Kruger, estudado no Capítulo 8.

Políticos confiantes que parecem ser estúpidos frequentemente são mesmo estúpidos, e os candidatos inteligentes, cedo ou tarde, titubeiam em um jogo que premia a estupidez. Por exemplo, em um debate, ao explicitarem os dilemas, ao dizerem que as coisas não são fáceis, que é preciso fazer sacrifícios, avaliar o custo-benefício das políticas, acabam ajudando os adversários mais "malandros" que só vendem benefícios (Toledo, 2018). Lembre-se da fala de Thomas Sowell (citado por O livro..., 2013, p. 13), que apresentamos no Capítulo 2: "A primeira lição da economia é a escassez. A primeira lição da política é desconsiderar a primeira lição da economia". Candidatos mais sérios e comprometidos apenas com as questões técnicas acabam dando vantagem a quem fala simples, de forma fácil e compreensível para o eleitor, por meio de metáforas, historinhas simples, com tom apaixonado e truques de oratória. Exploraremos isso também na Seção 11.6.

As narrativas têm tanto poder sobre nós que podem acarretar doenças. A esse respeito, o francês Paul Albou apresenta a **psicopatologia econômica**, que ocorre quando uma civilização vê o futuro como ameaça, com base em uma situação presente constituída por uma aguda insegurança econômica; pelo crescimento do desemprego; pela redução do poder aquisitivo (aversão à perda); pela desconfiança em relação a autoridades, sindicatos e partidos; pela intolerância e pela xenofobia; pela proliferação de charlatões, demagogos e seitas; pela medicalização da vida cotidiana, por meio do uso indiscriminado de ansiolíticos e antidepressivos; entre outros fatores (Ferreira, 2008).

Em *Retórica*, Aristóteles (2015) apresentou os conceitos de *ethos*, representado pelo orador, por sua credibilidade como autoridade sobre o tema; *pathos*, que representa o apelo, a antimonotonia, a emoção gerada no público; e *logos*, o conteúdo, a lógica do discurso do argumento. Aristóteles (2015) nos ensina que a retórica vende, ou seja, narrativas importam, e muito. Os seres humanos se sentavam ao redor de fogueiras para ouvir histórias há milênios, muito antes de inventarem um código escrito para se comunicarem.

As histórias fazem parte de nossa identidade e de nossa construção de mundo. O "boca a boca" tem uma enorme força, para o bem e para o mal. Os padrões de comunicação em nosso cérebro dependem da voz da outra pessoa, de suas expressões faciais, de suas emoções e de um ambiente associado de confiança, lealdade e cooperação (Shiller, 2000). Existem até os chamados *neurônios-espelho*, uma espécie de Wi-Fi dos neurônios, que foram descobertos por um grupo de neurocientistas italianos (Goleman; Boyatzis, 2008).

De acordo com Lameira, Gawryszewski e Pereira Jr. (2006, p. 129, grifo do original),

Os neurônios espelho desempenham uma função crucial para o comportamento humano. Eles são ativados quando alguém observa uma ação de outra pessoa. O mais impressionante é o fato desse **espelhamento** *não depender obrigatoriamente da nossa memória. Se alguém faz um movimento corporal complexo que nunca realizamos antes, os nossos neurônios-espelho identificam no nosso sistema corporal os mecanismos proprioceptivos e musculares correspondentes e tendemos a imitar, inconscientemente, aquilo que observamos, ouvimos ou percebemos de alguma forma.*

Os neurônios-espelho, além de permitirem a compreensão das ações diretas dos outros, fazem-nos perceber suas intenções e os significados sociais de seu comportamento e de suas emoções (Lameira; Gawryszewski; Pereira Jr., 2006).

Como aponta Shiller (2000, p. 143), "A mente humana é o produto de evolução quase totalmente independente da palavra impressa ou de quaisquer outros meios de comunicação artificial, um componente fundamental dessa capacidade é a comunicação efetiva de fatos importantes de uma pessoa para outra".

Hollywood e qualquer outro centro produtor de cinema não criam enredos à toa. Eles seguem muito do que Joseph Campbell descreve em seus livros, tais como *A jornada do herói*, *O poder do mito* (Campbell; Moyers, 1990) e *O herói de mil faces*.

Voltando mais atrás na história, o *Bhagavad Gita*, obra sagrada da cultura indiana com mais de 5 mil anos de existência, é, no fundo, uma grande narrativa sobre os desafios de Arjuna, o discípulo guerreiro que é interpretado como sendo todos nós e nossa vida (Bhagavad Gita, 2006). Da mitologia grega, passando pelos livros bíblicos do Gênesis ao Apocalipse, são sempre as histórias que nos movem e nos fazem interpretar o mundo à nossa volta. A cultura transmite inúmeros fatos supostos, muitas vezes atribuídos apenas a "eles", como em "dizem que...".

A propósito, dizem que, durante o *Crash* de 1929, houve muitos suicídios. Muitas pessoas teriam pulado da ponte do Brooklyn, nos Estados Unidos. Porém, durante as pesquisas para a construção desta obra, descobrimos que isso não é verdade. Shiller (2000) pesquisou o noticiário da época e os obituários e apurou que essa informação não é verdadeira. Portanto, trata-se de uma invenção de alguém, que foi repetida para outro alguém e que se transformou em uma verdade para piorar a narrativa acerca do *Crash* e de suas consequências na história.

Guarde consigo que as pessoas gostam de histórias. Por isso as narrativas têm tanto poder. Elas são capazes de construir heróis, vilões e vítimas na história humana, além de bolhas econômicas e *fake news*.

Navegando nos mercados

Denominamos *mercado financeiro* tudo o que compreende o extenso universo em que pessoas compram e vendem a mercadoria dinheiro ou os papéis que o representam. O nome *mercado* remete aos milenares mercados de troca, que funcionam até hoje em qualquer praça mundo afora, desde que o povo fenício inventou o comércio na Antiguidade, há mais de 5 mil anos. Por sua vez, o termo *financeiro* deriva do fato de que a mercadoria, como indicamos, é o dinheiro, e não frutas, temperos, animais, roupas, bugigangas etc.

capítulo 11

Em finanças, costuma-se dividir as linhas de estudo conforme o esquema na Figura 11.1.

Figura 11.1 – Representação do mercado financeiro no âmbito do universo das finanças

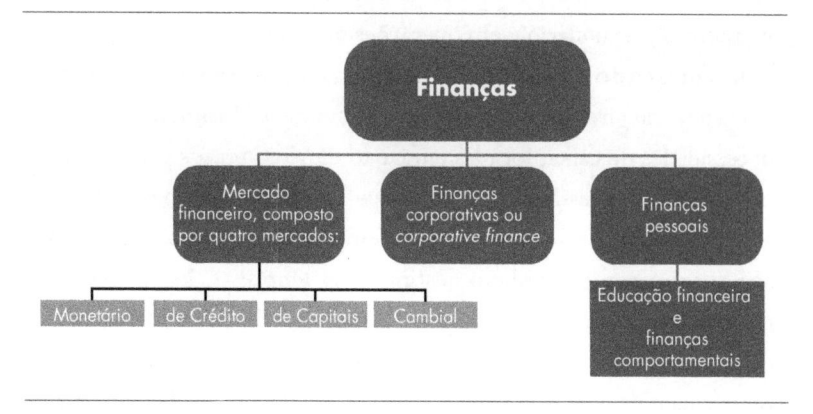

```
                        Finanças
            ┌───────────────┼───────────────┐
        Mercado          Finanças         Finanças
    financeiro, composto  corporativas ou  pessoais
    por quatro mercados:  corporative finance
    ┌────┬────┬────┬────┐                   │
 Monetário de Crédito de Capitais Cambial   Educação financeira
                                            e finanças
                                            comportamentais
```

11.1 Mercado financeiro

Mais especificamente, o mercado financeiro pode ser dividido em quatro grandes áreas (Figura 11.2), uma vez que a intermediação financeira se desenvolve de forma segmentada. Em que pese o fato de tais segmentações não serem tão claras na prática, já que existem interações entre elas mediante uma dinâmica muito própria, ainda assim podemos usá-las para melhor compreender como funciona o mercado.

Figura 11.2 – Abertura do mercado financeiro

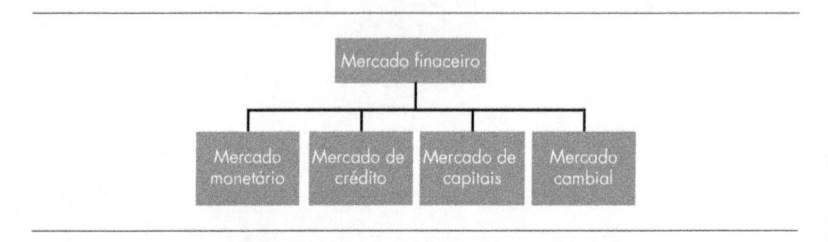

```
                    Mercado finaceiro
        ┌───────────────┼───────────────┐
   Mercado      Mercado de    Mercado de    Mercado
   monetário    crédito       capitais      cambial
```

Fonte: Assaf Neto; Lima, 2014, p. XVIII.

O **mercado monetário** atua no controle dos meios de pagamento da economia. Seu foco está mais no curto e no curtíssimo prazos. Ele se estrutura com vistas ao controle da liquidez monetária da economia e das taxas de juros por meio de operações de compra e venda de títulos públicos no mercado secundário e em operações nessa linha.

Já o **mercado de crédito** se preocupa com os créditos para consumo e o capital de giro dos vários agentes econômicos. Assim, busca suprir as necessidades de caixa, focadas em curto e médio prazos principalmente, por meio de concessão de créditos às pessoas físicas, como crédito direto ao consumidor, crédito consignado e empréstimos, sendo estes somados aos financiamentos também destinados às empresas. Esses créditos se materializam por meio de produtos, como adiantamentos de contratos de câmbio, assunção de dívidas, cessão e portabilidade de crédito e *commercial papers*, além de produtos consagrados de crédito, como cheques, cartões de crédito e títulos de crédito. Aqui também entram, por exemplo, o *rating* dos bancos, de sua carteira de recebíveis dos empréstimos concedidos e, claro, dos clientes para análises de risco na concessão de créditos, sendo o maior risco o de *default* (ou calote da dívida).

Por sua vez, o **mercado de capitais** tem um dos papéis mais relevantes no processo de desenvolvimento econômico. Ele se estrutura de forma a suprir as necessidades de investimentos dos agentes econômicos por meio de diversas modalidades de financiamento, de médio e longo prazos, tanto para capital de giro quanto para capital fixo. Constitui-se de instituições financeiras bancárias e não bancárias, além de outras instituições componentes do sistema de poupança e empréstimo, sejam privadas, sejam governamentais, sejam órgãos reguladores etc. Além disso, conta com uma ampla modalidade de instrumentos de viabilização para a captação de recursos, como as operações que envolvem a emissão e subscrição de ações, debêntures, *American Depositary Receipt* (ADR), *Brazilian Depositary Receipt* (BDR), letras de câmbio, certificado de depósito bancário (CDB), recibo de depósito bancário (RDB), caderneta de poupança, letras hipotecárias, letras imobiliárias, letra de crédito do agronegócio (LCA), *warrants*, títulos conversíveis, arrendamentos, securitização, *bonds*, entre outros.

Por fim, o **mercado cambial**, ou simplesmente mercado de câmbio, é o mercado de conversão de moedas, no qual ocorrem operações de compra e venda de moedas internacionais conversíveis. Nesse mercado, reúnem-se todos os agentes econômicos que tenham motivos para realizar transações com o exterior, como operadores de comércio internacional, instituições financeiras, investidores e bancos centrais, com necessidades de realizar exportações e importações, pagamentos de dividendos, juros e principal de dívidas, *royalties* e recebimentos de capitais e outros valores.

No Brasil, a política cambial é definida pelo Conselho Monetário Nacional (CMN) e executada pelo Banco Central (BC). A taxa de câmbio revela a relação (paridade) entre uma moeda e outra, ou seja, as unidades de uma moeda em comparação a outra. Quantos reais é preciso ter para comprar US$ 1.000,00? Essa resposta é dada e operacionalizada pelo mercado de câmbio.

Esse é o mercado formal como o conhecemos. Todos os mercados citados têm suas instituições de controle, que compõem o Sistema Financeiro Nacional (SFN), um aparato de órgãos reguladores e controladores que pode ser compreendido, na visão de Assaf Neto (2018, p. 39), como "um conjunto de instituições financeiras e instrumentos financeiros que visam, em última análise, transferir recursos dos agentes econômicos (pessoas, empresas, governo) superavitários para os deficitários".

Os modelos econômicos utilizados em finanças são todos derivados da economia neoclássica e baseiam-se nas premissas (axiomas) do comportamento dos agentes econômicos racionais.

Muitos financistas foram laureados com prêmios Nobel por suas contribuições às finanças: Franco Modigliani (em 1985) e Merton Miller (em 1990), com a teoria da estrutura de capital que cria valor para a empresa; Harry Markowitz (em 1990), com a ideia de que o risco não é média e se aumenta o retorno sem aumentar o risco com diversificação – a conhecida teoria da carteira (portfólio) que abordamos no Capítulo 8; William Sharpe (em 1990), que propôs o *Capital Asset Pricing Model* (CAPM), apresentado anteriormente; Eugene Fama (em 2013), com a hipótese da eficiência do mercado (HME); entre outros.

De acordo com a HME, o preço (valor de mercado) de um título reflete seu verdadeiro valor (valor intrínseco). Isso só é possível porque o mercado tem agentes perfeitamente racionais, de modo que "os preços estão certos", pois todas as informações estão disponíveis, tratando-se de um equilíbrio dinâmico. Nesse sentido, sempre que surgirem novas informações, os preços serão ajustados: subirão ou cairão a depender do conteúdo da informação. Assim, os preços são, para Eugene Fama (1970), a estimativa mais eficiente do valor dos bens ou serviços ou dos ativos. Esse é um mercado eficiente.

Fama (1970) elaborou três hipóteses que diferem quanto ao tipo necessário de informação para que a eficiência dos preços se estabeleça:

1. **Hipótese fraca**: os preços dos ativos financeiros refletem todas as informações passadas existentes, em especial do movimento dos preços passados. Aceita-se que poderia haver algum erro na formação dos preços, mas não tão grande. Assim, nenhum agente poderia consistentemente obter ganhos acima da média dos demais investidores baseando-se apenas na análise de preços passados.
2. **Hipótese semiforte**: os preços dos ativos financeiros refletem toda a informação pública disponível. Novamente, nenhum agente

poderia consistentemente obter ganhos acima da média dos demais investidores pelo uso de informações divulgadas em canais de comunicação.

3. **Hipótese forte**: os preços dos ativos financeiros refletem toda a informação existente, seja pública, seja privada. Até mesmo agentes detentores de informações privilegiadas não poderiam jamais auferir ganhos consistentemente acima da média dos demais.

A seguir, a Figura 11.3 mostra a amplitude da informação: no núcleo, a hipótese é fraca, porque apenas as informações do passado estão disponíveis; ampliando para a área amarela, as informações públicas também são conhecidas; quando se alcança o máximo de amplitude, na área verde, todas as informações são conhecida por todos.

Figura 11.3 – Hipóteses da eficiência do mercado (HME)

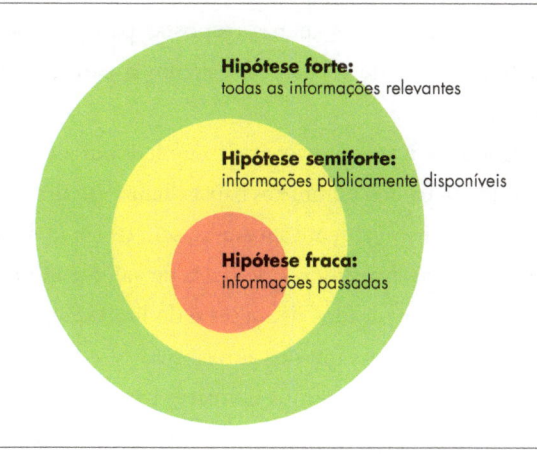

Hipótese forte: todas as informações relevantes

Hipótese semiforte: informações publicamente disponíveis

Hipótese fraca: informações passadas

Robert Shiller (2000) comenta que Merton Miller, defensor da teoria dos mercados eficientes, reconhece a existência de muitas anomalias pequenas, que ele considera inconsequentes. Nas palavras de Miller (citado por Shiller, 2000, p. 173), "abstraímos todas essas histórias na construção de nossos modelos, não pelo fato de as histórias serem desinteressantes, mas porque elas podem ser interessantes demais e, dessa forma, desviar-nos das forças prevalecentes de mercado que deveriam ser nossa principal preocupação". Contudo, ele não explica seu pressuposto de que as forças prevalecentes de mercado sejam verdadeiramente racionais.

Entretanto, as descobertas em finanças comportamentais, fundadas no irrealismo psicológico do pressuposto de racionalidade ilimitada do agente econômico, sugerem que os preços dos ativos também refletem o comportamento comercial de indivíduos, que, como dito, não são totalmente racionais. Esse cenário leva a anomalias, como **bolhas especulativas**, ou à exuberância irracional dos preços dos ativos. Nesse sentido, não podemos deixar de apresentar o lado psíquico dos mercados, para além do mercado formal.

Shiller (2000) afirma que o mercado não está bem ancorado por fundamentos, uma vez que as pessoas sequer saberiam dizer, com algum grau de precisão, qual seria o nível certo do mercado em determinado dia ou explicar por que a bolsa chega a tantos pontos subindo e descendo diariamente.

Até o momento, temos apenas respostas parciais, mas, sem dúvida, não podemos deixar de recorrer à psicologia para propormos alguma interpretação.

Os investidores ficam eufóricos ou frenéticos durante as altas do mercado ou entram em pânico durante as baixas. Tanto nas altas como nas baixas, eles parecem seguir cegamente a maioria, sem terem ideias próprias. Aqui, percebemos que os investidores de bolsa de valores são pessoas, ou seja, seres de emoção, carregados de vieses e de limitações cognitivas, como estudamos ao longo dos capítulos anteriores.

Portanto, os comportamentos humanos não são realisticamente compatíveis com os pressupostos (axiomas) das teorias neoclássicas.

11.2 Mercados, âncoras e regressões voláteis

Shiller (2000) tenta compreender o mercado por meio da formulação de dois tipos de âncoras, que são resultado de sua avaliação do comportamento humano, as âncoras quantitativas e as âncora morais. Segundo ele, essas âncoras não representam a ignorância humana; pelo contrário, representam o caráter da inteligência humana, reflexo de suas limitações e forças. Os investidores querem fazer a coisa certa, mas suas qualificações têm limites.

As **âncoras quantitativas**, que sinalizam os níveis apropriados de mercado, são indicativas para avaliar se existe alguma sub ou sobrevalorização de um ativo, isto é, se se trata do momento correto de investir ou não. Elas ponderam números e correlações, preços etc.

Já com as **âncoras morais**, as pessoas ponderam a força intuitiva ou emocional e buscam os argumentos, a razão, para investir ou gastar o dinheiro que têm ou não. Aqui, aparecem os vieses cognitivos, por exemplo, a própria **ancoragem** ou o **viés da disponibilidade** para determinado preço de ativo, avaliado previamente pela âncora qualitativa, ou seja, "o princípio psicológico de que muito do pensamento humano que resulta em ação não se baseia em dados quantitativos, mas sim, em histórias contadas e em justificativas" (Shiller, 2000, p. 130).

O que temos aqui? **Comportamento de rebanho, vieses cognitivos** e **narrativas**.

Por que funcionários apresentam uma tendência para investir em ações das empresas em que trabalham? Por causa da **heurística do afeto**. Conforme expõe Daniel Kahneman (2012, p. 133), "Sua preferência política determina os argumentos que você julga convincentes". Em outro nível, por que investem geralmente nas ações das empresas do país onde vivem? Por conta do **viés de casa** ou, como definido pelo trabalho seminal de Kenneth French e James Poterba (1991), *home bias*. O *home bias* é considerado por Maurice Obstfeld e Kenneth Rogoff (2001) um dos seis mais importantes quebra-cabeças da macroeconomia internacional, a qual ainda está longe de promover respostas para explicar as anomalias do mercado.

Outro fenômeno muito importante sobre o mercado é o conceito estatístico de **regressão à média**, descoberto em 1886 por Sir Francis Galton, primo de Charles Darwin, em seu artigo "Regression towards Mediocrity in Hereditary Stature", que investiga a altura dos filhos em relação à dos pais (Kahneman, 2012; Shiller, 2000).

Sanjoy Basu, em 1977, constatou que empresas com elevadas relações preço-lucro tendem a ter um desempenho fraco subsequentemente. Fama e French, em 1992, verificaram o mesmo resultado para ações com alto valor contábil. Werner De Bondt e Richard Thaler, em 1985, demonstraram que empresas cujos preços haviam subido muito em um quinquênio tendiam a desvalorizar nos cinco anos seguintes; contrariamente, as organizações cujos preços tinham declinado muito em cinco anos tendiam a ter alta nos preços no quinquênio subsequente. Jay Ritter descobriu, em 1991, que as ofertas públicas iniciais tendem a ocorrer quando investir na indústria específica está no auge da moda e, em seguida, surgem quedas graduais, mas substanciais, nos preços em relação ao mercado nos três anos subsequentes (Shiller, 2000).

O que isso nos mostra? A regressão à média, a qual consiste no fenômeno estatístico em que, quando uma variável extrema aparece na primeira medição, ela tende a aproximar-se da média em sua segunda medição. Paradoxalmente, se ela é extrema na segunda medição, tende a ter sido mais próxima da média em sua primeira.

Tudo isso parece muito complexo? Vamos, então, para um exemplo prático. A seguir, na Tabela 11.1, apresentamos a cotação de quatro ações distintas ao longo de um ano. Os valores correspondem apenas aos últimos dias de cada mês.

Tabela 11.1 – Preços de quatro ações ao longo do ano

Ação	Jan.	Fev.	Mar.	Abr.	Maio	Jun.	Jul.	Ago.	Set.	Out.	Nov.	Dez.	Média
1	4,10	6,12	6,30	6,50	7,00	9,40	8,30	7,60	7,50	7,45	6,80	6,95	7,00
2	19,10	18,12	16,30	14,50	9,50	9,70	12,30	11,10	11,70	10,75	11,80	11,15	13,00
3	15,20	15,24	13,00	18,00	8,50	11,10	14,00	12,70	17,00	16,20	17,60	19,00	14,80
4	27,00	28,05	25,85	25,50	23,80	21,88	24,10	21,88	23,45	22,25	23,00	22,85	24,13

A constante negociação dessas ações faz com que seus preços flutuem, mas apenas no curto prazo. No longo prazo, a tendência é que esses valores fiquem próximos de um valor médio. Essa é uma tendência longitudinal.

Desse modo, o investidor, ao perceber a tendência positiva crescente do valor da ação, pode, por um olhar mais otimista e considerando o efeito manada, adquirir a ação acreditando que a tendência continuará a ser sempre positiva. Caso a tendência siga o caminho contrário, uma queda constante no preço, o investidor, pelo efeito manada e pelo viés mais negativo ou pessimista, pode querer vender a ação.

Os números da Tabela 11.1, dispostos no Gráfico 11.1, fornecem uma ideia mais clara sobre o conceito de regressão à média. As linhas pontilhadas em branco indicam as médias anuais do valor de cada ação.

Gráfico 11.1 – Regressão à média do preço de quatro ações ao longo do ano

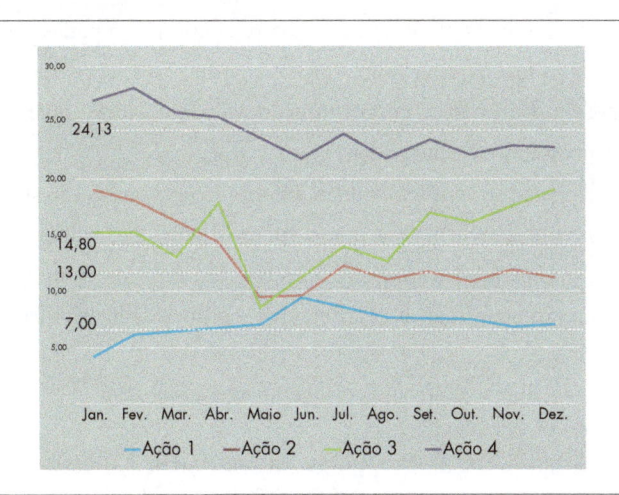

O investidor que apenas olha o curto prazo pode ignorar essa tendência de retorno à média. Por exemplo, a Ação 3, representada pela linha verde, no mês de abril, apresentou uma alta e, em maio, uma baixa. Contudo, em julho, ela já estava novamente próxima à média e aponta, a partir de agosto, uma tendência de crescimento acima dela, mas que, muito provavelmente, no futuro regredirá novamente.

Por isso, muitos investidores acabam por comprar ações na alta e vender na baixa, o que contradiz a regra mais inocente do mercado, que é justamente o oposto disso: comprar na baixa e vender na alta, perfazendo lucros.

Vale dizer que o conceito de regressão à média não se aplica apenas a ações; vale também para uma reflexão sobre nós mesmos. Regressões à média são muito comuns em pessoas que tiveram ganhos excepcionais em seus investimentos e, por isso, tomam decisões de carreira, como sair do emprego para viver da atividade em tempo integral.

Além disso, temos um "comportamento médio" ou um "humor médio" em tudo o que fazemos todos os dias. Porém, alguns dias estamos mais ou menos habilidosos que nosso normal, assim como às vezes estamos mais felizes e bem-humorados que o normal ou mais tristes e mal-humorados que o normal. A regressão à média pode explicar isso.

Um atleta ou um músico de alto nível pode atribuir uma boa *performance* às críticas que eventualmente tenha recebido por aquelas *performances* não tão boas em algumas apresentações anteriores, acreditando que os *feedbacks* recebidos forneceram uma "nova *performance*", quando apenas estão regressando a suas médias.

Aqueles que porventura tenham sido muito elogiados em suas últimas *performances* podem acreditar que o sucesso tenha lhes subido à cabeça e, por isso, suas próximas apresentações tiveram uma queda de qualidade e não foram tão boas quanto as anteriores, conforme ilustra a Figura 11.4.

Figura 11.4 – Regressão à média de *performance* individual

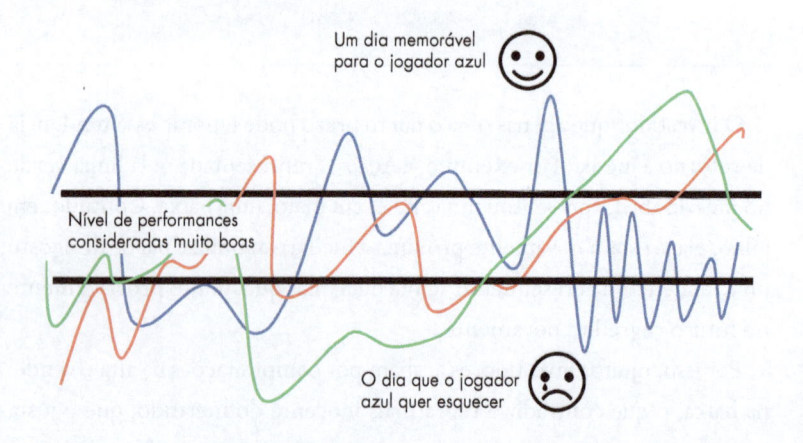

Para encerrar esta seção sobre os mercados financeiros, vale dizer que, em 2013, a Fundação Nobel optou por premiar três economistas ao mesmo tempo: Eugene Fama, Lars Peter Hansen e Robert Shiller. Fama foi laureado por seus trabalhos sobre a relação entre o risco e o rendimento e suas implicações para a gestão de portfólios; Hansen, pelo seu trabalho de econometria e seu modelo estatístico que serve para a tomada de decisão financeira quando ocorrem mudanças periféricas e os agentes econômicos precisam adaptar-se a elas; e Shiller, pelo pioneirismo de suas proposições sobre a irracionalidade das finanças. A nota de comunicação da organização do prêmio informava que não havia maneira de prever o preço de ativos financeiros ao longo dos próximos dias ou semanas, mas seria bastante possível prever esses preços por períodos mais longos, como três ou cinco anos (Eugene..., 2013). Embora essas conclusões possam parecer contraditórias, elas foram realizadas e analisadas pelos economistas laureados.

Aqui, observamos claramente que a regressão à média faz sentido. A tendência longitudinal pode explicar isso, mas o humor dos agentes econômicos, em seus dias de maior ou menor otimismo (a depender de seus humores), pode alterar sensivelmente os preços no curto prazo, gerar bolhas e produzir efeitos que tiram a eficiência ou a racionalidade do mercado.

Dá-se o nome de **volatilidade** à intensidade e à frequência das oscilações de valores de um ativo financeiro. A volatilidade é, portanto, o "humor" dos preços dos ativos. Quanto mais volátil, mais instável e difícil de prever, o que pode fazer um sujeito se tornar milionário ou miserável em instantes. Tecnicamente, a volatilidade é apenas uma medida de dispersão dos retornos de um título ou de um índice de mercado, mas falar em humor melhora a narrativa, personifica, dá emoção – e nós gostamos de emoções.

Tendo isso em vista, "se presumirmos que os mercados financeiros são eficientes e que os **preços raramente diferem muito** de um valor médio", então "as probabilidades das **variações futuras de preço podem ser calculadas**" (O livro..., 2013, p. 263, grifo do original). Assim, os agentes econômicos podem negociar contratos por preços futuros, tentando reduzir seus riscos.

Muitos modelos matemáticos caminham nesse sentido, como o Black & Sholes, um modelo para precificar ativos financeiros criado em 1973 por Fischer Black e Myron Scholes. Porém, o uso indiscriminado de contratos futuros, somado aos chamados *derivativos* (contratos que derivam de outros), além do enorme desenvolvimento tecnológico que propiciou a expansão desses modelos mundo afora, acabou por gerar uma engenharia financeira demasiadamente complexa que só foi de fato notada em setembro de 2008, na quebra do Banco Lehman Brothers, na chamada *crise dos subprime americanos*, evidenciando a fragilidade e a falta de entendimento real dessas operações por parte de seus próprios operadores.

Os *Collateralized Debt Obligations* (CDOs) eram instrumentos financeiros que captavam dinheiro emitindo obrigações próprias, mas investindo o recurso em ativos como empréstimos hipotecários, acreditando que o risco de as hipotecas não serem pagas era um risco com distribuição normal, previsível. Quando as hipotecas começaram a não ser pagas, todo o sistema ruiu. Logo, um grande cisne negro apareceu, levando-nos à Crise de 2008.

Nassim Nicholas Taleb (2012) apresenta a metáfora do cisne negro, referindo-se a eventos extremos e muito raros, mas que, de tempos em tempos, acontecem. O autor avalia que menosprezar o risco dos movimentos extremos de preço expõe demais os investidores ao risco real. Em suas palavras, "eles enfeitam a fraude intelectual com matemática" (Taleb, 2012, p. 17). De fato, isso ficou bem nítido com a Crise de 2008. Para Taleb (2012, p. 17), "a lógica do Cisne Negro torna o que você não sabe mais relevante do que aquilo que você sabe".

Para compreender melhor toda essa crise, recomendamos a você que assista ao filme *The Big Short* (*A grande aposta*, no Brasil), que conta com a participação e com os comentários do economista comportamental Richard Thaler. Com um grande elenco de atores, como Christian Bale, Steve Carell, Ryan Gosling e Brad Pitt, o longa-metragem apresenta histórias de diferentes ângulos sobre a crise, a forma como os agentes a perceberam ou não e os impactos causados por ela e, por vezes, até mesmo gerados por esses agentes. Essa obra nos ajuda a compreender alguns movimentos da economia e fortalece a ideia defendida pelas finanças comportamentais de que é preciso unir economia e psicologia para entender o comportamento dos agentes econômicos. No fim, a lição é que a engenharia financeira nunca deve menosprezar o comportamento humano, de modo que os modelos econômicos devem, sim, considerar os riscos comportamentais envolvidos neles.

Como bem disse Herbert Simon (1979, p. 504, tradução nossa), "A floração da economia matemática e da econometria forneceu duas gerações de teóricos da economia com um vasto jardim de problemas formais e técnicos, que absorveu suas energias e adiou encontros com as deselegâncias do mundo real".

As pesquisas sobre o mercado financeiro, de cunho normativo, partem da suposição de que existiria uma maneira "correta" de os agentes econômicos se comportarem. Mesmo na aceitação da irracionalidade do agente econômico, o que um indivíduo faz não distorceria o mercado, regido pela lei dos grandes números (LGN)*.

Entretanto, não podemos negar as anomalias que o mercado apresenta, advindas de padrões que se repetem de maneira sistemática, previsível e persistente. Essas anomalias podem ser explicadas com base em conhecimentos da psicologia e, segundo as propostas de Shefrin (2002), conforme interpretadas por Franceschini (2015), podem ser segmentadas e estudadas em três grandes conjuntos:

1. **Heurísticas e vieses** (*heuristic-driven bias*): erros advindos de falhas de julgamento, como efeito manada, aversão à perda, confiança excessiva e vários outros vieses explicados anteriormente.
2. **Efeitos de estruturação** (*frame dependence*): a influência que as informações exercem sobre os agentes, assim como a forma como são divulgadas e apresentadas.
3. **Mercados ineficientes** (*ineficient markets*): avaliação de como os dois grupos anteriores afetam os preços de mercado, por exemplo, como o efeito manada ou a confiança excessiva agem sobre as bolhas especulativas.

---

* De forma simplificada, a LGN corresponde à ideia de que, em estatística, os resultados de grandes amostras tendem a ser mais confiáveis do que resultados de pequenas amostras. Assim, de acordo com essa lei, a média aritmética dos resultados da realização da mesma experiência repetidas vezes tende a se aproximar do valor esperado. Assim, quanto mais testes são feitos, mais chances existem de a média aritmética obtida repetir-se e aproximar-se da probabilidade real. O primeiro artigo escrito em conjunto por Amos Tversky e Daniel Kahneman ironizou essa lei. Na visão dos autores, isso também aconteceria com os "pequenos números", em uma clara provocação de que existem vieses na interpretação da lei. Como eles concluíram, há um *"opportunistic wishful thinking"* (desejo oportunista de pensamento) (Tversky; Kahneman, 1971, p. 110, tradução nossa), de modo que se deve sempre preferir o cálculo a usar a LGN como prova de algo.

Portanto, o agente econômico, que denota uma visão dos seres humanos nas ciências sociais – particularmente na economia, como agentes de interesse próprio que buscam resultados ideais e maximizadores de utilidade (o *Homo economicus*) –, encontra rejeição por parte de economistas comportamentais, da maioria dos psicólogos e de outros profissionais que se dedicam a estudar os tomadores de decisões econômicas, já que as pessoas nem sempre se interessam ou se preocupam principalmente em maximizar os benefícios e minimizar os custos.

Frequentemente, as pessoas tomam decisões sob incerteza, com conhecimento, *feedback* e capacidade de processamento insuficientes. Por vezes, ainda lhes falta o autocontrole e, ademais, suas preferências mudam constantemente, geralmente em resposta a mudanças nos contextos de decisão.

Assim é o mercado: uma verdadeira feira livre, em que os produtos não são frutas, roupas e bugigangas, e sim dinheiro. Toda vez que dinheiro é acrescentado, uma decisão torna-se ainda mais complexa.

11.3 Excesso de confiança

"Não gostamos do som deles, e músicas com guitarra estão saindo da moda" (Baldwin; Bommer; Rubin, 2015, p. 76). Essa frase foi dita por executivos da Decca Recording Co. logo depois de rejeitarem mais uma banda que tentava o sucesso na indústria da música. Essa banda era liderada pelos jovens ingleses John e Paul e futuramente se chamaria The Beatles.

O ser humano parece cultivar uma tendência generalizada de confiar excessivamente em suas crenças. Não há comprovação de que isso seja um fenômeno universal, mas parece que estamos sempre prontos para agir tendo por base histórias ou razões em que não deveríamos confiar tanto. A tendência básica para a confiança excessiva parece ser um forte traço da personalidade humana: o viés é definitivamente para o excesso de confiança, e não para a falta dela (Shiller, 2000).

Os indivíduos tendem a superestimar a probabilidade de eventos positivos e subestimar a de eventos negativos. Não é raro perguntar a alguma pessoa se ela corre risco de contrair alguma doença e receber uma resposta negativa, mesmo que essa pessoa desconheça as formas de contrair a enfermidade. Ainda que conheça, a pessoa dirá que há nela algum tipo de compensação (mesmo que não haja nenhuma), por exemplo, que Deus está no controle, que o pensamento positivo vai impedir ou que tem um bom plano de saúde. O fim desejado apresenta-se como futuro certo, por isso o risco é ignorado. Esse panorama não se distancia muito da dissonância cognitiva, mas, nesse caso, chamamos o fenômeno de **viés do otimismo**. Trata-se de uma forma de pensamento egocêntrico. No exemplo citado, isso ocorre quando a heurística de representatividade é acionada e a pessoa não se recorda de ninguém que tenha contraído a doença (Shepperd et al., 2002).

Estudos apresentados por Shiller (2000) comprovaram que pessoas apostarão valores maiores no lance de uma moeda antes de esta ser lançada do que em uma já lançada, ainda que desconheçam o resultado anterior. Portanto, a pessoa aposta R$ 1.000,00 que o resultado será "cara", mas, se a moeda já tiver sido jogada, embora ainda não tenha visto o resultado, ela só apostará R$ 500,00, afinal, não foi ela quem escolheu previamente. Esse fenômeno recebe o nome de *falácia do jogador* ou *do apostador*. Outro caso revela que pessoas pagariam quatro vezes o valor de um bilhete de loteria caso escolhessem os números. Se o sujeito escolheu os números, o bilhete vale mais do que um bilhete cujos números tenham sido selecionados por outra pessoa.

O que significa isso? Que as pessoas acreditam que podem influenciar o resultado de uma moeda ou de uma loteria, assim como pensam que podem influenciar os preços das ações. Elas repetem frases como: "Se eu comprar ações, então elas subirão depois"; "Se eu comprar uma ação, então os outros provavelmente desejarão comprá-la também, porque são como eu"; "Tenho sido pé quente, ultimamente a sorte está comigo".

Nesse sentido, Kahneman (2012) apresenta a noção de **visão após o fato**, também chamada de *efeito retrovisor* (*hindsight bias*, em inglês). Esse feito representa um pouco do excesso de confiança em si mesmo e refere-se às pessoas que são uma espécie de "profetas do passado". Uma vez que saibam das consequências de uma decisão, podem começar a achar que poderiam tê-las previsto antes da decisão, lá no passado, quando, na realidade, não tinham toda a informação e a visão que detêm diante do fato presente consumado.

Os economistas Barberis, Shleifer e Vishny (1998) desenvolveram a teoria da confiança excessiva. De acordo com esses autores, os investidores, ao verem os preços das ações, movem-se na mesma direção durante certo tempo e começam, gradualmente, a supor que isso represente muitas tendências que identificaram em outros dados econômicos, o que não deixa de ser uma heurística de representatividade, descrita por Tversky e Kahneman (1974).

Kahneman e Lovallo (1993) evocam dois vieses que trabalham em direções opostas e geram uma confusão sobre a previsibilidade do comportamento humano diante de escolhas. Segundo os pesquisadores, tomadores de decisão tendem a ser avessos ao risco quando tomam decisões, mas otimistas em excesso quando fazem previsões. Isso porque eles isolam a escolha atual das oportunidades futuras e negligenciam as estatísticas do passado na avaliação dos planos atuais.

Chamorro-Premuzic (2019) alega que a competência se refere ao quão bom **você é** em alguma coisa, ao passo que a confiança significa o quão bom **você acha que é**. Em sua pesquisa sobre liderança, o autor encontrou três elementos que ajudam na escolha de CEOs de empresas, mas que, por suas desconexões com a *performance*, se tornam também as razões de suas demissões: narcisismo, excesso de confiança e casos de psicopatia.

O autor propôs, então, o teste apresentado no Quadro 11.1. Experimente fazê-lo: Qual alternativa você escolhe para cada pergunta a seguir, A ou B?

Quadro 11.1 – Teste da autoconfiança

Pergunta	Alternativa A	Alternativa B
I. Você solicitou uma promoção, mas esta foi rejeitada. O que você está mais propenso a fazer?	Aceita que você não é tão bom quanto você pensou.	Culpa a injustiça do seu empregador.
II. Você conhece alguém e passa a gostar dessa pessoa, mas ela não lhe é receptiva. Como você costuma reagir?	Aceita que a pessoa simplesmente não estava interessada em você.	Conclui que ele(a) não era tão atraente ou interessante.

(continua)

(Quadro 11.1 – conclusão)

Pergunta	Alternativa A	Alternativa B
III. Você chega a seu carro depois de uma curta viagem de compras e encontra uma multa de estacionamento. O que você faz?	Aceita calmamente a responsabilidade, pois sabe o que você fez de errado.	Culpa o sistema, que, para ganhar dinheiro, o engana.
IV. Você é escolhido para uma posição de liderança, mesmo que não esperasse ser considerado para tal. O que você acha disso?	Sente que você teve sorte e seu gerente superestimou seu potencial.	Sente que você é realmente talentoso e merece.
V. Você é demitido de seu trabalho. O que você faz?	Calmamente, solicita um *feedback* para que possa aprender e evitar a repetição dos erros que o levaram à demissão.	Tenta entender por que uma decisão tão injusta foi tomada, até que você tenha alguém para culpar.
VI. Você recebe seu bônus anual, mas este é menor do que o esperado. O que você faz?	Aceita que sua contribuição não foi tão significativa quanto você pensou.	Fica irritado por não ser apreciado.

Fonte: Elaborado com base em Chamorro-Premuzic, 2019.

A maioria das pessoas opta pelas alternativas B, mesmo que não admitam, afinal, "para a maioria de nós, o aprimoramento do ego é uma alternativa muito melhor do que um teste brutal da realidade" (Chamorro-Premuzic, 2019, p. 27, tradução nossa). Além disso, de acordo com o princípio psicológico do conservadorismo, as pessoas demoram a mudar suas opiniões.

Bettman e Weitz (1983) evidenciaram em pesquisa que os líderes executivos assumem o crédito pelo bom desempenho da empresa. Já o desempenho ruim é atribuído por eles a fatores ambientais que não controlam, ao líder antecessor, a questões macroeconômicas ou, por vezes, a outros interesses organizacionais e, especialmente, aos funcionários da linha de frente.

Em virtude do excesso de confiança e do otimismo exagerado, surge o **viés de resultado** (*outcome bias*), que revela a tendência de as pessoas, de forma geral, se vangloriarem de decisões acertadas, acreditando tratar-se de mérito próprio. De forma diametralmente oposta, atribuem os fracassos a terceiros.

Psicólogos confirmam que a maioria das pessoas acredita genuinamente ser superior à maior parte dos demais em relação à maioria das características desejáveis – mostram-se, até mesmo, propensas a apostar pequenas quantias de dinheiro nisso. Professores, líderes, generais, executivos, estudantes, enfim, todos tendem a avaliar-se como acima da média nesses quesitos. De acordo com Mlodinow (2013, p. 184), "Os psicólogos chamam essa tendência de autoavaliação inflacionada de efeito acima da média".

Se você tem o hábito de dirigir veículos, responda a esta questão: Você se considera um bom motorista? Você se vê abaixo ou acima da média? Pense por alguns segundos e responda antes de continuar a leitura: Como você se vê?

Para formular sua resposta, você fez uma conta mental, comparando-se com outras pessoas que viu dirigindo recentemente, ou pensou em alguém próximo a você e comparou-se com essa pessoa. Mas qual é o tamanho da amostra que você observou para dar sua resposta? Três ou quatro pessoas? Talvez tenha recordado um ou dois fatos que aconteceram no trânsito e que você presenciou. Provavelmente, é baixíssima a chance de você ter levantado mais de cinco casos para se comparar. Diante da quantidade de motoristas que existem na cidade em que você mora ou que circulam pelo trajeto que você usualmente faz, qual seria a porcentagem representativa de dez pessoas?

Por exemplo, em uma pesquisa, ao serem questionados se são bons motoristas, 90% dos respondentes afirmaram que acreditam ser melhores do que a média. No entanto, é impossível avaliar tal dado, já que não existe uma média nem há como aferi-la (Kahneman, 2012).

Relato do autor

Diante dessa discussão sobre uma competência média, posso sugerir um exemplo pessoal. São Paulo tem 18 milhões de carros. No condomínio em que vivo, há 22 casas e todas têm carros, um, dois ou mesmo até três, totalizando 40 veículos. A primeira vez que ouvi essa pergunta ("Você se considera um motorista abaixo ou acima da média?"), lembrei-me de duas situações, uma ocorrida com um vizinho e outra com meu cunhado, que havia perdido a carteira de habilitação recentemente. Portanto, analisei dois casos, mas estes não representariam uma amostra relevante nem mesmo no condomínio onde moro, pois 2 entre 40 casos, por exemplo, correspondem a apenas 5% e, ainda por cima, considerando-se uma situação específica. Seria preciso examinar esses motoristas em várias outras ocasiões para saber se o comportamento se repetia. Agora, ancorando-me em um espectro ainda maior, na cidade onde moro, estabelecer uma relação de porcentagem considerando-se 2 carros entre 18 milhões resultaria em 0,00001%. Logo, de que média estamos falando? Como posso ser melhor que a média?

Percebe que conseguimos responder a uma questão sobre algo que não sabemos com base no que sabemos? Isso é heurística. O problema é que, na maioria das vezes, o julgamento é impreciso. Esse erro é causado pelo viés da disponibilidade, que nos faz recorrer a eventos específicos "frescos" na memória. Desse modo, excluímos informações mais precisas. Trata-se de uma tendência de superestimar a probabilidade de eventos com a maior "disponibilidade" em nossa cabeça. Como geralmente temos lembranças editadas dos fatos, memorizamos apenas aquilo que teve maior impacto emocional.

Lembre-se de uma viagem de fim de semana que tenha feito. Como foi? Você contará as coisas boas e, em relação ao que não ocorreu conforme o esperado, mencionará apenas aquilo que o marcou. O dia a dia da viagem não será relatado, apenas coisas que duraram poucos minutos, como se você buscasse algo em um filme de duas horas, mas olhasse apenas uma ou duas cenas.

Pois bem, agora, você provavelmente já percebeu que não é tão bom motorista, não é mesmo? Voltando ao excesso de confiança, podemos afirmar que ele projeta uma aura de sucesso e invencibilidade que gera sucesso real, simplesmente porque leva as pessoas a acreditar nele. As percepções criam a realidade mais do que o contrário. Isso explica, por exemplo, o sucesso de livros de autoajuda, como os de Dale Carnegie, que, desde 1913, são vendidos aos milhares.

Vale dizer que, se o efeito de mostrar confiança ajuda na promoção ao cargo de CEO, ele não é justo entre homens e mulheres. Homens vistos como confiantes são percebidos também como influentes, mas o mesmo não ocorre para mulheres. Para que sejam percebidas da mesma forma, elas precisam mostrar que são, além de confiantes, competentes e atenciosas – as três características ao mesmo tempo. Uma mulher que mostre apenas confiança, diferentemente dos homens, não será vista como influente, e essa característica poderá ser encarada até mesmo como jocosa, o que evidencia como mulheres são tratadas de forma distinta nas organizações e na sociedade (Chamorro-Premuzic, 2019).

Esse fenômeno também tem explicações neuroquímicas. Tanto homens quanto mulheres que ascendem a uma posição de liderança apresentam aumento nos índices do hormônio da testosterona em seus organismos. A testosterona inibe a síntese cerebral de oxitocina, o neuroquímico que faz os humanos se preocuparem com os outros. Assim, ela aumenta o egoísmo e diminui a empatia, pois informa ao cérebro que o mundo gira em torno da própria pessoa (Zak, 2017).

A autoconfiança não é uma competência no sentido de se realizar alguma atividade, pois não é capaz de produzir um carro, construir uma casa, pagar juros etc. Ela representa um modo de ser percebido que, evidentemente, pode ajudar em todas essas ações. Confiar em si mesmo é essencial para vencer os obstáculos que a vida impõe e, embora não seja uma competência, a autoconfiança é, inegavelmente, poder e seu excesso é muito perigoso – pode até mesmo ser catastrófico.

No Império Romano, por exemplo, quando os generais voltavam para casa depois de suas vitórias de guerra, eles desfilavam pelas ruas e, a seu lado, sempre havia um escravo que sussurrava *"memento mori"*, que significa "lembrai que és mortal".

Esse também era o papel do bobo da corte, sempre lembrar ao rei que o poder é transitório e que a majestade não é imortal. Como ninguém tinha coragem de dizer certas verdades ao soberano, mas apenas aquilo que ele queria ouvir, o bobo da corte usava o humor para isso.

O excesso de confiança torna-se perigoso principalmente quando a autoconfiança excessiva é baseada em um conhecimento limitado do problema enfrentado. Recorrer ao Google não adianta, afinal, no buscador só se encontram respostas para o que alguém já descobriu. Diante de algo inédito, o excesso de confiança é tão limitado quanto a não confiança. Além disso, pessoas tendem a se considerar mais inteligentes e confiantes depois de receberem alguma informação, mesmo que muito superficial – trata-se do famoso efeito Dunning-Kruger, abordado no Capítulo 8.

Contudo, há aqui um problema social, pois dizer que não sabemos algo pode soar como fraqueza em determinadas situações. Por exemplo, se um médico manifestasse não saber o que um paciente tem, qual seria a reação deste? Um *chief financial officer* (CFO)* que, em uma reunião com o conselho de administração, alegasse não ter ideia da taxa do dólar para o final do próximo ano despertaria qual reação? E se ele respondesse algo como entre R$ 1,10 e R$ 9,80? Seria mais crível se respondesse R$ 4,42, por exemplo, mas seria verdade?

Qual será a temperatura no próximo fim de semana? Imagine que a pessoa responsável pela previsão do tempo na televisão dissesse "Entre 12 °C e 37 °C!". Quem levaria essa informação a sério? E se, em vez disso, a pessoa dissesse "Algo entre 18 °C e 22 °C"?

Segundo Kahneman (2012), oferecer um intervalo de confiança muito amplo é uma confissão de ignorância, algo socialmente inaceitável para alguém que é pago para mostrar conhecimento em assuntos financeiros – para o caso do CFO, por exemplo. Então, o que dizer nessas situações? Mentir, inventar e manter um semblante de seriedade, dizer um número aleatório e, depois, rir porque as pessoas se convenceram do que você acabou de inventar?

Kahneman (2012) argumenta que uma atitude otimista é, em grande parte, herdada. Pessoas otimistas abrem negócios, casam-se novamente após divórcios, acreditam no aumento de suas rendas futuras. São inventores, empresários, pessoas que procuram desafios e assumem riscos, em uma espécie de triunfo da esperança sobre a experiência.

---

* Posição hierárquica em empresas norte-americanas, equivalente ao cargo de *diretor financeiro*.

Líderes de grandes negócios, por vezes, fazem apostas imensas em fusões e aquisições caras, agindo na crença errônea de que serão capazes de lidar com os ativos de outra empresa melhor do que os proprietários atuais (Kahneman, 2012).

Richard Roll (1986), em seu artigo "The Hubris Hypothesis of Corporate Takeovers", apresenta uma análise comportamental das fusões e aquisições que abandonavam a pressuposição da racionalidade. O termo *húbris* designava, na mitologia grega, a autoconfiança excessiva dos homens perante os deuses. Os gregos usavam essa palavra para nomear o castigo divino que recaía sobre todos aqueles que "se achavam" demais. Roll (1986) considera que a hipótese da arrogância é uma explicação possível para as aquisições corporativas. Os tomadores de decisão são dominados pela *húbris*, de modo que as ofertas são feitas mesmo quando uma avaliação acima do preço atual de mercado representa um erro. A hipótese da arrogância, assim como outras explicações, como impostos, sinergias e gerenciamento ineficiente de metas, evidencia que as organizações infectadas pela arrogância simplesmente pagam demais por suas aquisições.

Uma pesquisa da Mercer dedicada a analisar mais de 4 mil transações de fusão e aquisição de empresas em 54 países revelou que 30% delas não alcançaram os objetivos financeiros previamente esperados, 43% tiveram impactos de preço, atrasos ou impeditivos para o fechamento do negócio e 67% sofreram atrasos na captura de sinergias, em virtude de questões culturais (Mercer..., 2021). Boa parte disso tem relação com o comportamento das lideranças no processo.

A Figura 11.5 ilustra a assimetria de informações que existe entre o vendedor e o potencial comprador, que, como dito, acredita ser melhor gestor em comparação com aquele que deseja vender o negócio.

Figura 11.5 – Relação entre vendedor e comprador

Vendedor: Vem! Negócio bom para você!

Comprador

TotemArt e Picture Window/Shutterstock

Bill Pursche (2001) – que foi sócio da McKinsey e chefiou áreas de consultoria em *Merger and Acquisitions* (M&A)* em nível global, tendo conduzido mais de 300 processos de fusão e aquisição mundo afora – afirma que a maioria dos negócios deixa de agregar valor ao acionista na aquisição. Segundo sua pesquisa, apenas de 30% a 50% das transações são consideradas bem-sucedidas.

Mesmo assim, os números de fusões e aquisições crescem todos os anos. Em 2021, o noticiário indicou que, estimulado pela vacinação contra a covid-19, o mercado de fusões e aquisições se projetou para grandes negócios, depois de um 2020 em "*stand by*" por conta da pandemia. Contudo, no ano de 2018, o país já havia batido o recorde no volume de transações feitas, conforme podemos observar na Figura 11.6, a seguir (Larghi, 2018a).

No primeiro semestre de 2019, elas somavam U$ 1,5 trilhão no mundo (Larghi, 2018a, 2018b; Scaramuzzo, 2021; Filgueiras, 2019).

---

* Processos de reorganização societária de empresas, que envolvem desde fusões, aquisições e cisões até outros tipos de operações entre acionistas e organizações.

Figura 11.6 – Números de fusões e aquisições

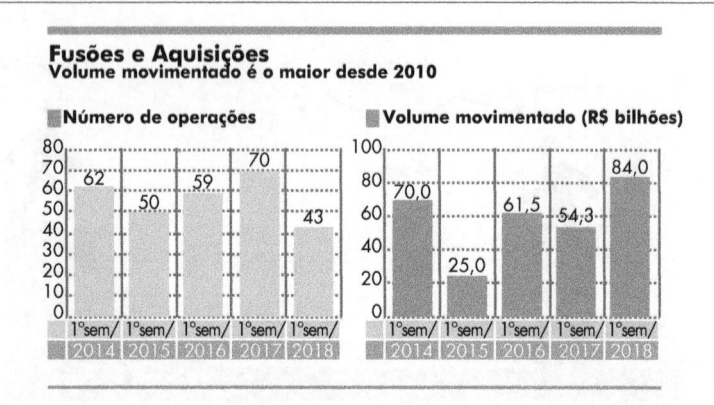

Fusões e Aquisições
Volume movimentado é o maior desde 2010

Número de operações
- 1°sem/2014: 62
- 1°sem/2015: 50
- 1°sem/2016: 59
- 1°sem/2017: 70
- 1°sem/2018: 43

Volume movimentado (R$ bilhões)
- 1°sem/2014: 70,0
- 1°sem/2015: 25,0
- 1°sem/2016: 61,5
- 1°sem/2017: 54,3
- 1°sem/2018: 84,0

Fonte: Larghi, 2018b.

Isso não afeta apenas processos de M&A. Se observarmos os números mundiais de negócios que dão certo ou que cinco anos depois de sua abertura ainda estão operando, identificaremos percentuais bem baixos. Considerando-se *startups* que começam e não chegam a lançar um produto, os números são ainda piores. Projetos que sequer chegam a se tornar empreendimentos acontecem aos milhares, mas quantos, de fato, se concretizam? Poucos! E concretos e lucrativos? Ainda menos, o que mostra que empreender é desafiar as estatísticas.

Em sua casa, você já fez alguma reforma (no banheiro, no corredor etc.)? Ela durou o tempo previsto? Os gastos coincidiram com o planejado? Quando você recebe um novo trabalho para executar, você elabora um cronograma com um prazo para entrega considerando imprevistos? Tais imprevistos tomam apenas o tempo que estava reservado a eles? E, claro, você nunca subestima o prazo que deu a você mesmo para concluir o trabalho, correto? Quando você começa uma nova dieta, acredita que vai cumpri-la, apesar de ser, quem sabe, a décima tentativa dos últimos dois anos? Então, por que as pessoas, apesar de todas as evidências aqui expostas, empreendem e têm otimismo e excesso de confiança?

De acordo com Kahneman (2012, p. 26), "Giovanni Dosi e Dan Lovallo chamam empresas iniciantes que fracassam mas que sinalizam novos mercados para competidores mais qualificados de 'mártires do otimismo' – é bom para a economia, embora seja ruim para seus investidores". Isso, aliás, consiste no motor do capitalismo, como mencionamos na Seção 9.5. Algumas outras explicações são possíveis. Kahneman (2012), por exemplo, apresenta as ideias de Camerer e Lovallo, que criaram a expressão *negligência com a competição* (*competition neglect*, em inglês), uma espécie de cegueira para o óbvio – o WYSIATI, lembra-se? Trata-se da perspectiva segundo a qual "O que você vê é o que existe". Nesse caso, o problema é que muitas coisas existem e nós não as vemos, por conta de nossa limitação cognitiva e de nossa atenção limitada, conforme abordamos nos Capítulos 7 e 8.

Além disso, Taleb (2012) argumenta que a avaliação inadequada sobre a incerteza do meio inevitavelmente leva os agentes econômicos a assumir riscos que deveriam evitar. Contudo, o otimismo é altamente valorizado, tanto socialmente quanto no mercado. Por exemplo, de modo geral, considera-se um sinal de fraqueza e de vulnerabilidade que um médico mostre insegurança. A confiança tem mais valor do que a incerteza, e um profissional que admite sua ignorância pode indicar que precisa ser substituído por competidores mais confiantes (Kahneman, 2012).

Existe, ainda, a noção, proposta por Kahneman (2012), de **falácia do planejamento**. Trata-se de uma das manifestações do viés do otimismo, que nos faz exagerar em nossa capacidade de prever o futuro. Como pontuamos, nosso "eu" futuro é sempre mais magro, mais bonito, mais rico etc.

Também não podemos deixar de citar novamente a ideia da **falácia dos custos irrecuperáveis** – descrita na Seção 5.7 –, que ocorre quando o indivíduo prossegue em um comportamento ou empreendimento só porque investiu recursos nele, seja tempo, seja dinheiro, seja esforço. Seria muito duro para o sujeito que já comprometeu suas reservas financeiras parar e assumir um fracasso. Então, ele continua a endividar-se na esperança de que, um dia, o resultado será positivo. Talvez seja a pura falácia do apostador.

Ademais, sofremos uma pressão social para sermos convincentes na vida e em nossas carreiras. Isso implica mais sucesso. Indivíduos autoconfiantes alcançam maior *status* social, respeito e influência em grupos (Pfeffer, 2015).

Kahneman (2012, p. 328) alega que, apesar de o principal benefício do otimismo ser a resiliência diante dos reveses da vida, "Uma apreciação imparcial da incerteza é o alicerce da racionalidade". Somos cognitivamente limitados em relação a todos os riscos que corremos e à incerteza, que é infinitamente maior do que os riscos.

Aqui, mais um paradoxo se configura. Embora a confiança seja fundamental para o sucesso em nossas relações de trabalho, ela também pode, em excesso, trazer o fracasso. Para combater o excesso de confiança – se você tiver a humildade para reconhecer que talvez sofra desse "mal" –, apresentamos a seguir três sugestões básicas.

1. Seja crítico de si mesmo

Na maioria das vezes, o equilíbrio mostra-se a melhor opção. Pontos fortes e fracos, ideias pró e contra, assim como visões favoráveis e desfavoráveis, sempre existirão, e é bom que seja assim. Não precisamos ser sempre humildes e aceitar tudo. Também é bom termos nossas próprias visões. Sermos extremamente tímidos também pode nos prejudicar, porém o excesso de confiança acaba nos mostrando que erros poderiam ter sido evitados. Escolha alguém para ser seu "bobo da corte" e lembrá-lo de que você é mortal: *memento mori*.

2. Recorra a dados, estudos científicos e fatos

Em um negócio, um relacionamento, uma palestra ou uma simples fala na roda de amigos, cerque-se de dados, estudos e fatos. Use estatísticas reais. O *feeling* pode ser devastador quando materializado em ação prática. Quando as emoções não lhe permitem ver claramente, recorra à estatística.

3. Saiba ouvir

Certamente, é importante ter uma visão ampla, mas é impossível saber de tudo e sobre tudo – conforme-se com isso. Quem lida com o problema real tem mais autoridade do que você. Aceite isso.

Será que você opina apenas para não admitir que está errado e falou bobagem e, agora, segue querendo minimizar o que disse? Será que não está apenas evitando assumir a dor da perda?

Se cinco pessoas ao seu redor dizem a mesma coisa, vale a pena observar seu próprio comportamento. Evidentemente, você pode ser o único certo, por vezes isso acontece, mas não todos os dias.

Somos capazes de falar mais de 125 palavras por minuto e de pensar em mais de 400. Por isso, é difícil concentrar-se e ouvir. Para isso, é preciso alocar atenção, um recurso limitado, como indicamos. Nesse sentido, para de fato ouvir, é necessário ter uma atenção voluntária, que exige esforço e concentração. Portanto, esta não é ditada pelas preferências, e sim pelo dever. Trata-se de uma espécie de escuta vicária (Dias, 2015).

Mas cuidado, não dê ouvidos às sereias.

11.4 Canto das sereias

Dizem que as sereias são perigosas porque elas seduzem os homens com seu canto. No clássico livro *Odisseia*, de Homero (2009), um trecho conta a história de Ulisses, rei da Ilha de Ítaca, que, tendo lutado na famosa Guerra de Troia (aquela do cavalo), precisava resistir à sedução sereias ao navegar pelo Mar Mediterrâneo de volta para casa.

Sabendo que passaria pelos arredores da Ilha de Capri, repleta de sereias que seduziriam a todos os homens do barco, Ulisses pediu para ser amarrado por seus marinheiros no mastro da embarcação e, antes disso, colocou cera nos ouvidos de todos eles. A tela presente na Figura 11.7 ilustra esse episódio.

Figura 11.7 – Ulisses protegendo-se do canto das sereias

DRAPER, H. J. **Ulisses e as sereias**. c. 1909. Óleo sobre tela: color.; 177 x 213,5 cm. Kingston-upon-Hull, Ferens Art Gallery.

Enquanto navegavam próximo à ilha, Ulisses gritava pedindo aos homens que o desamarrassem, pois, seduzido pelo canto, era o que mais desejava. Porém, como os marinheiros estavam com ouvidos tapados, não puderam ouvir os gritos de Ulisses nem o canto das sereias. A história toda é narrada em forma de poema. A seguir, destacamos dois trechos que narram essa cena:

> *"Pois bem; atende agora, e um deus na mente*
> *Meu conselho te imprima. Hás de as sereias*
> *Primeiro deparar, cuja harmonia*
> *Adormenta e fascina os que as escutam:*
> *Quem se apropinqua estulto, esposa e filhos*

> Não regozijará nos doces lares;
> Que a vocal melodia o atrai às veigas,
> Onde em cúmulo assentam-se de humanos
> Ossos e podres carnes. Surde avante;
> As orelhas aos teus com cera tapes,
> Eusurdeçam de todo. Ouvi-las podes
> Contanto que do mastro ao longo estejas
> De pés e mãos atado; e se, absorvido
> No prazer, ordenares que te soltem,
> Liguem-te com mais força os companheiros [...]"
>
> [...]
>
> Destarte consonavam: da harmonia
> Encantado, acenei que me soltassem;
> Mas curvam-se remando, e com mais cordas
> Perimedes e Euríloco me arrocham.
> Nem já toava ao longe a cantilena,
> Quando os consócios, desuntada a cera,
> Desamarram-me enfim. (Homero, 2009, p. 133-134, 136)

Assim, todos foram salvos e só desamarraram Ulisses, conforme sua ordem original, ao chegarem em casa. Vale dizer que os viajantes não precisaram superar apenas sereias, mas também dois outros monstros marinhos, Cila e Caríbdis – e tudo isso sem o uso de GPS.

11.5 Nudges

Por falar em GPS, você já usou algum aplicativo como Waze, Google Maps ou qualquer outro navegador para se orientar, mesmo que estivesse a pé, correto? Esses guias nos ajudam a tomar decisões melhores, concorda? Eles não nos obrigam a segui-los, apenas nos fornecem uma opção que geralmente é mais precisa que nossa intuição ou vontade. Isso é um *nudge*!

Quem nunca prometeu que acordaria mais cedo para fazer atividade física? Você já fez esse tipo de promessa? E por que não a cumpriu? Porque talvez tenha lhe faltado um "empurrãozinho".

O termo *nudge*, em português, significa literalmente isso, um "empurrãozinho", um "cutucão". Ele ficou conhecido com a publicação, em 2008, da obra *Nudge: Improving Decisions about Health, Wealth, and Happiness*, de Richard Thaler e Cass Sunstein (2008). Depois, foi utilizado até mesmo para designar uma unidade do governo inglês destinada à proposição de políticas públicas, estabelecida pelo Primeiro-Ministro David Cameron. Trata-se da Behavioural Insight Team, que ficou conhecida como Nudge Unit.

O *nudge*, na visão dos autores, pode ser definido como

> Qualquer aspecto da arquitetura de escolha que altera o comportamento das pessoas de um modo previsível sem proibir quaisquer opções nem alterar significativamente seus incentivos econômicos. Para que uma intervenção seja considerada um mero nudge, deve ser fácil e barato evitá-la. Nudges não são imposições. Dispor as frutas ao nível do olhar é considerado nudge; proibir junk food, não.
> (Thaler; Sunstein, 2008, p. 6, tradução nossa)

Logo, *nudges* são "abordagens preservadoras de liberdade que guiam as pessoas para determinadas direções, mas permitindo que sigam seu próprio caminho" (Sunstein, 2014, p. 1, tradução nossa).

Nesse sentido, a estratégia utilizada por Ulisses para livrar-se do canto das sereias, descrita na seção anterior, é um ótimo exemplo de *nudge*. As soluções encontradas – usar cera nos ouvidos e permanecer amarrado ao mastro – foram fáceis, baratas e muito eficazes, pois salvaram a vida dele e de seus companheiros. Ulisses e seus homens não poderiam lutar contra um brigadeiro em suas dietas alimentares, isto é, contra o canto das sereias. Eles seriam seduzidos, afinal, são seres completamente racionais, verdadeiros agentes econômicos.

A esta altura, se você leu os capítulos anteriores, já sabe que não é assim que funcionamos. Como indica Ariely (citado por Samson, 2015a, tradução nossa), "a vida é um cabo de guerra, andamos por aí com nossa carteira, nossas prioridades e nossos pensamentos, e o mundo comercial a nossa volta quer nosso dinheiro, tempo e atenção".

O *nudge* tem esse efeito de nos propor um freio de modo que consigamos nos proteger de nós mesmos. No exemplo exposto na Figura 11.8, alguém em período de quarentena e isolamento social, para evitar comer demais, criou um ótimo exemplo de *nudge*.

Figura 11.8 – Exemplo de *nudge*

![Figura 11.8 – Exemplo de nudge: foto de um bilhete colado em prateleira de geladeira com os dizeres "Você não está com fome! Só está entediado! Vá embora! OK!!"]

Emerson Weslei Dias

Com base em suas descobertas comportamentais, Sunstein (2014) menciona dez *nudges* para a formulação de políticas públicas, mas que podem ser aplicados facilmente a várias esferas e, assim, ajudar as pessoas a fazer escolhas melhores (Quadro 11.2).

Quadro 11.2 – Dez *nudges* importantes segundo Sunstein (2014)

	Nudge	Exemplo prático
I	Regras *default*	Inscrição automática em planos de poupança, aposentadoria, programas de saúde etc.
II	Simplificação	Promover ajustes e descomplicar formulários de inscrição, reduzir a complexidade e a burocracia. Se quer que as pessoas façam, facilite!
III	Normas sociais	Ressaltar o que faz a maioria das pessoas, como "Nove em cada dez hóspedes deste hotel reutilizam suas toalhas" ou "Nove entre dez pessoas pagam seus impostos dentro do prazo".
IV	Facilidade e conveniência	Deixar comidas saudáveis em lugares mais visíveis ou acessíveis, assim como dar visibilidade às opções de baixo custo.
V	Revelação (*disclosure*)	Revelar o custo total de um cartão de crédito ou os custos ambientais associados ao uso de energia.
VI	Alertas, gráficos e outros	Textos e imagens dramáticas ou não em maços de cigarro. Letras grandes, *bold*, cores vivas em avisos. Como a atenção é um recurso escasso, deve ser algo que chame atenção.
VII	Compromisso prévio	Compromisso com certas ações futuras, como um programa para deixar de fumar. Comprometer-se com uma ação específica em um momento futuro bem-definido motiva mais e reduz a procrastinação.
VIII	Lembretes	*E-mails* ou mensagens de texto que lembrem sobre vencimentos de contas de consumo. Compromissos agendados.
IX	Evocar intenções de implementação	Trazer à luz questões sobre comportamento futuro ("Pretende vacinar seu filho?") ou chamar atenção para a identidade da pessoa ("Você é eleitor, como suas práticas passadas sugerem").
X	Informar as pessoas sobre a natureza e as consequências das próprias escolhas passadas	Se os indivíduos não têm informações, informar, por exemplo, o gasto com consumo de energia ou suas contas de saúde.

Fonte: Elaborado com base em Sunstein, 2014.

Podemos pensar em mais alguns exemplos práticos. Se você não consegue poupar parte de seu salário mensal, então pode programar uma dedução automática em uma conta de investimentos, em um plano de previdência, de modo que você não tenha a opção de fazer nada – tudo já está desenhado. Se você não consegue praticar esportes, pode conseguir alguma companhia para forçá-lo a fazer isso, contratar um *personal trainer*. Enfim, essas são algumas ferramentas que podem ajudá-lo a cumprir suas metas preestabelecidas e tirar de você a decisão de negar-se a fazer algo no dia a dia.

Quando prometemos guardar dinheiro ou fazer atividade física, podemos ficar de cabeça fria ou quente depois de termos pago um preço pela situação. Contudo, no cotidiano, quando precisamos tomar a ação prometida, temos outros impactos emocionais e, assim, procrastinamos.

A palavra *procrastinação*, como indicamos anteriormente, deriva dos termos do latim *pro*, de "para", e *cras*, de "amanhã". Embora quase todos nós tenhamos problemas de procrastinação, os que reconhecem e admitem essa fraqueza estão em melhor situação (Ariely, 2008). Por isso, é importante estabelecer metas como uma ferramenta *nudge* de compromisso precoce, que agirá como uma autoridade externa (a exemplo de um *coach*) para nos lembrar de nossos compromissos assumidos, a fim de conseguirmos superar os desafios e as tentações do dia a dia. Sem isso, a tendência é continuarmos "caindo em tentação".

Resistir às tentações e instilar o autocontrole são metas humanas gerais e deixar de alcançá-las repetidas vezes é fonte de grande parte de nossa infelicidade (Ariely, 2008).

11.6 Sereias da vida moderna

Muitas pessoas, todos os dias, ainda são seduzidas pelo canto das sereias. Sempre há quem caia nas promessas de enriquecimento fácil e rápido, nos golpes aplicados por charlatões e farsantes de toda espécie, em contextos que abrangem desde o mercado financeiro até o mercado da fé. Eles ou elas estão em todos os lugares.

Atualmente, a Comissão de Valores Mobiliários (CVM) tem feito um esforço enorme para monitorar e combater as irregularidades, considerando toda a informação que circula nas redes sociais, referentes a investimentos clandestinos e ao aumento do número de golpes financeiros na praça, que incluem pirâmides financeiras*, esquemas Ponzi (que detalharemos mais adiante), ofertas irregulares de títulos, pirâmides disfarçadas de *marketing* multinível**, ofertas de investimentos no exterior (mercado Forex) sem instituição brasileira autorizada, investimentos em criptoativos***, golpes de ligações sobre investimentos "esquecidos", lançamentos de produtos com o uso de imagens de pessoas famosas na propaganda, falsos sequestros e mensagens de WhatsApp pedindo dinheiro ou oferecendo prêmios por meio de um *link* (Costa, 2019; Lopes, 2020; Moreira; Campos, 2019; Cotias; Schincariol, 2019; Golpes..., 2021).

A esse respeito, observe a Figura 11.9, que mostra a evolução do crescimento do número de reclamações sobre golpes. Durante o período da pandemia de covid-19, ao longo de 2020, um grande volume de fraudes e golpes financeiros foi amplamente noticiado. No entanto, não tivemos acesso a dados substanciais de pesquisas, razão pela qual utilizamos os dados verificados até 2019.

---

* "Esquemas irregulares para a captação de recursos da população, em que lucros ou rendimentos são pagos com os aportes de novos participantes, que pagam para aderir à estrutura ('investimento inicial'). A adesão de novos membros expande a base da pirâmide, mas essa expansão é insustentável e, inevitavelmente, não será suficiente para pagar todos os compromissos. Atrasos nos pagamentos levarão ao desmoronamento do esquema, gerando prejuízos especialmente para os novos aderentes, que por terem ingressado mais recentemente, não terão tempo para recuperar o que foi 'investido'. Em geral, pirâmides financeiras não são de competência da CVM, mas configuram crimes contra a economia popular e, por isso, são comunicados ao Ministério Público" (CVM, 2022).

** "Tradicionalmente, o marketing multinível é uma forma de remunerar quem atua em venda direta ao consumidor ('porta a porta' ou por catálogo). Nela, o revendedor ganha não apenas pelo que vende, mas também pelo que vendem os revendedores que vier a recrutar. Ocorre que pessoas mal-intencionadas podem utilizar essa estrutura para dar uma aparência de legitimidade a pirâmides financeiras" (CVM, 2022).

*** "Os criptoativos são ativos virtuais, protegidos por criptografia, presentes exclusivamente em registros digitais, cujas operações são executadas e armazenadas em uma rede de computadores. Há situações onde os criptoativos podem ser caracterizados como valores mobiliários, por exemplo, quando configuram um contrato de investimento coletivo. Nessa situação, a oferta deve ser realizada de acordo com a regulação da CVM. Quando se tratar apenas de uma compra ou venda de moeda virtual (ex. Bitcoin), a matéria não é da competência da CVM" (CVM, 2022).

Figura 11.9 – Volume de queixas à CVM

Queixas em alta
Processos* abertos por reclamações de investidores

Ano	Processos
2014	28
2015	30
2016	88
2017	99
2018	124
2019**	250

Fonte: CVM. *Relativos a possível exercício irregular de gestão ou de ofertas, possíveis crimes, matérias externas ao âmbito da CVM sem indícios de crime e consultas sobre esses temas. ** Projeção para o ano, com 104 processos abertos até 27 de maio.

Fonte: Moreira; Campos, 2019.

Mas não se trata de um fenômeno apenas ligado às finanças. Uma história muito conhecida é a da seita Templo do Povo, criada e dirigida por Jim Jones, que acabou tragicamente em 18 de novembro de 1978, com 910 mortes, sendo a maioria de forma voluntária por envenenamento – sim, pessoas tomaram veneno com sabor de morango, por decisão própria. Até hoje esse fato é lembrado como um exemplo muito forte do poder que seitas exercem sobre as pessoas, isto é, de como exercem uma influência social e moldam o comportamento coletivo.

Parte da explicação de fenômenos desse tipo é fornecida pelo carisma de seu líder. O carisma, na visão do sociólogo Max Weber, é "uma qualidade pessoal considerada extracotidiana [...] em virtude da qual se atribuem a uma pessoa poderes ou qualidades sobrenaturais, sobre-humanos ou, pelo menos, extracotidianos específicos ou então se a toma como enviada por Deus, como exemplar e, portanto, como 'líder'" (Weber, 2012, p. 159).

Para Weber (2012), o conceito de poder é sociologicamente amorfo, de modo que *dominação* se torna um termo mais preciso e só pode significar a probabilidade de haver obediência a uma ordem. Assim, existem três tipos puros de dominação:

- De caráter **racional**: baseada na crença, na legitimidade das ordens estatuídas e do direito de mando daqueles que, em virtude dessas ordens, estão nomeados para exercer a dominação. Podemos citar como exemplos governadores, juízes, policiais, pessoas que foram legalmente constituídas de poder.

- De caráter **tradicional**: baseada na crença cotidiana na santidade das tradições vigentes desde sempre e na legitimidade daqueles que, em virtude dessas tradições, representam a autoridade. São exemplos pais, professores e líderes religiosos.

- De caráter **carismático**: baseada na veneração extracotidiana da santidade, do poder heroico ou do caráter exemplar de uma pessoa e das ordens por esta reveladas ou criadas. Aqui se enquadram os líderes de uma origem "magicamente condicionada", como profetas, sábios, curandeiros, chefes de caçadores e heróis de guerra.

Para o sociólogo, a validade do carisma é reconhecida pelos adeptos por meio de provas, como milagres, revelações, veneração pelo herói ou confiança no líder, mesmo que psicologicamente esse reconhecimento seja fruto da entrega crente e inteiramente pessoal nascida do entusiasmo ou da miséria e da esperança.

Se, porventura, por um longo período não houver mais provas do carisma, se o agraciado carismático parecer abandonado por seu deus, por sua força mágica ou por seu heroísmo, em suma, se lhe faltar o sucesso e, sobretudo, se sua liderança não trouxer nenhum bem-estar aos dominados de modo permanente, então haverá a possibilidade de sua autoridade carismática ruir. Para Weber (2012), esse é o sentido carismático genuíno da dominação "pela graça de Deus" – aliás, a palavra *carisma* tem origem no grego *khárisma*, que significa "graça", "graça divina".

No caso de Jim Jones, ele era amado e visto como um salvador. As pessoas confiavam nele como se fosse um pai e o tratavam como se fosse um imperador.

Líderes têm essa imagem de autoridade, que é uma das seis armas da persuasão, como expusemos na Seção 10.2. O charlatão conhece isso. Ele sabe que temos uma incerteza natural dentro de nós. Assim, tira nossas dúvidas ou, no mínimo, diminui nossas incertezas.

Além disso, líderes influentes sabem que não podem convencer um a um. Eles precisam da prova social de outros para conseguir a capilaridade e a expansão de seu domínio sobre o rebanho (Cialdini, 2006). A prova social, bem como o comportamento de rebanho, também é uma das seis armas da persuasão.

Outro elemento que nos ajuda a compreender esses fenômenos, além da autoridade, da prova social e do comportamento de rebanho, é o contexto. Jones levou todos os seguidores do Templo do Povo de São Francisco, nos Estados Unidos, para Jonestown, uma cidade pequena e afastada na Guiana, na América do Sul. Isolados em um lugar hostil sem contato com o mundo externo, acabaram por se tornar presas fáceis.

O psiquiatra Louis Jolyon West, que investigou o Templo do Povo por oito anos, esclarece que esse contexto de isolamento – como no caso de membros de cultos totalistas, de prisioneiros civis ou políticos, de campos de concentração ou de guerra e vítimas da síndrome de Estocolmo* – muitas vezes faz com que os indivíduos se adaptem ao estresse ambiental prolongado por meio de dissociação, isto é, gerando uma persona alterada ou uma pseudoidentidade. Isso favorece o comportamento de rebanho, novamente fruto da incerteza humana. Na dúvida, imitamos e seguimos bovinamente a manada (Cialdini, 2006; West; Martin, 1996). Quando as pessoas estavam isoladas em Jonestown, seus únicos comparativos eram entre si, os iguais, por conta da impossibilidade de verem outra "espécie", o que aconteceria caso permanecessem em São Francisco. Se pudessem se comparar com outras pessoas, a tragédia poderia ser evitada.

As pessoas que se suicidaram não foram hipnotizadas. Pelo contrário, foram convencidas, em parte por Jones, em parte pelos que foram tomando as primeiras doses do veneno, de que o suicídio era a conduta correta, ou seja, a norma social vigente. As normas sociais sinalizam os

---

* Termo cunhado por Nils Berejot que define o estado de identificação que a vítima passa a ter com seu raptor após uma prolongada convivência. É considerada uma doença psicológica.

comportamentos apropriados e são classificadas como expectativas ou regras comportamentais em um grupo de pessoas (Dolan et al., 2010).

Se os suicídios de pessoas estranhas podem influenciar os suicídios de modo geral, como afirmamos na Seção 10.2 ao tratarmos da prova social, imagine o que não causa um suicídio de pessoas tão próximas de uma mesma comunidade isolada. A força dessa prova social é muito maior (Cialdini, 2006).

Porter (1987, citado por Vries, 2010), em um estudo sobre a linguagem do charlatanismo, decifra como os farsantes ludibriam seu público. Para facilitarmos a compreensão desse panorama, combinamos as informações de Porter com alguns temas trabalhados ao longo desta obra. De acordo com o autor, os charlatões valem-se de **pirotecnia verbal** (palavras de impacto muito bem escolhidas, efeito saliência), **bajulação do ouvinte** (elogios e incentivos) e **segurança no que falam** (excesso de confiança, viés do otimismo); usam **alusões religiosas** (falam muito em Deus, bênçãos, prosperidade), **superstições** (correlações ilusórias, falácias narrativas) e **termos pseudocientíficos** (na busca por gerar a ideia de autoridade); recorrem à **mística do exotismo de lugares bem distantes** (na cidade X, preferencialmente um local que ninguém da plateia conheça); e dão um **toque de classe social**, aludindo ao conhecimento que tenham de pessoas poderosas para a formação de seu prestígio ("da última vez que eu falei com o fulano X"; "o famoso que é meu amigo"). Além disso, a **forma otimista** (confiança excessiva, viés do otimismo) como descrevem seus sucessos, com a promessa de que estes enriquecerão a vida de quem ouve a mensagem ("você foi agraciado pela mensagem, então, pela reciprocidade, deve-lhe algo; faça a inscrição ou doe agora!"), exerce um efeito inebriante no **público**. Ademais, se o charlatão disser que as boas oportunidades acabam muito rápido (escassez) e que você deve fundamentalmente agir de maneira rápida e não ser o único a ficar de fora, pois ele está abrindo uma exceção (prova social, aversão à perda, efeito manada, Fomo), isso influencia suas decisões e, quando um age, os outros sofrem a pressão de conduta para agir também (rebanho) (Dolan, 2014; Kahneman, 2012; Vries, 2010; Ariely, 2008; Cialdini, 2006).

Obviamente, os impostores agem de modo análogo. Eles têm habilidade para reagir aos sinais emitidos pela plateia, os quais entrelaçam a seus contos, criando uma tessitura de ilusões cada vez mais acreditável. Eles "descobrem cedo na vida o poder da palavra" e "sabem como fabricar ilusões" e torná-las convincentes, "não importa quão longe possam estar da realidade" (Vries, 2010, p.119).

Os charlatões e impostores conhecem a alma humana e, por isso, vendem por aí toalhas ungidas, água benta engarrafada, pulseirinhas do equilíbrio e toda sorte de indulgências para curar sua dor, de títulos financeiros a empreendimentos imobiliários.

Taleb (2014, p. 385) afirma que usa a seguinte heurística simples em sua vida:

> *os charlatões podem ser reconhecidos, na medida em que oferecerão conselhos positivos, e somente conselhos positivos, explorando nossa ingenuidade e nossa idiota propensão a receitas que soam imediatamente óbvias, mas que depois evaporam quando nos esquecemos delas. Basta olhar para os livros do tipo "como fazer", que trazem, no título, "Dez passos para..." (preencha: enriquecer, perder peso, fazer amigos, inovar, ser eleito, adquirir músculos, encontrar um marido, administrar um orfanato etc.). No entanto, na prática, os profissionais, aqueles selecionados pela evolução, utilizam o lado negativo: os mestres de xadrez costumam ganhar ao não perder; as pessoas enriquecem por não ir à falência (principalmente quando as outras vão); as religiões baseiam-se, principalmente, em interdições; a aprendizagem da vida diz "respeito ao que evitar". Reduzimos a maioria de nossos riscos de acidentes pessoais graças a um pequeno número de medidas.*

Do ramo da fé ao mercado financeiro, o que não falta é espaço para a proliferação de charlatões. O que nos move é o desejo, e pessoas desejam sempre ouvir coisas boas.

Charles Ponzi atraiu 30 mil investidores em 1920 e emitiu notas de 15 milhões de dólares em sete meses. Essa até hoje é lembrada como uma das mais famosas fraudes do mercado financeiro. O que ele fez? Prometeu aos clientes que o capital investido seria dobrado em apenas três meses. Assim, à medida que novos entrantes faziam aportes, ele ia pagando os primeiros com esse capital. Estes, por sua vez, faziam a propaganda "boca a boca", que aumentava a base de investidores. Isso durou até que os resgastes começaram a acontecer e, como ocorre com toda pirâmide financeira, ela também ruiu, já que o rendimento não poderia suportar tamanha quantidade de saques.

A fama desse caso fez esse tipo de golpe ser denominado *esquema Ponzi*. Seu funcionamento é muito similar ao das pirâmides financeiras, mas com a diferença de que os novos entrantes não precisam atrair outros investidores. Eles são remunerados com o dinheiro dos primeiros, sem que saibam disso, obviamente, o que dá um ar de veracidade aos investimentos.

Ponzi foi preso, deportado para a Itália, mas acabou morrendo no Brasil, em 1949, no Rio de Janeiro, miserável e sozinho.

Então, se os agentes são racionais, é de se esperar que, uma vez que o golpe já tenha sido dado, jamais se caia nele novamente, certo? Não é bem assim. O filme *Billionaire Boys Club*, de 2018, narra uma história real que aconteceu no sul da Califórnia, nos Estados Unidos, durante os anos 1980, quando um grupo de adolescentes ricos se envolveu em um esquema Ponzi e arrastou uma parcela de outros ricos e grã-finos junto.

Entre 1990 e 2000, Bernie Madoff criou um mecanismo chamado *split strike conversion*. Contudo, em razão de uma fraude para esconder uma *performance* ruim, Madoff acreditava, imbuído do excesso de confiança, que reverteria o cenário no futuro. Logo, continuou produzindo mentiras, até que a Crise de 2008 exigiu que os investidores sacassem seus recursos e, obviamente, ele não tinha como pagar a eles o que era devido. A conta ficou em apenas US$ 65 bilhões. Um detalhe é muito importante nesse caso: Madoff era um sujeito muito bem relacionado na alta sociedade americana. Seus clientes não eram inocentes de baixo nível educacional desesperados para fugir da pobreza, assim como não eram os que sofreram nas mãos do clube dos garotos milionários do filme. Isso mostra que nenhuma classe social está isenta de ser enganada, e não se trata apenas de educação financeira.

Além desses casos emblemáticos, podemos citar também a engorda de gado nas Fazendas Reunidas Boi Gordo, um conhecido caso de pirâmide financeira brasileiro em que 30.000 investidores perderam 3,9 bilhões de reais. Eles foram seduzidos pela oportunidade de obter um lucro mínimo de 42% no prazo de um ano e meio.

No Brasil, houve, ainda, o caso da Avestruz Master, com uma criação de aves que não existiam. Esse grupo oferecia contratos de compra e venda de avestruzes com compromisso de recompra dos animais, uma pirâmide tão sofisticada que chegou a investir 4 milhões de reais em propaganda e apenas 100 mil em aves. Nesse caso, vale a máxima: quando o *marketing* é mais importante que o produto, desconfie. A proposta era que se poderia obter um lucro de 10% por mês até a ave ser recomprada pela empresa, o que, evidentemente, nunca aconteceu (Assi, 2017).

Assim, não é tão simples escapar do canto das sereias. Nosso desejo de crer, nossa procura por "utilidade", a constante busca da maximização de nosso bem-estar podem ser extremamente fortes, de modo que, quando a avidez toma conta de nós, o pensamento racional se evapora rapidamente, como é demonstrado sempre que algum novo escândalo financeiro ou empresarial aparece na mídia (Vries, 2010).

Zak (2017) afirma que, quando confiamos em alguém, nosso corpo se enche de oxitocina. Em um experimento, ele injetou oxitocina em um grupo de participantes e, em outro grupo, injetou placebo. A pesquisa evidenciou que os que haviam recebido oxitocina mostraram mais confiança em pessoas estranhas e deram-lhes mais dinheiro que os integrantes do grupo que tinha recebido placebo. Então, não é apenas uma questão de autocontrole, força de vontade e inocência. Também existem efeitos neuroquímicos – as sereias, de fato, podem nos seduzir.

Como afirma o professor e psicanalista Kets de Vries (2010, p. 125), "não é fácil resistir a um indivíduo que diz 'confie em mim, eu tomarei conta de todas as suas necessidades'". Nesse sentido, o desafio que precisamos enfrentar para não sermos ludibriados por charlatões e impostores é mantermos nossa capacidade racional de pensamento e "não nos deixarmos deslumbrar por forças emocionais quando as sereias que prometem amor, riqueza e felicidade instantâneas, tentam-nos a responder ao seu chamado" (Vries, 2010, p. 125). Precisamos nos distanciar, realizar um bom exame, falar com pessoas de fora da situação e trabalhar o que está acontecendo com muita calma. Os *nudges* podem nos ajudar nessa jornada.

Amarre-se ao mastro do navio e, como não vai adiantar levar um papelzinho no bolso, porque você obviamente não conseguirá lê-lo, faça uma tatuagem no braço com as armas da persuasão:

Reciprocidade	Compromisso e coerência	Autoridade
Prova social	Simpatia	Escassez

Afinal, como alerta Chesterton (citado por Mlodinow, 2013, p. 118), "existe uma estrada que liga o olho ao coração que não passa pelo intelecto".

11.7 Paternalismo libertário

Não somos 100% racionais. Fazemos escolhas sem termos todas as informações. Sofremos de limitações cognitivas. Pensar nos custa caro. O autocontrole é um recurso limitado. Já sabemos de tudo isso, mas como resolver essas questões?

Essa indagação motivou a elaboração do conceito de paternalismo libertário por Thaler e Sunstein (2008). Trata-se da ideia de que podemos ajudar as pessoas a fazer escolhas melhores sem dizer a ninguém o que deve ou não ser feito – por exemplo, criar políticas públicas sem que o Estado seja nossa grande mãe. Essa é uma abordagem não coercitiva que tenta equilibrar a liberdade de escolha e, ao mesmo tempo, uma proteção ao cidadão potencialmente vulnerável, um empoderamento para que ele tome decisões melhores para si mesmo.

O paternalismo remete à ideia de que somos todos imbecis e precisamos do Estado para nos proteger. Isso porque incorremos sistematicamente em erros de julgamento. O paternalismo é diferente do liberalismo, o qual compreende que somos todos livres ("Eu decido o que é melhor para mim"). Mas será que cumprimos tudo o que prometemos a nós mesmos? Será que as sereias não nos encantam? Somos capazes de resistir a elas? Somos livres, sim, mas frequentemente cometemos erros sistemáticos de julgamento. Paternalismo e liberdade podem ser duas ideias contraditórias, porém fazem sentido quando juntas.

Os cientistas sociais querem ajudar a formular políticas públicas que evidenciem os riscos para que o cidadão possa, de fato, escolher melhor, como o GPS de um carro, que diz qual é o melhor caminho, mas não obriga ninguém a segui-lo. Trata-se apenas de um *nudge*, um instrumento prático para materializar o conceito de paternalismo libertário.

Os economistas comportamentais acreditam que todos somos suscetíveis às influências do ambiente imediato. Por isso, a "contextologia" pode mudar nosso comportamento. A título de ilustração, responda: Qual dos círculos pretos, expostos na Figura 11.10, é maior, o da direita ou o da esquerda?

Figura 11.10 – Círculos em contexto

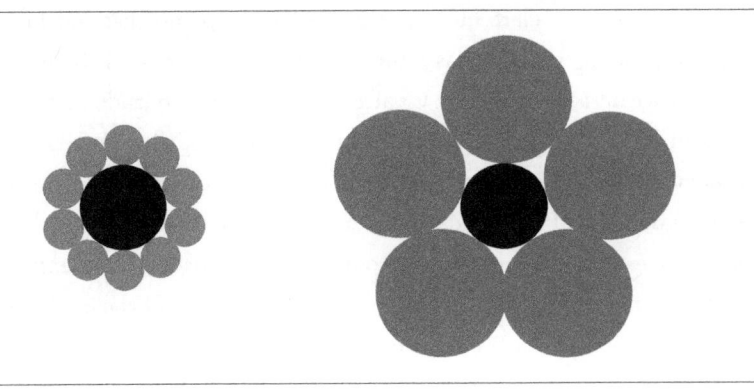

Fonte: Ariely, 2008, p. 5.

Aparentemente, o da esquerda é maior, mas, na realidade, ambos têm a mesma medida – você pode checar com uma régua. Essa é apenas mais uma ilusão cognitiva, muito importante para compreendermos que o contexto pode mudar nossa percepção.

Outro bom exemplo sobre contexto é o aviso "Proibida a entrada com roupa de banho". O que se espera como ação de alguém que o leia? O que veio à sua cabeça? Se estiver na porta de um restaurante próximo do mar, indica que as pessoas precisam vestir-se com roupas adequadas para entrarem no estabelecimento, correto? Agora, se o mesmo aviso estiver pendurado em uma árvore, logo na entrada de uma praia de nudismo, significa que as pessoas precisam tirar toda a roupa.

O texto é claro, mas é preciso entender o contexto em que se aplica. Nem sempre temos clareza do contexto em que estamos. Como assinalamos, somos cegos de nossa própria cegueira.

Dolan (2014) chama de *contextologia* a ideia de que nosso entorno, nossas emoções e a situação em que estamos são elementos importantíssimos para definir nosso comportamento.

Alguns exemplos nos permitem compreender melhor essa questão. O prato menor o ajuda a colocar menos comida e, portanto, a comer menos. A academia no caminho para casa o ajuda a frequentá-la mais vezes. Para gastar menos, é possível colocar o cartão de crédito dentro de um copo com água e deixar formar gelo; assim, quando você for utilizá-lo, terá de esperar derreter – claro que é possível jogar o copo no chão, quebrá-lo, aquecê-lo ao fogo etc., mas isso tudo dá um certo trabalho, de modo que talvez você desista da compra. Os alarmes em veículos, quando estes ultrapassam certa velocidade preestabelecida, fazem o motorista perceber que está indo rápido demais ou mais rápido do que se comprometera quando entrou no carro. Propagandas que remetem a acidentes posicionadas ao longo de estradas podem ajudar a controlar a velocidade e, dessa maneira, evitar acidentes. Esses são exemplos de paternalismo libertário. Por isso os *nudges* são importantes. Não conseguimos, muitas vezes, compreender o contexto em que estamos e temos atitudes que não se aplicam e se mostram prejudiciais a nós mesmos.

Vejamos mais um exemplo: Antes de comprar algo, você seria capaz de se fazer as quatro perguntas a seguir?

1. Preciso mesmo deste item?
2. É uma necessidade ou um desejo?
3. Consigo obter os mesmos resultados com algo similar e mais barato?
4. Se eu for para casa e voltar daqui a alguns dias, ainda vou precisar adquirir o produto?

Talvez seja possível propor a si mesmo uma ou duas dessas perguntas, mas, na maioria dos casos, nenhuma delas é feita. Mesmo assim, criar um impeditivo que nos faça pensar um pouco antes de fazer um gasto provavelmente desnecessário pode evitá-lo. Um método que pode ser aplicado é usar um adesivo no cartão de crédito com a seguinte mensagem: "Preciso realmente disto agora?". Assim, ao pegar o cartão, o usuário pode ler e repensar se aquela aquisição realmente faz sentido.

Relato do autor

Certa vez, proferi uma palestra sobre educação financeira em uma igreja e, como sempre fazia, distribuí esses adesivos para que as pessoas os colassem em seus cartões de crédito e débito.

Em uma ocasião, meu telefone tocou, eu atendi e, do outro lado, uma pessoa me perguntou se eu conhecia a senhora Ângela B. Respondi-lhe que sim e ela avisou que Ângela havia esquecido a carteira com todos os seus cartões e documentos em sua loja. Eu disse que a avisaria, sem compreender como tal pessoa havia me encontrado.

Por sorte, eu tinha o telefone da irmã da senhora Ângela, pois tinha sido minha cliente. Horas depois, então, compreendi o que acontecera. A vendedora (a pessoa que me telefonou) viu no cartão da senhora Ângela o adesivo que continha, além da pergunta, meu *site* e telefone.

Sobre a efetividade do adesivo na questão de prevenção a gastos desnecessários, não sei dizer se funcionou – parece que não –, mas ao menos ajudou a senhora Ângela a recuperar seus pertences.

O paternalismo libertário é, assim, uma ideia que pode nos ajudar a tomar decisões melhores e, por conta disso, a nos fazer chegar ao ponto que queremos.

Tudo isso também pode ser aplicado com o auxílio de outro conceito de finanças comportamentais que promove a competência das pessoas para fazer escolhas melhores: a arquitetura de escolha.

11.8 Arquitetura de escolha

A expressão *arquitetura de escolha* também foi cunhada por Thaler e Sunstein (2008) e refere-se à prática de influenciar a escolha organizando o contexto em que as pessoas tomam decisões. Trata-se da prática de influenciar a escolha mudando o modo como as opções são apresentadas.

Também conhecida como *paternalismo libertário light* ou *assimétrico*, a arquitetura de escolha é muito citada por economistas comportamentais de renome, além de adeptos e entusiastas da área. Ela inclui outras ferramentas comportamentais que afetam decisões, como padrões, opções de enquadramento, iscas, *defaults* ou adição de opções chamariz.

A ideia básica consiste em promover o redesenho de contextos de modo a facilitar que as pessoas tomem decisões melhores. Em outros termos, a proposta é impelir os indivíduos a tomar as decisões que realmente gostariam de tomar, mas que, por serem vítimas de si mesmos e de suas próprias limitações, não conseguem. Um exemplo frequentemente mencionado diz respeito à forma como a comida é exibida em lanchonetes, considerando-se que a oferta de alimentos saudáveis no início da linha ou no nível dos olhos pode contribuir para escolhas mais saudáveis.

Um *default*, por exemplo, ocorre quando uma pessoa opta por não ser doadora de órgãos e tem de declarar isso por meio de algum procedimento – caso isso não ocorra, ela poderá ser doadora. Esse simples fato faz aumentar o número de doações de órgãos. Uma opção *default* demanda que quem não quiser escolhê-la tenha de tomar alguma atitude que explicite isso. Planos de aposentadoria em empresas também podem constituir um *default*. Quando as pessoas querem aderir ao plano, elas preenchem formulários, mas isso gera pouco engajamento. Porém, ao se inverter o cenário (ou seja, quem não quer o plano de aposentadoria deve preencher o formulário), o engajamento aumenta.

No Capítulo 9, apresentamos um exemplo de preço de prato* baseado no tamanho. Esse é um caso de opção chamariz – a "opção" que você quer que as pessoas escolham.

---

* Prato pequeno: R$ 20,00; prato médio: R$ 22,00; prato grande: R$ 25,00.

A arquitetura de escolha pode ser uma ideia muito interessante para promover uma mudança que resulte em comportamentos melhores para o próprio indivíduo.

Isso nos ajuda a entender por que palestras motivacionais não geram grandes resultados. Pfeffer (2015) acrescenta que a inspiração não produz mudança. O efeito motivacional provavelmente vai durar apenas enquanto a carga emocional recebida estiver recente.

Para a mudança de comportamento, é necessário mais do que apenas inspiração. Por isso, *coaches*, prestem atenção: "Você muda o comportamento das pessoas fazendo com que **elas** definam algumas metas específicas e mensuráveis, **lembrando-as do que elas se comprometeram a fazer, medindo** suas atividades, fornecendo *feedback* frequente e fornecendo **reforço positivo** para o progresso" (Pfeffer, 2015, p. 51, tradução e grifo nosso).

Programas efetivos de mudança pessoal também reconhecem a importância de alterar o ambiente social das pessoas, modificando-se os indivíduos com os quais elas interagem regularmente. Somos profundamente influenciados por aqueles com quem temos contato, já que estes nos fornecem informações e modelos de comportamento.

Thaler e Sunstein (2008) compreendem que o comportamento humano pode, independentemente de leis, incentivos ou informações, ser alterado de maneira previsível e preferível por meio do ***design* intencional** do ambiente contextual de quem toma decisões, formalmente chamado de *arquitetura de escolha*.

Mais recentemente, Thaler (citado por Harford, 2019) introduziu o conceito de *sludge* (algo como "lodo", "limo"), o qual é oposto ao *nudge*. Se a ideia do *nudge* é facilitar as coisas para que as pessoas façam, o *sludge* seria o contrário: se você não quer que as pessoas façam, dificulte. Afinal, como ele mesmo disse certa vez em resposta ao economista Robert Barro, que teimava em defender a racionalidade do agente econômico, "Você assume que os agentes da economia são tão espertos quanto você [...] e eu assumo que eles são tão idiotas quanto eu" (Thaler, citado por Harford, 2019).

Apresentamos uma variedade de instrumentos que podem ajudar a nos prevenir do canto das sereias ou – o que parece ainda mais óbvio, mas nem sempre aceito – a nos proteger de nós mesmos e evitar aquilo que Shakespeare (2000) imortalizou na história de Macbeth: sermos arquitetos de nossa própria destruição.

Poupar, gastar
ou investir:
eis a questão

Investir ou gastar? Comprar a prazo é satisfazer um desejo ou uma necessidade presente em troca do uso de um recurso (dinheiro) futuro. Por sua vez, comprar à vista é satisfazer um desejo ou uma necessidade presente em troca do uso de um recurso (dinheiro) presente. Poupar ou investir corresponde à troca da satisfação de um desejo ou de uma necessidade presente pela satisfação de um desejo ou de uma necessidade futura maior e melhor.

capítulo 12

É desse modo que o agente econômico constrói ou destrói sua vida financeira, em uma eterna disputa entre os custos psicológicos da escolha, as expectativas futuras, os sonhos e uma imensa vontade de satisfazer desejos sem limites com recursos limitados.

"Ser ou não ser, eis a questão." Talvez esse seja o mais famoso solilóquio (falar consigo mesmo) de todos os tempos. Essa frase ficou imortalizada por Shakespeare na peça *Hamlet*, no ato III, cena I: "To be, or not to be" (Shakespeare, 2022, p. 63).

Quando damos títulos aos agentes econômicos, quando o assunto é o que eles fazem com o dinheiro que têm ou não, eles são chamados de *consumidores, poupadores, investidores, endividados, inadimplentes* etc. Precisamos compreender que, antes de qualquer outro título, esses indivíduos são nada mais nada menos do que legítimos representantes da espécie *Homo sapiens*; estão, portanto, sujeitos a todos os erros sistemáticos de julgamento que exploramos até aqui.

Edgar Morin (1999) sugere que o ser humano deveria ser chamado de *sapiens-demens**, pois é dual e controverso, além de carregar um certo grau de loucura.

Dan Ariely e Jeff Kreisler (2019, p. 10) afirmam que "pensar muito sobre dinheiro seria ótimo se isso nos ajudasse a tomar decisões melhores. Mas não é o que acontece. A verdade é que tomar más decisões nessa área é algo próprio da natureza humana. Somos Phds em bagunçar nossas vidas financeiras".

A frase "ser ou não ser" representa uma das maiores questões da vida. Isso é mais ou menos como crer em Deus e na vida eterna com Ele no céu. Se você crê na vida após a morte, vai tentar adequar sua vida na Terra para que, lá na frente, quando for encontrar com Ele, seja recompensado por esse esforço. Se der certo, ótimo, mas... E se não der? E se Ele não existir? Significa que você não viveu tudo o que queria viver aqui e lá na frente não terá outra chance – melhor dizendo, não existirá um "lá na frente" (Dias, 2016).

Agora, pense sobre as questões a seguir: O que é melhor?

- Viver mais intensamente agora (alto consumo) e receber menos depois (baixa poupança)?
- Viver menos intensamente agora (alta poupança) e receber mais depois (alto consumo)?

A esse respeito, observe a Figura 12.1. Na vertical está o termômetro do prazer e, na horizontal, o fator tempo.

---

* A construção *sapiens-demens* de Morin (1999) deriva da combinação do *Homo sapiens* com *Homo demens*, ou seja, um misto de razão e loucura, inteligência e criatividade: "nós deveríamos fazer de tudo para desenvolver nossa racionalidade, mas no seu próprio desenvolvimento, a racionalidade reconhece os limites da razão e entra em diálogo com o irracional" (Morin, 1997, p. 12).

Figura 12.1 – Termômetro do prazer: entre poupar e gastar

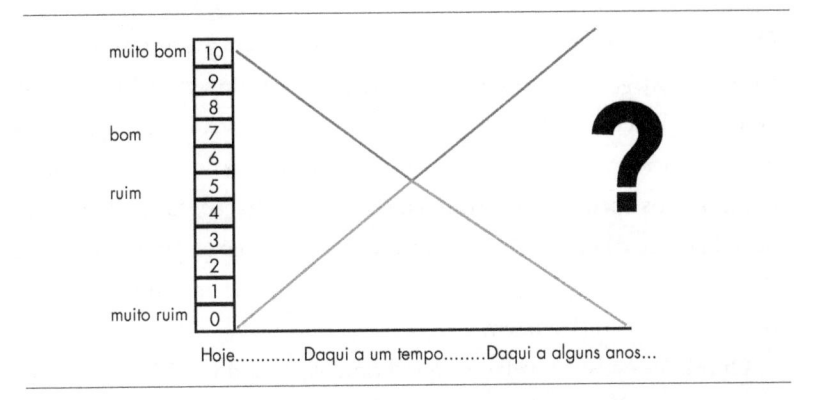

muito bom	10
	9
	8
bom	7
	6
ruim	5
	4
	3
	2
	1
muito ruim	0

Hoje............Daqui a um tempo........Daqui a alguns anos...

Fonte: Dias, 2016, p. 91.

Atualmente, em que alternativa reside o maior prazer, no consumo ou na poupança? E no futuro, daqui a 30 anos, o prazer estará em ter poupado e ter uma boa reserva para consumo ou encarar uma vida sem recursos? É a decisão do presente que impacta o futuro. Se esta não for pensada agora, daqui a 30 anos já será tarde demais – se houver futuro, é claro. Muito complicado, não é mesmo?

Responda: Qual será o dia de sua morte? O fato de não conseguir responder a essa pergunta já torna seu planejamento financeiro bem complexo. Isso porque o plano pode fazer você partir e deixar algum dinheiro ou uma fortuna por aqui ou, pior, o dinheiro pode acabar antes de você morrer porque viveu por um tempo maior do que planejou, ficando, por isso, sem dinheiro para suprir esse período – depois dos 45 minutos do segundo tempo, talvez com prorrogação.

Ademais, sua saúde no futuro será a mesma de hoje? Até quando pretende trabalhar? Como você se sustenta atualmente? Qual padrão de vida espera ter? Como é sua alimentação? Sua profissão ou seus bens podem trazer renda para a aposentadoria? São muitas as perguntas a serem feitas para conseguirmos *projetar* (guarde bem essa palavra e, depois, volte a ler sobre a falácia do planejamento), sendo preciso torcer também para que as taxas de juros remuneratórios verdadeiras sejam iguais ou melhores em relação ao esperado.

12.1 Tentações e mais tentações

O que lhe confere mais prazer? Sexo ou compras? Um grupo de 60 pessoas viu várias imagens, produtos em promoção, cenas de sexo e, ainda, paisagens. Em uma escala de 0 a 10, as fotos de cenas de sexo e as de produtos em promoção tiveram picos de 7 pontos. Já as imagens de paisagens ficaram em 2 pontos apenas. Uma máquina mediu a excitação dos participantes pela dilatação da pupila. Esse experimento aconteceu na Universidade de Westminster, na Inglaterra, e permitiu concluir que as compras são tão boas quanto sexo (Deursen, 2016).

Outras pesquisas revelaram que homens, quando estão estimulados sexualmente, fazem coisas que normalmente considerariam repugnantes ou imorais e tomam decisões equivocadas. No estado de excitação sexual, o cérebro reptiliano assume o controle e fica irreconhecível para si mesmo. Outros fatores que pioram nosso domínio sobre nossas decisões são o álcool, o cansaço e a distração. Quando se é tomado pela paixão, as emoções podem embaçar o limite entre o certo e o errado (Ariely, 2008; Ariely; Loewenstein, 2005).

Sobre o álcool não precisamos falar muito. Basta observar pessoas que o consumiram em excesso e suas decisões enquanto estavam embriagadas. O mesmo vale para o cansaço. Quantas vezes tomamos decisões por estarmos em estado de fadiga e depois pensamos "Caramba, como não percebi antes?".

Por sua vez, a distração remete ao velho jogo da moeda escondida no copo, aos truques de mágica – que prendem sua atenção em um ponto a fim de que o artista faça sua mágica sem que você perceba – ou mesmo aos *shopping centers*, aos centros comerciais e aos supermercados, que não têm relógios visíveis para que você perca a noção do tempo e demore mais no local admirando as gôndolas.

A propósito, a filosofia explica que não existe mágica, é apenas o mágico que o induz a acreditar que ela existe. Você, então, pode nos perguntar: "Como eles fazem isso?". Nossa resposta é: isso a filosofia não explica.

Existem dois pontos a serem observados sobre essa questão. Um problema chama-se *futuro*, e o outro, *emoção*. E o futuro, como pontuam Ariely e Kreisler (2019), não tem nenhuma emoção. Os autores esclarecem esse fenômeno com um exemplo muito peculiar.

Se fôssemos questionados sobre o que preferiríamos comer mês que vem, uma banana ou um bolo de chocolate, pensaríamos da seguinte forma: a banana é mais saudável, é melhor para nossa saúde, embora o bolo seja delicioso. Diante dessa situação, então, respondemos: "No futuro, comerei banana".

Quando imaginamos a nossa realidade no futuro — nossa vida, nossas escolhas, nosso ambiente —, pensamos nas coisas diferentes do que fazemos no presente. Hoje a nossa realidade está claramente definida, com detalhes, emoções e assim por diante. No futuro, não está. Assim, no futuro, podemos ser pessoas maravilhosas. Praticaremos exercícios, faremos dieta e tomaremos nossos remédios. Acordaremos cedo, pouparemos para aposentadoria e jamais leremos mensagens de texto enquanto dirigimos. Imagine quão enriquecedor estaria o mundo se todos escrevessem os grandes romances que prometeram começar qualquer dia desses. (Ariely; Kreisler, 2019, p. 189)

Como no futuro não há emoção, a escolha entre banana e bolo fica apenas no plano razoável do valor nutricional, o que é diferente do que ocorre no presente. No presente, escolhemos o bolo de chocolate, que é a melhor alternativa para nós do ponto de vista emocional, pois satisfaz as necessidades e os desejos do momento.

Antes que você diga que escolheria a banana de qualquer forma, troque o bolo por outro item que lhe apeteça mais e que seja menos saudável do que a banana. O importante é saber que é mais difícil conectar-se emocionalmente com um futuro abstrato do que com um presente real. Quantas pessoas com mais de 80 kg que afirmaram estar em uma dieta com base em livros de autoajuda, com o objetivo de entrar em uma roupa de casamento no futuro, foram vencidas por um mísero brigadeiro de 5 g?

Na realidade, o autocontrole exige mais do que conhecimento. O esforço é brutal para resistir às tentações diárias. Isso se aplica a gastar mais dinheiro do que devemos, a comer mais do que precisamos, a assistir mais à televisão, a passar mais tempo nas redes sociais etc.

Você já acordou para fazer atividade física, mas percebeu que estava chovendo e, com satisfação, colocou a culpa na chuva e voltou para a cama? Você até queria se exercitar, mas o tempo não colaborou. Nesse tipo de situação, não assumimos nossa responsabilidade. Há um terceiro responsável por isso, então não nos sentimos culpados. Do mesmo modo, poupar dinheiro é mais difícil do que não poupar, até porque é muito mais trabalhoso ter de decidir em que, quanto e com quem investir, analisar taxas, rendimentos, preencher formulários eletrônicos, assinaturas etc. Enquanto isso, para gastarmos dinheiro, basta sermos fisgados por algo que nos desperte curiosidade ou desejo e pronto.

John Maynard Keynes e George Katona veem na tendência de segurar ou poupar dinheiro uma tentativa de reduzir o sentimento de insegurança perante o futuro. Assim, o dinheiro é visto como um conforto, uma das muitas representações que pode ter para os indivíduos. Afinal, trata-se de uma construção social, portanto seu valor depende da cultura, da crença coletiva em que está inserido (Ferreira, 2008).

12.2 Marshmallow e sacolinhas

Outro elemento que podemos observar e que é comumente citado nos estudos de finanças comportamentais é nossa recusa em adiar a satisfação ou a recompensa.

Lembre-se do problema que apresentamos quando abordamos o desconto hiperbólico subjetivo no Capítulo 5: O que você prefere, R$ 100,00 agora ou R$ 110,00 mês que vem? O que você prefere, meia caixa de chocolates agora ou uma caixa de chocolates semana que vem? Um *marshmallow* agora ou dois quando a tia voltar?

Você deve conhecer o famoso teste do *marshmallow*; caso contrário, procure na internet por *"marshmallow test"*. Criado por Walter Mischel em 1972, esse estudo foi realizado na Universidade de Stanford. Mischel deixou crianças de 4 a 5 anos sozinhas, cada uma com um *marshmallow* na sua frente, mas com a seguinte proposta: se elas não comessem o doce e aguardassem até o adulto voltar, depois de algum tempo, para a sala, elas poderiam comer dois *marshmallows*. O resultado foi que algumas crianças resistiram à tentação, mas outras, não (Goleman, 1995; Thaler, 2015). Esse teste revela nossa capacidade de postergar uma gratificação imediata. Mesmo que pesem todas as críticas que existem sobre o experimento e os resultados que as crianças tiveram na vida adulta, ele vale muito como reflexão sobre nossos comportamentos. Somos capazes de resistir ao *marshmallow* presente e aguardar os dois futuros?

Relato do autor

Durante alguns anos, trabalhei em uma grande varejista mundial. Na época, havia em São Paulo uma discussão intensa sobre o uso de sacolinhas plásticas. Alguns levantavam a possibilidade de se tratar de uma jogada comercial para, no fundo, fazer os supermercados cobrarem as sacolas dos clientes (até então "gratuitas"); outros consideravam que era uma questão realmente ecológica, visto que se conheciam os danos causados pelo plástico no meio ambiente.

Ouvi produtores das sacolinhas dizerem que o problema não era a sacolinha em si, mas o que os consumidores faziam com ela – a questão do descarte, do reaproveitamento como sacos de lixo etc.

Seria possível que a mudança do comportamento do consumidor viesse ao encontro do propósito de salvar o planeta? Na época, eu não percebia a dimensão dessa discussão, mas hoje ela é o exemplo mais poderoso que vejo sobre comportamento do consumidor.

Independentemente de todo o debate sobre a questão, eu vi os consumidores mudarem seus hábitos. Pessoas passaram a usar caixas de papelão das embalagens de atacado; outras começaram a trazer suas sacolas de casa. Houve uma mudança comportamental provocada por uma conscientização ambiental e com reflexos na economia.

Corroborando o que propõe Katona, podemos afirmar que o ser humano é influenciado por experiências passadas, normas socioculturais, atitudes e hábitos. Tudo isso influencia suas decisões. Embora se utilize de atalhos (como heurísticas), o indivíduo também é capaz de agir de maneira inteligente. Portanto, o questionamento correto não seria se somos seres racionais ou irracionais (Ferreira, 2008).

Como disse o psicanalista Flávio Gikovate (citado por Dias, 2016, p. 152), "O consumismo é muito mais fonte de infelicidade do que de felicidade. O prazer trazido é efêmero, uma bolha de sabão – e em seguida vem outro desejo. Ele gera vaidade, inveja, uma série de emoções que estão longe de qualquer tipo de felicidade. E tudo vira comparação".

Ariely e Kreisler (2019, p. 241) indicam que, "por conta da nossa percepção, sentimos uma pressão social para competir com os vizinhos nos gastos, mas não na poupança invisível". O carro na garagem, a roupa, as viagens nas redes sociais, tudo isso é perceptível para a sociedade, mas os boletos que vencem e a poupança que se faz não são. Procure fazer a correlação, no lugar onde você mora, entre o valor dos automóveis na garagem e as cotas de condomínio atrasadas.

Como mencionamos no Capítulo 5, Thorstein Veblen foi o primeiro economista a perceber que o comportamento econômico dos indivíduos era ditado por fatores psicológicos, como o medo e a busca por *status*.

No desejo de aprender apenas com o sucesso, pessoas perdem a oportunidade de aprender com o fracasso. Tendemos a generalizar e a aprender com casos excepcionais, porém aprender com eventos raros (veja a Seção 10.4) é um esforço singularmente problemático (Pfeffer, 2015).

Vera Rita de Mello Ferreira (2008) recomenda considerar o contexto mais amplo, em que perdas e ganhos pontuais mereçam menos espaço relativo, deixando de ser avaliados isoladamente. Assim, evita-se que a avaliação seja realizada sob o impacto do pânico, do susto ou de impulsos súbitos e que o indivíduo preste menos atenção em seus investimentos para se proteger de suas próprias reações emocionais, muitas vezes inadequadas, em face das flutuações do mercado. Ainda há um longo caminho para compreendermos as razões do desequilíbrio relativo ao consumo, que muitas pessoas revelam, assim como as dificuldades de se criar uma poupança para o futuro.

Você sabia que, ao se sentar no sofá com um saco gigante de algum alimento (salgadinho, frios, amendoim, pipoca etc.), a tendência é comer todo o conteúdo contido nele? Porém, se você dividir o mesmo conteúdo em vários sacos menores, a simples pausa para trocar o conteúdo do saco vazio pelo cheio representa uma janela de oportunidade para pensar sobre o quanto já comeu. Afinal, como sugerimos, o quanto comemos depende, em parte, do tamanho do prato em que a comida é servida e, como afirma Ariely, fazer dieta e poupar são coisas muito similares (Filgueiras, 2019).

De acordo com alguns estudos, pessoas que optaram por receber seu dinheiro em conta poupança aumentaram seus níveis de poupança. Além disso, indivíduos que poupam dinheiro carimbado (como o colocado em envelopes com os nomes dos filhos) acabam poupando mais e gastando menos (Ariely; Kreisler, 2019).

Esses exemplos podem ser considerados *nudges* que ajudam as pessoas a preservar seu futuro financeiro, já que compreender o próprio comportamento é bastante difícil, assim como entender como funcionam os produtos e serviços financeiros. Por exemplo, ainda é comum que algumas pessoas queiram investir e acabem comprando seguros, títulos de capitalização e outros produtos muito ruins, por conta de seu desconhecimento. É como comprar um carro potente, cheio de recursos, 4×4 *off-road*, para andar na cidade e percorrer apenas poucos quilômetros de casa ao trabalho sem sequer encarar uma pequena subida.

12.3 Investidores, poupadores, consumidores e seus vieses

A Comissão de Valores Mobiliários (CVM) produziu documentos muito interessantes sobre os vieses que afetam o investidor, o poupador e o consumidor. Cruzamos as informações desses materiais com algumas das principais ideias apresentadas neste livro. Além disso, aplicamos esses vieses nas três categorias (ou papéis) em que as pessoas podem enquadrar-se: investidores, poupadores e consumidores.

Desse modo, podemos observar todos os vieses listados, bem como a forma como se materializam de acordo com o papel em que estão representados. Para os vieses não abordados neste livro, incluímos uma breve definição (Quadro 12.1).

Quadro 12.1 – Vieses dos investidores, dos poupadores e dos consumidores

Viés	Investidor (aquele que tem os recursos financeiros e pensa em fazer investimentos)	Poupador (aquele que tem a intenção, mas não necessariamente a prática de guardar dinheiro)	Consumidor (aquele que deseja ser um consumidor consciente)
Ancoragem	Ancorar-se em valores desatualizados ou que não têm relação.	Ancorar-se em valores altos, além de sua capacidade financeira atual, e acreditar que sua poupança pequena não trará riqueza futura, deixando, por isso, de poupar.	Ancorar-se em valores como R$ 9,99 "na promoção" mas que, antes, eram R$ 10,00.
Aversão à perda	Apegar-se a títulos e não se desfazer deles, aumentando as potenciais perdas.	Apegar-se a produtos e serviços que não utiliza ou que utiliza muito pouco e continuar pagando por eles.	Aceitar usar algo por 30 dias gratuitamente e depois não conseguir desfazer-se do objeto, assumindo, assim, mais uma conta mensal para pagar.
Falácia do apostador ou jogador	Apostar erroneamente que a sorte virá no futuro e insistir em um presente catastrófico.	Acreditar que vai ganhar dinheiro em uma aposta e, se ganhar, que vai poupar, mas acabar perdendo mais ainda.	Gastar dinheiro em jogos de azar acreditando que a sorte estará a seu lado.
Viés de confirmação	Interpretar informações de modo a confirmar suas convicções prévias e investir errado.	Interpretar informações de modo a confirmar suas convicções prévias e acabar não poupando.	Interpretar informações de modo a confirmar suas convicções prévias e acabar gastando mais dinheiro.
Lacunas de empatia quente-frio	Subestimar a influência do próprio estado emocional no momento de tomar decisões de investimento e acabar escolhendo errado.	Subestimar a influência do próprio estado emocional no momento de tomar decisões de poupança e acabar não poupando.	Subestimar a influência do próprio estado emocional no momento de tomar decisões de compra e acabar comprando demais.

(continua)

(Quadro 12.1 – continuação)

Viés	Investidor (aquele que tem os recursos financeiros e pensa em fazer investimentos)	Poupador (aquele que tem a intenção, mas não necessariamente a prática de guardar dinheiro)	Consumidor (aquele que deseja ser um consumidor consciente)
Autoconfiança excessiva	Arriscar-se demais sem dados que suportem tal aposta.	Acreditar que no futuro começará a poupar, mas só depois do 13°, no fim do ano.	Acreditar que irá ao *shopping* apenas para "ver uma coisinha" e não resistir às compras.
Efeito de enquadramento (*framing*)	Tomar decisões equivocadas com base na forma como as opções são apresentadas.	Tomar decisões equivocadas com base na forma como as opções são apresentadas.	Consumir o mais caro apenas pela forma como as opções são apresentadas.
Viés do *status quo*	Por medo de arriscar, repetir sempre os mesmos investimentos nas mesmas modalidades, como a caderneta de poupança (o que gera uma concentração e não uma diversificação).	Não poupar acreditando que os valores disponíveis são muito pequenos.	Não deixar de consumir ou diminuir o consumo acreditando que o que se consome é pouco, de forma que não faz diferença no orçamento mensal.
Falácia do planejamento (relacionada ao viés do otimismo)	Acreditar que tudo vai dar certo no futuro, apostar demais.	Acreditar que vai começar a poupar no futuro, mas foi assim também no ano passado. Definir um desconto automático pode ajudar.	Acreditar que vai começar a consumir menos no futuro, embora esse tenha sido o pensamento dos últimos dez anos.
Viés do crescimento exponencial (dificuldade de raciocinar em termos de juros compostos)	Utilizar sempre simuladores e planilhas com cálculos corretos para ter sempre os valores corretos.	Dada a dificuldade de estimar cálculos de juros exponenciais, endividar-se mais do que previa.	Dada a dificuldade de estimar cálculos de juros exponenciais, endividar-se mais do que previa.

(Quadro 12.1 – continuação)

Viés	Investidor (aquele que tem os recursos financeiros e pensa em fazer investimentos)	Poupador (aquele que tem a intenção, mas não necessariamente a prática de guardar dinheiro)	Consumidor (aquele que deseja ser um consumidor consciente)
Efeito avestruz (tendência de ignorar informações potencialmente ruins, evitando o desconforto psicológico)	Deixar de acompanhar os investimentos quando estão com desempenho ruim e postergar uma decisão difícil, mas importante.	Relutar em ver a fatura do cartão de crédito por saber que exagerou nas compras.	Ao ignorar os problemas, consumir ainda mais como forma de "alívio e fuga", entrando em uma perigosa bola de neve de juros e dívidas.
Viés do otimismo	Acreditar nas rentabilidades futuras mais do que deveria.	Acreditar que, no futuro, conseguirá um aumento e, então, poupará, não fazendo nada no presente.	Acreditar que só vai comprar uma coisa e que, quando a fatura do cartão chegar, terá o recursos para pagar.
Viés do presente e desconto hiperbólico	Ignorar um investimento de longo prazo e manter uma carteira focada apenas em liquidez imediata, perdendo bons investimentos.	Contrair mais dívidas por privilegiar excessivamente a recompensa imediata em detrimento do que virá depois.	Contrair mais dívidas por privilegiar excessivamente a recompensa imediata em detrimento do que virá depois.
Efeito adesão	Entrar em investimentos perigosos porque estão "na moda" e perder dinheiro.	Não aderir a uma poupança mensal porque a maioria das pessoas não está falando e/ou fazendo isso.	Aderir à reciclagem de embalagens porque 80% dos consumidores o fazem, em vez de consumir o produto X porque "todos estão consumindo".
Efeito halo	Por ter sido bem recebido por um agente de investimentos, acreditar que tudo o que ele oferece é bom.	As primeiras impressões influenciam o julgamento. Não é porque não gostamos da gerente do banco que o que ela oferece seja ruim.	As primeiras impressões influenciam o julgamento. Não é porque gostamos da marca X que tudo referente a ela seja bom e, por isso, precisamos comprar.

(Quadro 12.1 – continuação)

Viés	Investidor (aquele que tem os recursos financeiros e pensa em fazer investimentos)	Poupador (aquele que tem a intenção, mas não necessariamente a prática de guardar dinheiro)	Consumidor (aquele que deseja ser um consumidor consciente)
Falácia dos custos irrecuperáveis	Continuar colocando dinheiro em empreendimentos sem expectativa de retorno só porque já investiu bastante anteriormente.	Por não ter guardado dinheiro e por ter comprado uma bolsa nova, comprar um sapato para combinar com a bolsa.	Ir a um evento correndo o risco de ficar preso em um alagamento só porque pagou pelo ingresso.
Heurística do afeto ou afetiva	Investir em ações de empresas das quais gosta, em vez de focar a perspectiva de rentabilidade.	Por gostar demais das pessoas do lugar, acabar pagando mais caro em produtos que poderiam ser obtidos por preços menores em outros estabelecimentos.	Comprar um produto mais caro e nem sempre útil porque contém um *slogan* de apelo, como "Sem gorduras trans" ou "Compre dois e ganhe um bicho de pelúcia".
Ilusão de controle	Acreditar que tem influência sobre o preço das ações que comprou.	Dirigir embriagado, ser pego em uma *blitz* e precisar pagar uma multa.	Acreditar que, se comprar a nova camisa oficial de seu time e ingressos para todos os jogos, ele será campeão.
Viés da atribuição (formado por um conjunto de outros vieses; basicamente, consiste em atribuir causas aos fatos ocorridos, seja em relação ao próprio comportamento, seja em relação ao dos outros)	Acreditar que a boa rentabilidade dos investimentos veio graças à visão de mercado, ao passo que a baixa rentabilidade é atribuída apenas ao mercado.	Acreditar que não consegue poupar porque ganha muito pouco.	Acreditar que seu esforço do último mês foi maior do que o de todos e que, por isso, pode comprar algo melhor para si mesmo. Porém, se o esforço tivesse sido o pior entre todos, também se sentiria merecedor de comprar algo para se alegrar.

(Quadro 12.1 – conclusão)

Viés	Investidor (aquele que tem os recursos financeiros e pensa em fazer investimentos)	Poupador (aquele que tem a intenção, mas não necessariamente a prática de guardar dinheiro)	Consumidor (aquele que deseja ser um consumidor consciente)
Viés do ponto cego (acreditar que nossos julgamentos são imparciais, enquanto os das demais pessoas são tendenciosos; trata-se de uma espécie de "meta-viés"; somos cegos a respeito de nossa cegueira)	Não enxergar a subjetividade nas decisões e, portanto, escolher um investimento pelas razões erradas.	Não enxergar o próprio comportamento de forma clara e verdadeira e, portanto, nunca procurar corrigi-lo. Uma poupança programada pode ajudar nisso.	Ir ao supermercado com fome e não acreditar que esse estado vai alterar a propensão a gastos.

Fonte: Elaborado com base em CVM, 2015, 2016, 2017.

Em face de todo o exposto, o conselho que deixamos é: recorrer a profissionais qualificados e ter a quem perguntar sobre investimentos financeiros também faz toda a diferença. Aquele parente que gosta de opinar sobre tudo não tem a mesma visão sobre o mercado imobiliário que um bom corretor de imóveis, por exemplo.

Warren Buffett faz uma recomendação muito boa sobre isso: "não invista em nada que você ache incompreensível. Investir tem de ser como escolher uma roupa na loja: além de olhar se combina, o investidor tem de se sentir confortável com o que está usando" (Não..., 2009). Para se tornar um investidor, é preciso, antes, deixar de ser tão consumidor e se tornar um poupador.

"Ser ou não ser, eis a questão." Boa sorte!

Sobre felicidade
e ser feliz

Com a leitura deste livro, é possível compreender que tanto economistas quanto psicólogos concordam que os seres humanos buscam a felicidade. Evidentemente, nem todos conseguem definir o que é felicidade, mas é nítido que a busca por ela faz parte de nossa jornada.

capítulo 13

A Declaração de Independência dos Estados Unidos, emitida em 4 de julho de 1776 – mesmo ano da publicação de *A riqueza das nações*, de Adam Smith –, considera que a busca da felicidade é um direito inalienável, comparável à vida e à liberdade dos cidadãos* (USA, 1776). A título de curiosidade, essa declaração foi assinada na cidade da Filadélfia, no estado da Pensilvânia. A palavra *Filadélfia* vem dos termos gregos *phílos*, que significa "amigo", e *adelphós*, que significa irmão. Assim, o topônimo (isto é, nome de lugar) *Filadélfia* significa "a cidade onde os homens são irmãos" (Voltaire, 2017).

Frey e Stutzer (2002) salientam que a economia é – ou deveria ser – sobre a felicidade individual, particularmente considerando de que maneira aspectos como crescimento, desemprego, inflação e fatores institucionais, como a governança, afetam o bem-estar individual.

---

* No original: "all men are created equal, that they are endowed by their Creator with certain unalienable Rights, that among these are Life, Liberty and the pursuit of Happiness" (USA, 1776).

A palavra *felicidade* tem diferentes definições, como "bem-estar subjetivo" ou "nível de satisfação com a vida". Os estudos sobre ela advêm principalmente de duas vertentes teóricas: a eudaimônica, segundo a qual o indivíduo busca sua realização ao longo da vida, e a hedonista, mais ligada ao prazer imediato.

Diante disso, as pesquisas sobre felicidade trabalham com dois critérios para a estruturação dos estudos acerca do assunto. O primeiro é o bem-estar subjetivo (*subjective well being*), que estaria ligado ao **bem-estar emocional**, por vezes também chamado de *bem-estar hedônico* ou de *felicidade experimentada*. Esse conceito está associado à qualidade emocional de uma experiência cotidiana do indivíduo. Como exemplos, podemos citar a frequência e a intensidade de experiências de alegria, fascínio, ansiedade, tristeza, raiva e carinho que tornam a vida agradável ou desagradável. Por sua vez, o segundo critério diz respeito à **avaliação da vida**, que se refere aos pensamentos de uma pessoa sobre sua vida – no caso, o bem-estar subjetivo.

É relevante sempre observar os dois critérios, pois podemos estar muito tristes em um dia, mas, ao analisarmos nossa vida de forma mais ampla – relembrando fatos passados, por exemplo –, podemos percebê-la de modo mais satisfatório. Isso, no entanto, não representa uma inovação, já que Epicuro (citado por Warburton, 2015, p. 30) costumava dizer que "boas memórias podem aliviar a dor". Assim, para fins de pesquisa, deve-se considerar a emoção do momento, que pode ser negativa ou positiva, e a avaliação geral da vida do indivíduo.

Dolan (2014) propõe que uma combinação do princípio do prazer com o propósito pode trazer maior felicidade aos indivíduos. Ele chama esse processo de *felicidade desenhada* (*happiness by design*, em inglês), que demanda um preenchimento da agenda do indivíduo para se concretizar. Por exemplo, comer e beber podem ser bons prazeres, mas estão longe de serem um propósito de vida. Seria muito pouco atribuir o sentido da própria existência a tais ações, exceto se você fizesse disso uma espécie de missão de vida, tornando-se cozinheiro, *chef* de cozinha, *restaurateur* etc. Nesses casos, os prazeres teriam um significado maior, que vai além de apenas comer e beber diariamente. Assim, ao ocupar sua agenda com as atividades que lhe trazem prazer e estão relacionadas a um propósito, a felicidade é construída.

Um propósito corresponde àquilo que transcende um contexto. Na visão de Viktor Frankl (1987), a felicidade é um efeito colateral do atingimento de uma meta, de um sentido. Ademais, quem tem por que viver encontra um como, já que o homem não poderia suportar uma vida sem um sentido, sem um propósito.

Seligman (2004), ao apresentar seu conceito de felicidade autêntica, sinaliza que a vida pode ser vivida de três formas:

1. **Agradável**: quando se consegue somar emoções positivas e prazeres físicos, como saborear um alimento, receber um carinho ou ter um orgasmo, mas também prazeres maiores, como enlevo, emoção e conforto.
2. **Boa**: quando se utilizam forças pessoais para obter gratificação abundante nos principais setores da vida.
3. **Significativa**: quando se utilizam virtudes e forças pessoais a serviço de algo muito maior. Essa combinação forma, então, uma vida plena, com prazeres e significado.

Em geral, os estudos sobre felicidade apontam para algumas variáveis, como competência, autonomia, autoestima, relacionamentos, autorrealização, otimismo, emoções positivas e negativas, dinheiro, religiosidade, regime de governo etc. Ryff e Keyes (1995), por exemplo, defendem modelos teóricos de indicadores de bem-estar psicológico que englobam seis dimensões: autonomia; competência; senso de crescimento e desenvolvimento pessoal; relações positivas com os outros; propósito de vida; e autoaceitação (MacKerron, 2012; Deaton, 2008; Kahneman; Krueger, 2006; Diener, 1984).

Nos estudos apresentados por Warner Wilson (1967), é possível observar um estereótipo de pessoa feliz, independentemente do gênero biológico: jovem, saudável, bem-educado, bem-pago, extrovertido, otimista, sem preocupações, religioso, casado, com alta autoestima, alta moral no trabalho, aspirações modestas na vida e ampla inteligência (Seligman, 2004; Diener, 1984).

A felicidade também pode ser um indicativo da **inteligência emocional**, como observam os pesquisadores Peter Salovey e John Mayer, os criadores desse constructo teórico, muito antes de Daniel Goleman publicar seu *best-seller* homônimo. Para eles, a inteligência emocional é definida como "a capacidade de perceber emoções, acessar e gerir emoções de modo a auxiliar o pensamento, a compreender as emoções e os significados emocionais e a regular as emoções de maneira que promova o crescimento emocional e intelectual" (Stein; Book, 2011, p. 13, tradução nossa).

Assim, a felicidade poderia ser medida pelo indicador de bem-estar composto por frequências altas em apenas quatro escalas, entre as 15* definidas para medir a inteligência emocional:

1. **Autoestima**: "capacidade de respeitar e aceitar a si mesmo – essencialmente gostar do jeito que você é. Ter autoestima saudável é apreciar seus aspectos e possibilidades positivos percebidos, bem como aceitar seus aspectos e limitações negativos e ainda se sentir bem consigo mesmo" (Stein; Book, 2011, p. 68, tradução nossa). Assim, a felicidade é o subproduto de acreditar em si mesmo e de viver de acordo com os próprios valores.
2. **Autorrealização**: "capacidade de realizar suas capacidades potenciais. Esse componente de inteligência emocional se manifesta quando você se envolve em atividades que levam a uma vida significativa, rica e plena" (Stein; Book, 2011, p. 76, tradução nossa). A felicidade surge da vontade de aprender e de crescer em uma jornada alinhada com seus valores.
3. **Relações interpessoais**: "capacidade de estabelecer e manter relacionamentos mutuamente satisfatórios, caracterizados pela capacidade de 'dar' e 'receber', e nos quais a confiança e a compaixão são

---

* De acordo com o teste da MHS®, derivado dos estudos de Reuven Bar-On, que cunhou o termo *quociente emocional* em 1985, a inteligência emocional é composta de cinco escalas, cada uma com três subescalas. São elas: **autopercepção** – autoestima, autorrealização e consciência emocional; **autoexpressão** – expressão emocional, assertividade e independência; **interpessoal** – relações interpessoais, empatia e responsabilidade social; **tomada de decisões** – solução de problemas, teste de realidade e controle dos impulsos; **gerenciamento do estresse** – flexibilidade, tolerância ao estresse e otimismo (Stein; Book, 2011).

abertamente expressas em palavras ou em comportamentos" (Stein; Book, 2011, p. 125, tradução nossa). Pela presença de confiança e compaixão, os relacionamentos bem desenvolvidos funcionam como um amortecedor dos efeitos negativos das demandas diárias da vida. Além disso, certamente, nos momentos felizes precisamos celebrar com as pessoas que queremos bem. Seligman (2004) compreende que as pessoas felizes são muito sociáveis, logo, bons relacionamentos são importantes para o estado de espírito dos seres humanos. Isso ecoa as ideias de Aristóteles, que identificava a importância das relações sociais: "uma andorinha só não faz verão" (Aristóteles, 1991, p. 16), conforme citamos anteriormente.

4. **Otimismo:** "capacidade de olhar para o lado positivo da vida e manter uma atitude positiva, mesmo diante das adversidades. O otimismo é um indicador da atitude positiva e da perspectiva de vida de alguém" (Stein; Book, 2011, p. 208, tradução nossa). Diante da derrota e da decepção, a capacidade de recuperar e reivindicar um estado de felicidade depende de seu nível de otimismo.

Muitos filósofos já apresentaram essas variáveis como caminhos para a felicidade. Dos jardins de Epicuro ao princípio da maior felicidade de Jeremy Bentham, as recomendações são muito próximas ao que as pesquisas contemporâneas têm confirmado.

Mais recentemente, Mihaly Csikszentmihalyi (1990) desenvolveu o conceito de *flow*, definido como "the optimal experience", isto é, o estado oposto da condição da entropia psíquica, o que faz alguém feliz, uma combinação de desafio e competência na medida correta. O *flow* corresponde à maneira pela qual as pessoas descrevem seu estado de espírito quando a consciência é harmoniosamente ordenada e desejam seguir o que estão fazendo por si mesmas.

Outros nem sequer acreditam na possibilidade da felicidade plena na vida humana, a qual seria possível somente em partes. Arthur Schopenhauer (2001a, 2001b, 2015) afirma que o mundo seria sofrimento em seu íntimo, mas os seres humanos teriam à sua disposição a possibilidade de alguma felicidade até certo ponto, visto que são carentes e sempre desejam mais do que conseguem alcançar.

Por sua visão filosófica, influenciada pelo budismo, o filósofo compreendia o prazer como algo raro, gerado apenas na supressão momentânea da dor, sendo esta a verdadeira realidade. Assim, nas palavras dele, "o melhor que o mundo nos pode oferecer é um presente suportável, tranquilo e sem dor" (Schopenhauer, 2001a, p. 11). Por isso, para atingir a felicidade, seria necessário levar uma vida mais modesta, sem muitas expectativas: "o homem sábio não persegue o que é agradável, mas a ausência da dor" (Schopenhauer, 2001a, p. 41).

Para o filósofo, mesmo que se encontre uma situação sem a dor, ainda caberia buscar a ausência do tédio. Se isso fosse possível, então a felicidade terrena seria alcançada, afinal, todo o resto seria pura quimera: "a felicidade e o prazer são uma Fata Morgana que, visível apenas de longe, desaparece quando nos aproximamos dela, e [...], por outro lado, o sofrimento e a dor têm realidade, tornam-se presentes por si mesmos de modo imediato e não precisam de ilusão ou espera alguma" (Schopenhauer, 2015, p. 108).

É perceptível que a filosofia schopenhaueriana influenciou o pensamento de Freud posteriormente na formulação da psicanálise, tanto nos princípios do prazer e da realidade quanto no suporte à frustração como proposta de amadurecimento e felicidade. No que tange ao conceito psicanalítico de repressão, por exemplo, o próprio Freud declara que foi Otto Rank quem lhe apresentou um trecho da obra *O mundo como vontade e representação*, publicada em 1819, no qual Schopenhauer trata da aceitação dolorosa da realidade, que o próprio Freud entende coincidir com o seu conceito de repressão – isso depois de ele ter desenvolvido sua teoria afirmando não ter recebido essa influência anteriormente (Schopenhauer, 2015).

De forma geral, além dos aspectos filosóficos e psicanalíticos, incluindo as descobertas da neurociência, os estudos sobre felicidade apontam para a junção de três eixos. Primeiro, há um componente químico, principalmente com a combinação de dopamina, oxitocina e serotonina, que ocorre em certo nível no organismo de cada indivíduo. Além disso, existem influências das circunstâncias em que se vive, com maior ou menor liberdade, exemplificadas em elementos como crenças, dogmas, aspectos familiares e profissionais. Por fim, considera-se uma parte atitudinal, que se refere ao grau de aderência ou conformidade em relação aos primeiros dois elementos, que influenciam no nível de emoções positivas e negativas do indivíduo (Harari, 2016; Kahneman et al., 2006; Seligman, 2004).

Existem muitos métodos para avaliar o bem-estar social. Os utilitaristas, desde o século XIX, por exemplo, acreditavam que os níveis individuais poderiam ser somados para medir o total do bem-estar social de um país. No século XX, John Rawls, por outro lado, acreditava que o bem-estar da pessoa menos abonada da sociedade representava o indicador mais correto.

Sabe-se, por exemplo, que o bem-estar subjetivo tem ligação com a produtividade do trabalhador. Nesse sentido, as pesquisas sobre felicidade têm crescido, sendo objeto de interesse substancial em diversas esferas públicas e privadas ao longo dos anos (Helliwell; Layard; Sachs, 2019; Achor, 2012; MacKerron, 2012; Deaton, 2008; Lyubomirsky; King; Diener, 2005).

Uma discussão sobre o bem-estar subjetivo deve reconhecer a distinção entre dois conceitos que geralmente são confundidos, conforme salientamos anteriormente: o **bem-estar emocional** e a **avaliação da vida**. Pesquisas de bem-estar subjetivo enfatizam tradicionalmente a avaliação da vida, propondo uma pergunta sobre satisfação como "Quão satisfeito você está com a vida como um todo hoje em dia?" (Kahneman; Deaton, 2010).

Em 1974, Richard Easterlin, pesquisando a relação entre produto interno bruto (PIB) e felicidade em 19 países (Figura 13.1), ao analisar dados do período posterior à Segunda Guerra até a década de 1970, concluiu que não existe uma relação obrigatória entre PIB e bem-estar social da população. Isso porque é possível que na composição média pareça estar tudo bem, enquanto, na verdade, a desigualdade é gritante – poucos têm muito e muitos têm pouco, mas, na média geral, o panorama parece bom (Easterlin, 1974).

Em sua pesquisa, também ficou claro que a felicidade aumentava com a renda, mas após certo ponto a variação não tinha a mesma correlação, o que indicou que outras variáveis, além da econômica, poderiam ser mais importantes para a felicidade dos indivíduos. Essa relação entre renda e felicidade – até certo ponto, correlacionadas – ficou conhecida como *paradoxo de Easterlin*.

Figura 13.1 – Pesquisas sobre felicidade até 1990

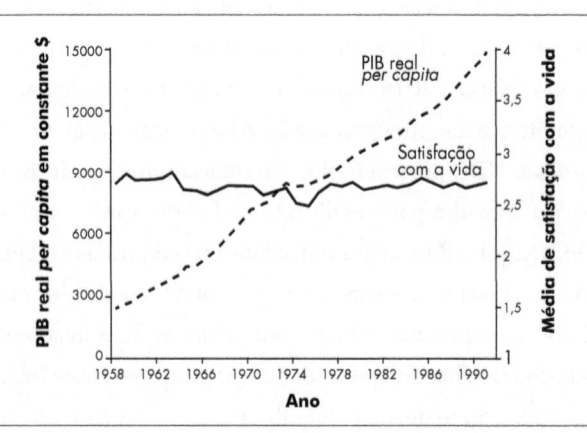

[Figura: gráfico com eixo X "Ano" de 1958 a 1990, eixo Y esquerdo "PIB real per capita em constante $" de 0 a 15000, e eixo Y direito "Média de satisfação com a vida" de 1 a 4. Linha tracejada mostra PIB real per capita crescente; linha contínua mostra Satisfação com a vida relativamente estável em torno de 3.]

Fonte: Frey; Stutzer, 2002, p. 413, tradução nossa.

Além dos estudos de Easterlin, Brickman et al. (citados por Diener, 1984) reportaram que vencedores de loteria não são mais ou menos felizes que pessoas sem esse impacto em sua vida, pois os indivíduos se adaptam aos eventos, independentemente de estes serem bons ou ruins. Esse é um conceito chamado de *adaptação* ou *esteira hedonista*, proposto em 1971 por Philip Brickman e Donald Campbell, ambos psicólogos. Segundo eles, quando a renda aumenta, as pessoas se adaptam à nova rotina e voltam a ter os mesmos níveis de bem-estar que tinham antes do prêmio.

Portanto, a adaptação ou esteira hedônica refere-se à constatação de que os níveis de felicidade das pessoas retornam a um nível básico estável depois de uma mudança na vida. Assim, a felicidade que advém da aquisição de um novo bem ou do recebimento de um aumento de salário se esvai. Até mesmo o efeito negativo de certos eventos no bem-estar subjetivo, como o luto ou a incapacidade, tende a se estabilizar, em certa medida, com o passar do tempo. De forma geral, as pessoas retornam a uma linha de base relativamente estável de felicidade (Frederick; Loewenstein, 1999).

Contudo, Daniel Kahneman e Angus Deaton (2010), em sua pesquisa sobre felicidade, constataram que a renda é um correlato melhor da avaliação da vida (satisfação) do que o bem-estar emocional. Com 450 mil respostas ao *Gallup-HealthwaysWell-Being Index** (GHWBI), eles concluíram que o bem-estar emocional (medido por perguntas sobre emoções e experiências passadas) e a avaliação da vida (medida pela Escala de Esforço de Autoancoragem, de Cantril) têm correlatos diferentes. Renda e educação estão mais intimamente relacionadas à avaliação da vida, enquanto saúde, assistência, solidão e tabagismo são preditores relativamente mais fortes das emoções diárias.

Os autores ampliaram essa pesquisa incluindo uma questão para saber se o dinheiro compra a felicidade. Nesse sentido, quando comparada com a renda dos outros, a avaliação da vida aumenta constantemente. O bem-estar emocional também se aprimora com a renda dos registros, mas não há mais progresso além de uma renda anual de US$ 75.000. Por outro lado, a baixa renda exacerba a dor emocional associada a infortúnios como divórcio, problemas de saúde e solidão. Kahneman e Deaton (2010) concluíram, então, que a alta renda compra a satisfação com a vida, mas não a felicidade e que a baixa renda está associada à baixa avaliação da vida e ao baixo bem-estar emocional.

Os seres humanos comparam-se com seus vizinhos. Por exemplo, em uma sociedade em que ninguém tem automóveis, a realidade é uma; porém, em outro cenário em que muitas pessoas têm veículos, as que não têm sentem isso como uma perda e passam a ser os "excluídos". Quanto mais desigual for uma sociedade, pior será o cenário.

Cabe citar aqui uma frase comum, atribuída a H. L. Mencken: "a satisfação do homem com o seu salário depende de saber se [...] ele ganha mais do que o marido da irmã da esposa dele" (Mencken, citado por Ariely, 2008, p. 14). Isso demonstra, por exemplo, por que nem sempre quem ganha mais é mais feliz. Nessa perspectiva, experimentos realizados por Kahneman (2012) e Seligman (2004) demonstraram que a pessoa é mais feliz quando tem um salário baixo mas que é o maior entre seus pares do que quando tem um salário muito alto mas que é inferior ao de seus pares.

---

* *Gallup-Healthways Well-Being Index* (GHWBI) é uma pesquisa diária com 1.000 residentes dos Estados Unidos conduzida pela Gallup, empresa especializada em pesquisas. O GHWBI visa avaliar o bem-estar da população e, portanto, fornece dados para a sua medição.

Mais tarde, pesquisadores descobriram que perder renda tem um efeito bastante significativo no bem-estar, assim como ser diagnosticado com alguma doença grave, ser demitido e ficar desempregado. Deaton (2017), além das pesquisas anuais divulgadas pela Organização das Nações Unidas (ONU), apresenta estudos segundo os quais países mais desenvolvidos economicamente, porém com menos diferenças sociais e forte democracia têm apresentado maiores níveis de felicidade.

O autor esclarece que nem sempre sabemos o que as pessoas estão pensando quando respondem às perguntas sobre sua própria felicidade e há dúvidas sobre o fato de as questões serem interpretadas da mesma maneira por pessoas diferentes ou em nações diferentes. Isso ocorre porque a tradução de perguntas por vezes é difícil, mesmo quando há uma palavra correspondente na outra língua. Estadunidenses usam frequentemente, em diferentes situações, a palavra *happy*; já os franceses usam *heureux* de forma mais contida. Os asiáticos do Leste não gostam muito de admitir que estão felizes. Calvinistas podem até mesmo ver a busca pela felicidade como um indicativo de grave fraqueza de caráter. Na Dinamarca, utiliza-se a palavra *arbejdsglaede*, que significa "prazer no trabalho". Essa palavra só existe no idioma escandinavo, prova de que eles dão muito valor à felicidade (Deaton, 2017).

Na obra *Teoria dos sentimentos morais*, publicada há mais de 300 anos, Adam Smith classificou a crença de que a riqueza traz uma felicidade ilusória, embora útil, "que deflagra e mantém em movimento perpétuo a engenhosidade humana" (Smith, citado por Deaton, 2017, p. 61). No século XXI, muitos pesquisadores, como Stiglitz, Sen e Fitoussi (2010), Dolan, Peasgood e White (2008) e Kahneman et al. (2006), destacam a importância de medir a prosperidade emocional de uma nação e evidenciam que problemas de saúde, desemprego e falta de contato social estão fortemente associados de modo negativo ao bem-estar.

Ao que parece, o comportamento econômico, ao menos nos últimos séculos, tem forte correlação com a busca pela felicidade.

13.1 Felicidade interna bruta

A ONU, desde 2012, divulga o *ranking* da felicidade (*World Happiness Report*) no evento intitulado *Wellbeing and Happiness: Defining a New Economic Paradigm* e estipulou o dia 20 de março como o Dia Mundial da Felicidade, por compreender que essa busca é um dos objetivos fundamentais do ser humano. Os relatórios são escritos por um grupo de especialistas independentes, que agem de acordo com suas capacidades pessoais e não refletem necessariamente a opinião da entidade. Contudo, observa-se que um grande número de países começou a considerar o bem-estar subjetivo (ou felicidade) como o objetivo mais importante de suas políticas (Helliwell; Layard; Sachs, 2019).

Esse relatório anual é decorrente da observação e dos estudos sobre o índice de felicidade interna bruta (FIB)*, conceito que nasceu no Butão, em 1972, elaborado pelo Rei Jigme Singye Wangchuck. Nessa perspectiva, o cálculo da "riqueza" de um país deve considerar outros aspectos além do PIB, que se refere apenas ao desenvolvimento econômico.

O FIB baseia-se em quatro pilares:

1. **Boa governança**: determina as condições em que os butaneses prosperam. Embora as políticas e os programas desenvolvidos no Butão estejam geralmente alinhados com valores do FIB, também existem várias ferramentas e processos empregados para garantir que os valores sejam realmente incorporados à política social.
2. **Desenvolvimento socioeconômico sustentável equitativo**: a economia deve prosperar valorizando, inclusive, as contribuições sociais, como tempo livre para lazer e família.
3. **Preservação e promoção da cultura**: a felicidade advém também da preservação da cultura butanesa, bem como do desenvolvimento da resiliência cultural, que pode ser compreendida como a capacidade de a cultura manter e desenvolver identidade, conhecimento e

---

* *Gross National Happiness* (GNH), em inglês.

práticas, sendo capaz de superar desafios e dificuldades provenientes de outras normas e ideais.

4. **Conservação ambiental**: é uma contribuição fundamental para o FIB, porque se acredita que, além de fornecer serviços críticos como água e energia, o meio ambiente contribui para estímulos estéticos e outros capazes de ser diretamente curativos para pessoas que apreciam cores vivas, luz, brisa não contaminada e o som da natureza.

Os quatro pilares do FIB direcionam nove domínios* universalmente aceitos por serem, além de comuns, não atrelados a nenhuma crença ou religião específica. Esses domínios se desdobram em vários indicadores específicos, que são comparados a cada nova pesquisa e ajudam na elaboração de objetivos no contexto da formulação das políticas públicas do país.

A pesquisa feita por amostragem, em parte com coleta de dados em formulários, em parte eletrônica, gerou informações e indicadores que são analisados, correlacionados (de forma tanto quantitativa quanto qualitativa) e, posteriormente, divulgados em relatório específico.

A seguir, apresentamos os nove domínios citados e uma breve explicação para cada um (Centre for Bhutan Studies & GNH Research, 2016):

1. **Padrões de vida econômica**: conforto material, renda, segurança financeira, propriedade privada, acesso a bens eletrônicos etc., elementos que são mensurados no PIB, por exemplo.
2. **Educação**: conhecimentos, valores e habilidades adquiridos, taxa de alfabetização, habilidades artesanais, alfabetização cultural e histórica, bem como anos de escolaridade.
3. **Saúde**: física e mental, preocupação com a qualidade da saúde da população e o atendimento médico a todos, assim como um olhar atento às tentativas de suicídio, ao alcoolismo etc.
4. **Meio ambiente**: diversidade e resiliência ecológica, percepção das pessoas sobre o meio ambiente, alimentação, responsabilidade pela

---

* As denominações originais em inglês são: (1) *living standards*; (2) *education*; (3) *health*; (4) *ecological diversity and resilience*; (5) *community vitality*; (6) *time-use*; (7) *psychological well-being*; (8) *good governance*; (9) *cultural diversity and resilience*.

conservação do ambiente natural (que propicia o silêncio para descansar, por exemplo).

5. **Vitalidade comunitária**: relações e interação dentro da comunidade, coesão social e voluntariado, segurança e frequência de socialização com vizinhos, por exemplo.
6. **Uso do tempo**: o gerenciamento equilibrado do tempo é muito valorizado na cultura butanesa. Mede-se, por exemplo, quanto tempo é gasto dentro e fora do trabalho, durante o sono etc. Trata-se de uma busca pelo equilíbrio entre trabalho e vida pessoal. Mensura-se o tempo que se passa assistindo à televisão, cozinhando, comendo etc.
7. **Bem-estar psicológico**: ligado à qualidade de vida, à satisfação com a vida e à espiritualidade.
8. **Boa governança**: percepção das pessoas em relação às funções do governo, ao retorno em serviços para a população.
9. **Resiliência e promoção cultural**: acesso à cultura, diversidade cultural e resiliência, força das tradições e dos festivais culturais, código de conduta e etiqueta do Butão.

Os nove domínios demonstram claramente que, da perspectiva do FIB, muitos fatores inter-relacionados são importantes na criação de condições para a felicidade. Por exemplo, valoriza-se a segurança material como um desses fatores. Da mesma forma, a felicidade dos seres humanos não é vista como separada do bem-estar de outras formas de vida, com a inclusão da diversidade e da resiliência ecológicas. O equilíbrio entre o desenvolvimento material e não material e a natureza multidimensional e interdependente do FIB são características-chave que o distinguem do PIB como uma medida do progresso de um país.

De acordo com esses nove domínios, o Butão desenvolveu 38 subíndices, 72 indicadores e 151 variáveis para definir e analisar a felicidade do povo butanês (GNH Centre Bhutan, 2022b). Apesar de o FIB ter surgido no início dos anos 1970, o antigo código legal do Butão, datado de 1629, afirmava: **"se o governo não pode criar felicidade para seu povo, então não há nenhum propósito para o governo existir"** (GNH Centre Bhutan, 2022a, tradução e grifo nosso).

Como uma nação budista, certamente o cultivo da compaixão decorre dessa sabedoria antiga, na qual o foco não deve ser apenas o progresso econômico, mas uma sociedade humana florescente que viva em harmonia com a natureza.

De acordo com o que apresentamos aqui, muitas pesquisas mostram que a riqueza por si só não contribui para a satisfação ou a felicidade da vida. Nesse sentido, é possível afirmar que "a riqueza pode contribuir para a nossa felicidade, mas não é o fator mais importante; por si só a riqueza falha em nos trazer satisfação plena"*. O FIB mede a qualidade do desenvolvimento desses elementos de uma maneira mais holística, e acredita-se que o desenvolvimento benéfico da sociedade humana ocorre quando o desenvolvimento material e espiritual se dá concomitantemente. O Butão é considerado um exemplo vivo e muito forte dessa mentalidade. O nome do país, na língua local, por exemplo, significa "dragão" e diz respeito à condução do verdadeiro desenvolvimento humano.

Compreender que a geração de valor, ou geração de resultados, pode ser muito maior do que o contemplado pela palavra *lucro* é essencial para a vida. Além disso, essa perspectiva se aplica bem ao conceito de sustentabilidade, batizado de *triple bottom line* (Figura 13.2) por John Elkington (1997) ainda nos anos 1990.

Figura 13.2 – *Triple bottom line*

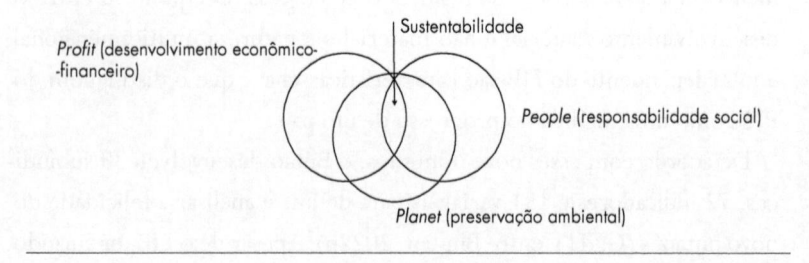

Profit (desenvolvimento econômico--financeiro)
Sustentabilidade
People (responsabilidade social)
Planet (preservação ambiental)

* Frase atribuída a Dalai Lama, segundo o guia que conduziu o autor deste livro durante seu passeio pelo Butão.

Elkington (1997, p. 2), em seu livro *Cannibals with Forks*, compreendia a agenda da sustentabilidade como uma tentativa de harmonizar os resultados financeiros tradicionais com o pensamento emergente sobre os resultados ambientais, na intenção de não abandonar a prosperidade econômica e a qualidade ambiental, tampouco o elemento que os negócios preferem ignorar, isto é, a justiça social. Para ele, a ideia de sustentabilidade implicava a fusão de três aspectos: lucro (*profit*), pessoas (*people*) e meio ambiente (*planet*). Esses elementos formam um tripé, mas o autor preferiu adotar a palavra *garfo* (*fork*) para explicá-los. Assim, os capitalistas (*cannibals*) não precisariam deixar de ser quem são, apenas deveriam aprender a usar o talher – em uma analogia para representar um capitalismo sustentável, afinal, seria um enorme progresso se um canibal usasse um garfo.

O autor foi profético ao dizer que o triunfo do capitalismo poderia ser apenas mais um sinal da crescente homogeneização ou "coca-colonização" (alusão ao domínio da Coca-Cola no mundo) da economia mundial. Para ele, "mesmo com o processo de globalização, a pressão para reconhecer e expressar aspectos ecológicos, diversidade econômica, social, cultural e política se intensificará" (Elkington, 1997, p. 330, tradução nossa).

Atualmente, todos esses conceitos estão presentes nos debates da comunidade internacional, porém talvez não no radar das pessoas e das organizações. Eles constituem o que hoje se denomina *critérios ESG* (*environmental, social and corporate governance*), sigla empregada para representar a medição de critérios socioambientais que as empresas precisam ter para atrair investidores da dita *nova economia*.

Schwab e Vanham (2021) atualizaram o conceito de Elkington (1997) e apresentaram a perspectiva do capitalismo de partes relacionadas (*stakeholders*). Trata-se de um capitalismo que não seria o capitalismo de Estado de países como a China, por exemplo, nem o capitalismo de acionistas (*shareholders*) como o dos Estados Unidos, e sim um capitalismo moderno em que os interesses de todas as partes na economia e na sociedade são levados em consideração. Desse modo, as empresas voltam-se para mais do que apenas lucros de curto prazo. Além disso, os governos atuam como guardiões de igualdade de oportunidades, promovendo condições de concorrência equitativas e um ambiente justo para a contribuição de todas as partes interessadas no que diz respeito à sustentabilidade e à inclusão social, ou seja, um capitalismo muito além do PIB.

Os autores citam, como exemplo de novas alternativas ao PIB, o caso da Nova Zelândia, que criou um indicador do bem-estar da população chamado *Living Standards Framework* ("Estrutura de Padrões de Vida", em português), que mede quatro capitais essenciais para o país: o **capital natural**, referente a aspectos do meio ambiente; o **capital humano**, relativo às capacidades de as pessoas se envolverem em trabalho, estudo, recreação e atividades sociais, incluindo habilidades, conhecimentos, saúde física e mental; o **capital social**, relacionado a normas sociais, cultura e valores; e o **capital financeiro e físico**, mais intimamente associado ao PIB, bem como aos ativos físicos e financeiros, à fabricação, à infraestrutura, ao sistema financeiro etc. (Schwab; Vanham, 2021).

Ao que parece, a sociedade butanesa está na vanguarda desse pensamento, que começa a ter algum efeito no mundo dos negócios. Assim, podemos compreender que, definitivamente, não é possível pensar em finanças sem considerar as pessoas e seus sentimentos, tampouco o meio ambiente.

Afinal, seria ético, em favorecimento do lucro de poucos, uma fábrica poluir um rio que serve a toda uma comunidade e deteriorar tanto esse ecossistema quanto a saúde das pessoas em seu entorno? É certo privatizar o lucro de poucos e socializar o prejuízo para muitos?

Trata-se de pensar as "finanças com a cabeça aberta", como bem disse Richard Thaler (1993, p. XVII). Nesta obra, buscamos apresentar justamente essa amplitude de pensamentos, citando economistas, filósofos, poetas, matemáticos, psicanalistas, psicólogos, empresários, atletas, músicos e lições do dia a dia a que todos temos acesso, pois a vida é plural. Precisamos pensar sempre de forma ampla sobre ela e não ficar restritos a apenas uma ou outra informação.

Relato do autor

O FIB funciona? Traduz, de fato, a felicidade das pessoas? Eu não posso responder com certeza absoluta a essas perguntas. Durante minha visita ao Butão – quando estive no templo mais conhecido do país, o Tiger's Nest (Figura 13.3) –, fiz essas perguntas a muitas pessoas nas ruas. Algumas disseram que sim, outras responderam que não, ou seja, a felicidade se apresenta, realmente, como uma percepção individual.

Figura 13.3 – Foto do autor no Tiger's Nest, templo mais famoso do Butão

Entretanto, só é possível melhorar o que é passível de ser medido. Você se considera uma pessoa feliz? De 0 a 10, qual é seu nível de felicidade? Quanto da sua nota tem relação apenas com o dinheiro?

Aristóteles (2015, p. 73), em *Retórica*, afirmou que "cada homem em particular e todos em conjunto têm um fim em vista, tanto no que escolhem fazer como no que evitam. Este fim é, em suma, a felicidade e suas partes".

Depois da leitura desta obra, fica evidente que tanto a filosofia (a mãe de todas as ciências) quanto suas derivadas psicologia e economia se fundamentam na busca pela constante maximização do bem-estar do ser humano.

Mas o que seria esse bem-estar, essa felicidade? O filósofo responde da seguinte forma:

> Seja, pois, a felicidade o viver bem combinado com a virtude, ou a autossuficiência na vida, ou a vida mais agradável com segurança, ou a pujança de bens materiais e dos corpos juntamente com a faculdade de os conservar e usar; pois praticamente todos concordam que a felicidade é uma ou várias destas coisas. (Aristóteles, 2015, p. 73)

Então, podemos compreender que cada um deve buscar seu caminho. É possível que todos os seres humanos, mediante certos estudos e cuidados adequados, alcancem uma condição de felicidade. Para Aristóteles (2015), esta não reside nas atividades em si, mas nas ocupações virtuosas da vida.

Assim, podemos constatar que houve pouco progresso teórico na compreensão da felicidade nos últimos dois milênios. Como Kahneman (2012, p. 509) afirma, "a palavra felicidade não possui um significado simples e não deve ser usada como se possuísse. Às vezes o progresso científico nos deixa mais confusos do que estávamos antes".

considerações finais

A propósito do futuro das finanças comportamentais, Richard Thaler (1999) dizia que elas deveriam desaparecer, porque, afinal, que outras finanças haveria além das comportamentais? Portanto, para ele, a expressão *finanças comportamentais*, no futuro, seria redundante: "Assim, estou prevendo o fim da controvérsia e, de fato, o fim das finanças comportamentais. No futuro, os economistas financeiros incorporarão rotineiramente 'tanto comportamento' em seus modelos quanto observam no mundo real. Afinal, fazer o contrário seria irracional" (Thaler, 1999, p. 17, tradução nossa).

O fato de termos nossos vieses e cometermos erros sistemáticos de julgamento não significa afirmar que isso represente a ignorância humana, que sejamos mesmo irracionais. Pelo contrário, trata-se da representação do caráter da inteligência humana, reflexo de limitações e forças que fazem com que possamos elaborar coisas maravilhosas; realizar progressos científicos, como chegar à Lua; construir prédios; inventar uma máquina de ressonância magnética; criar o dinheiro em moeda (papel, plástico e eletrônico);

juntar frango com quiabo e polenta; fazer pudim de leite e cocada com doce de abóbora; utilizar luz elétrica e Wi-Fi; e ler livros.

Já se passaram mais de 20 anos desde a fala de Thaler, e as finanças comportamentais têm conquistado cada vez mais espaço – o autor até recebeu um Nobel de Economia nesse intervalo de tempo.

Nesse sentido, com este livro, esperamos contribuir para aproximar os leitores deste fascinante universo das finanças comportamentais.

Certamente, ainda há um longo caminho para compreendermos melhor como funcionamos, do ponto de vista tanto mental quanto comportamental, bem como os impactos que isso causa em nossa vida, por um prisma econômico-financeiro.

De acordo com Camerer, Loewenstein e Prelec (2005), ainda não existe uma teoria geral de como o cérebro aloca recursos essencialmente fixos – como fluxo sanguíneo e atenção. Um modelo econômico do cérebro poderia ajudar, por exemplo, a compreender conceitos econômicos simples, como mecanismos de racionamento sob escassez e respostas de equilíbrio geral *versus* equilíbrio parcial aos choques econômicos. Isso poderia ajudar os neurocientistas a entender como o cérebro inteiro interage.

As pesquisas em neurociência têm avançado no sentido de nos permitir compreender melhor os processos cognitivos, tanto os elementares quanto as chamadas *funções superiores* – raciocínio, inferência e tomada de decisão. Os neurocientistas cada vez mais se referem ao aparato conceitual de economia como um destilado único de nosso século de reflexão sobre aspectos individuais e estratégicos do comportamento humano.

Sabemos que as normas sociais nos influenciam fortemente. O que as outras pessoas fazem nos indica o que é normal e benéfico, bem como aquilo que corresponde ao comportamento considerado apropriado. Por isso, ainda somos um grande rebanho. Mesmo havendo todo um aparato tecnológico a que podemos recorrer (diferentemente dos animais), ainda somos uma grande manada. Então, por favor, leitor, utilize o "boca a boca" e fale a respeito deste livro para seus amigos.

Certamente, ainda pagamos um alto preço pela nossa falta de conhecimento sobre nós mesmos e também sobre aspectos técnicos, o que pode ser constatado quando assinamos contratos sem entender as cláusulas, investimos sem conhecer os riscos, compramos sem precisar etc. Todos esses erros advêm do contexto em que estamos inseridos e, ainda, do custo psicológico de termos de escolher sabendo que "não existe nenhuma situação plenamente satisfatória sobre a face da Terra; não adianta procurar, não vai encontrar" (Phillips, citado por Ferreira, 2011b, p. 105).

Relato do autor

Trabalhei por muitos anos em uma empresa e sentava-me próximo a uma mulher que "escondia" bombons na gaveta. Toda vez que não tinha ninguém olhando, ela abria a gaveta silenciosamente e pegava um bombom.

Certo dia, perguntei por que ela agia daquela forma, já que os bombons eram dela e ninguém tinha o hábito de lhe pedir nenhum pedaço. Ela me explicou que era porque comia escondido. Então, questionei: "Escondido de quem?". Ela respondeu: "De mim mesma".

O que ela fazia era uma contabilidade mental maleável, pois havia prometido a si mesma e a alguns colegas que não comeria mais tanto chocolate. Contudo, para enganar os colegas, acabava enganando a si mesma, afinal, "se não tem ninguém vendo, eu vou comer e nada vai acontecer".

Assim infringimos nossas próprias leis, nossas contas mentais, para justificar os gastos ou a escapada da dieta, as promessas de *réveillon* não cumpridas, a falta de atividade física, a desatenção com quem amamos, o excesso de gastos etc.

Conforme comentam Dan Ariely e Jeff Kreisler (2019, p. 253), trata-se de "ter uma coexistência pacífica com o dinheiro". Nessa relação, ainda podemos acrescentar as palavras *harmoniosa* e *saudável*, afinal, ele não é a única coisa que importa, porém ele importa para todo mundo.

Quando escrevemos o livro *O inédito viável* (Dias, 2013), baseamo-nos em conceitos de estratégia e fizemos uma proposta de **quatro perspectivas** para as pessoas, que, na medida do possível, devem ser gerenciadas com muita seriedade em suas estratégias de vida: **dinheiro**, afinal, ele importa; **relações sociais**, pois sem amigos a vida parece não fluir; **saúde** física e mental; e, por fim, **desenvolvimento** intelectual e profissional.

Não há uma hierarquia entre essas quatro perspectivas, de modo que não é possível pensar a vida sem considerar a variável dinheiro. O perigo é considerá-la demais e negligenciar as outras, também essenciais.

Por dinheiro, muitas pessoas fazem loucuras e perdem completamente a noção de realidade e temporalidade. Como exemplo, podemos citar os ganhadores de prêmios de loteria que perderam tudo, assim como artistas, atletas e celebridades que, antes, eram milionários, mas hoje estão completamente arruinados, tanto em suas finanças quanto na saúde e em suas relações.

O dinheiro não deveria ser o objetivo de vida de alguém, assim como o lucro não deveria ser para uma empresa. Ele é apenas um meio de troca, um meio para um fim específico. Em resumo, ele é, apenas, fundamental.

Ocorre que, além de fundamental, o dinheiro é tangível e mensurável, bem diferente do propósito e da felicidade, que, apesar de terem características aparentemente desvantajosas, são verdadeiramente essenciais.

Tendemos a concentrar nossas tomadas de decisão apenas no que é fundamental, em vez de olharmos para outras metas mais significativas e essenciais. Lembre-se da lição de Antoine de Saint-Exupéry (2015, p. 72), em *O pequeno príncipe*: "O essencial é invisível aos olhos".

Ao longo dos capítulos, apresentamos citações de renomados filósofos, como Arthur Schopenhauer. Em nossa visão, a obra *O mundo como vontade e representação* é uma das maiores inspirações na investigação do comportamento humano (Schopenhauer, 2001b). A ideia da vontade, a força que nos faz criar o mundo (a representação) como ele é, ao mesmo tempo que nos move, gera angústia por não podermos realizá-la em sua plenitude. Então, como conseguir conciliar isso?

O autor sugere a ideia do puro sujeito do conhecimento, aquele que, despido de paixões e desejos, enxerga o mundo e compreende seu sentido, despe-se da vontade para buscar apenas o conhecimento. Afinal, todo traço de vontade poderia impedir que o conhecimento puro fosse alcançado – uma espécie de viés brotaria em nossa mente e nos turvaria a visão (Schopenhauer, 2001b).

O livro citado foi publicado em 1818, portanto há mais de dois séculos, e nós ainda não conseguimos silenciar a vontade (a qual podemos chamar de *emoções*). Isso porque podemos resistir a tudo, menos às tentações, como ressaltamos nesta obra.

Resistir às tentações não é fácil, quaisquer que sejam elas – de sereias fantasiadas de qualquer personagem moderno que queira levar nosso dinheiro a pequenos pedaços de chocolate em forma de brigadeiro que nos tiram da dieta ou mesmo um belo sofá com almofadas, muito mais sedutor que uma esteira ergométrica.

Contudo, não há outro caminho para avançarmos na compreensão de nós mesmos senão a investigação acerca do porquê da vontade, isto é, das emoções que colorem nossa vida, mas que também nos desviam do que estabelecemos para nós mesmos.

Essa conexão dos estudos sobre emoções no contexto das finanças sempre teve muita relação com a obra de Schopenhauer, a qual constitui uma filosofia prática que compreende a moderação do comportamento do homem como busca da virtude e, portanto, da felicidade. Nas palavras do filósofo, "Todas as virtudes têm como fim a felicidade" (Schopenhauer, 2001b, p. 96). A leitura de Schopenhauer certamente equivale ao passeio que desenvolve nossa autoconsciência emocional, definida por Stein e Book (2011, p. 53, tradução nossa) como a "capacidade de reconhecer seus sentimentos, diferenciar entre eles, saber por que você sente esses sentimentos e reconhecer o impacto que seus sentimentos têm nos outros ao seu redor".

Este livro apresentou um pouco dos estudos que temos produzido, desde a primeira vez que ouvimos a respeito da psicologia econômica, em 2011, quando compreendemos que as finanças pessoais não significavam apenas economizar dinheiro controlando tudo em uma planilha eletrônica. Havia algo maior do que isso: primeiro, a vontade (emoções, desejos e afetos) e, depois, a escassez, estudada na economia.

Assim, aqui buscamos reunir a filosofia de Schopenhauer com as atualizações e os *insights* da psicologia e da economia, ciências que têm se aproximado cada vez mais de modo interessante. As finanças comportamentais representam uma área fascinante, em que podemos estudar o comportamento humano diante do dinheiro, dos desejos, das tentações e da felicidade.

Por isso, estude, busque conhecimento e envolva-se com o tema, mas, se ainda assim restarem coisas sem explicação, a culpa será do acaso, e nós ainda não o conhecemos bem. Nas palavras de Schopenhauer (2001a, p. 40):

> *Refletir ponderadamente sobre alguma coisa antes de realizá-la; porém, uma vez realizada, e sendo previsíveis os seus resultados, não se angustiar com reflexões contínuas a respeito dos seus possíveis perigos. Em vez disso, libertar-se completamente do assunto, manter fechada a gaveta que o contém, tranquilizando-se com a certeza de que tudo foi devidamente analisado a seu tempo. Se, ainda assim, o resultado é negativo, é porque todas as coisas estão submetidas ao acaso e ao equívoco.*

Desse modo, é nosso dever fazer o que está ao nosso alcance, empenhar nossos esforços para buscar aquilo que ainda não temos ou não somos. Isso é o que chamamos de *inédito*. Viabilizá-lo deve ser nossa luta diária em todos os campos da vida – a busca pelo inédito viável. Porém, nunca devemos pensar que tudo sai e sairá como planejamos, porque ainda somos para nós mesmos muito misteriosos, em certos momentos cegos de nossa própria cegueira. Mesmo com todo o avanço das ciências comportamentais, ainda apenas arranhamos a superfície dos porquês de nossas ações. Além disso, somos fruto do contexto em que vivemos e não controlamos todas as variáveis que nos afetam diariamente.

A busca por conhecer essa conexão entre nós mesmos e nossos contextos é a razão pela qual entregamos a você, leitor, mais esta obra.

referências

AANSTAD, J. et al. **People Skills Handbook**: Actions Tips for Improving your Emotional Intelligence. Winston-Salem: SECCA, 2012.

ACHOR, S. Positive Intelligence: Three Ways Individuals can Cultivate their Own Sense of Well-Being and Set Themselves up to Succeed. **Harvard Business Review**, p. 100-102, Jan./Feb. 2012.

AKERLOF, G. A.; SHILLER, R. J. **O espírito animal**: como a psicologia humana impulsiona a economia e a sua importância para o capitalismo global. Tradução de Afonso Celso da Cunha Serra. Rio de Janeiro: Elsevier, 2009.

ANEFAC – Associação Nacional dos Executivos de Finanças, Administração e Contabilidade. **O que é risco comportamental?** Disponível em: <https://www.youtube.com/watch?v=F6vUL3S0BqU>. Acesso em: 5 jan. 2022a.

ANEFAC – Associação Nacional dos Executivos de Finanças, Administração e Contabilidade. **Uma boa mensagem sobre si mesmo**. Disponível em: <https://www.youtube.com/watch?v=XYQ6nhqjL5M>. Acesso em: 5 jan. 2022b.

ARDEM, P. **Não basta ser bom, é preciso querer ser bom**. Tradução de Adalgisa Campos da Silva. Rio de Janeiro: Intrínseca, 2011.

ARIELY, D. **Previsivelmente irracional**: as forças ocultas que formam as nossas decisões. Tradução de Jussara Simões. Rio de Janeiro: Elsevier, 2008.

ARIELY, D.; KREISLER, J. **A psicologia do dinheiro**. Tradução de Ivo Korytowski. Rio de Janeiro: Sextante, 2019.

ARIELY, D.; LOEWENSTEIN, G.; PRELEC, D. Coherent Arbitrariness: Stable Demand Curves without Stable Preferences. **The Quarterly Journal of Economics**, v. 118, n. 1, p. 73-106, Feb. 2003.

ARIELY, D.; LOEWENSTEIN, G. The Heat of the Moment: the Effect of Sexual Arousal on Sexual Decision Making. **Journal of Behavioral Decision Making**, v. 19, p. 87-98, July 2005. Disponível em: <https://onlinelibrary.wiley.com/doi/epdf/10.1002/bdm.501>. Acesso em: 30 jul. 2021.

ARISTÓTELES. **Ética a Nicômaco**. Tradução de Leonel Vallandro e Gerd Bornheim. 4. ed. São Paulo: Nova Cultural, 1991.

ARISTÓTELES. **Retórica**. São Paulo: Folha de S. Paulo, 2015.

ASCH, S. **Social Psychology**. New Jersey: Prentice Hall, 1952.

ASSAF NETO, A. **Mercado financeiro**. 14. ed. São Paulo: Atlas, 2018.

ASSAF NETO, A.; LIMA, F. G. **Curso de administração financeira**. São Paulo: Atlas, 2014.

ASSI, M. 6 golpes financeiros que enganaram milhares de investidores. **Blog do Marcos Assi**, 17 mar. 2017. Disponível em: <https://www.marcosassi.com.br/6-golpes-financeiros-que-enganaram-milhares-de-investidores>. Acesso em: 3 fev. 2022.

A SHORT History of Pshychology for Advertising. **New Design Group**. Disponível em: <https://www.newdesigngroup.ca/blog-categoty/short-history-psychology-advertising/>. Acesso em: 27 jan. 2022.

ÁVILA, F.; BIANCHI, A. M. Prefácio. In: ÁVILA, F.; BIANCHI, A. M. (Org.). **Guia de economia comportamental e experimental**. São Paulo: EconomiaComportamental.org, 2015. p. 14-19. Disponível em: <http://www.economiacomportamental.org/wp-content/uploads/2015/11/guia-economia-comportamental-2-edicao.pdf>. Acesso em: 17 dez. 2021.

BALDWIN, T.; BOMMER, B.; RUBIN, R. **Gerenciando o comportamento organizacional**. 2. ed. Rio de Janeiro: Elsevier, 2015.

BALLA, S. J.; LODGE, M.; PAGE, E. C. **The Oxford Handbook of Classics in Public Policy and Administration**. Oxford: Oxford University Press, 2015.

BANERJEE, A.; DUFLO, E. **Poor Economics**: a Radical Rethinking of the Way to Fight Global Poverty. New York: Public Affairs, 2012.

BANERJEE, A.; DUFLO, E. The Economic Lives of the Poor. **Journal of Economic Perspectives**, v. 21, n. 1, p. 141-167, Winter 2007. Disponível em: <https://pubs.aeaweb.org/doi/pdfplus/10.1257/jep.21.1.141>. Acesso em: 3 jan. 2021.

BANERJEE, A. V.; MULLAINATHAN, S. Limited Attention and Income Distribution. **American Economic Review**, v. 98, n. 2, p. 489-93, May 2008.

BANOV, M. R. **Psicologia no gerenciamento de pessoas**. 4. ed. São Paulo: Atlas, 2015.

BARBERIS, N.; SHLEIFER, A.; VISHNY, R. A Model of Investor Sentiment. **Journal of Financial Economics**, v. 49, n. 3, p. 307-343, Sept. 1998. Disponível em: <https://scholar.harvard.edu/files/shleifer/files/model_invest_sent.pdf>. Acesso em: 2 fev. 2022.

BASS, B. M. **The Bass Handbook of Leadership**: Theory, Research & Managerial Applications. 4. ed. New York: Free Press, 2008.

BAUMEISTER, R. F. et al. Bad Is Stronger than Good. **Review of General Psychology**, v. 5, n. 4, p. 323-370, Dec. 2001.

BELCHIOR. Como nossos pais. Intérprete: Elis Regina. In: REGINA, E. **Falso brilhante**. [S.l.]: Philips Records, 1976. Faixa 1.

BELCHIOR. Coração selvagem. Intérprete: Belchior. In: BELCHIOR. **Belchior**. Rio de Janeiro: WEA, 1977. Faixa 1.

BELSKY, G.; GILOVICH, T. **Proteja seu dinheiro de você mesmo**. São Paulo: Futura, 2002.

BELSKY, G.; GILOVICH, T. **Why Smart People Make Big Money Mistakes**: and How to Correct Them – Lessons from the New Science of Behavioral Economics. New York: Simon & Schuster, 2000.

BENARTZI, S.; HERSHFIELD, H. E. Would You Rather Have $1 Million or $5,000 Monthly in Retirement? **The Wall Street Journal**, 27 Mar. 2017. Disponível em: <https://www.wsj.com/articles/would-you-rather-have-1-million-or-5-000-monthly-in-retirement-1490582208>. Acesso em: 21 dez. 2021.

BETTMAN, J. R.; WEITZ, B. A. Attributions in the Board Room: Causal Reasoning in Corporate Annual Reports. **Administrative Science Quarterly**, v. 28, n. 2, p. 165-183, June 1983.

BHAGAVAD GITA. **A mensagem do mestre**. Tradução de Francisco Valdomiro Lorenz. 22. ed. São Paulo: Pensamento, 2006.

BÍBLIA. Português. **Bíblia Online**. Tradução de Almeida corrigida e revisada, fiel ao texto original. Disponível em: <https://www.bibliaonline.com.br/acf/ >. Acesso em: 4 jan. 2022.

BRADSHAW, T.; BOND, S. Depois da Apple, Amazon alcança US$ 1 trilhão em valor de mercado. **Valor Econômico**, 5 set. 2018. Disponível em: <https://valor.globo.com/empresas/noticia/2018/09/05/depois-da-apple-amazon-alcanca-us-1-trilhao-em-valor-de-mercado.ghtml>. Acesso em: 25 jan. 2022.

BRUNI, A. L.; FAMÁ, R. **As decisões de investimentos**. 4. ed. São Paulo: Atlas, 2017. (Série Desvendando as Finanças).

BUSIS, H. 'Today', 'GMA' on How to Survive a Plane Crash. **EW**, 8 July 2013. Disponível em: <https://ew.com/article/2013/07/08/plane-crash-survival-tips/>. Acesso em: 31 ago. 2021.

CAIN, S. **O poder dos quietos**: como os tímidos e introvertidos podem mudar um mundo que não para de falar. Tradução de Ana Carolina Bento Ribeiro. Rio de Janeiro: Agir, 2012.

CAMARGO, P. de. **Neuromarketing**: a nova pesquisa de comportamento do consumidor. São Paulo: Atlas, 2013.

CAMERER, C.; LOEWENSTEIN, G.; PRELEC, D. Neuroeconomics: How Neuroscience Can Inform Economics. **Journal of Economic Literature**, v. 43, n. 1, p. 9-64, Mar. 2005. Disponível em: <https://authors.library.caltech.edu/22006/2/0022051053737843.pdf>. Acesso em: 27 jan. 2022.

CAMPBELL, J.; MOYERS, B. **O poder do mito**. Tradução de Carlos Felipe Moisés. São Paulo: Palas Athena, 1990.

CAPUTO, V. Com medo de voar? É mais fácil morrer atacado por um cão. **Exame**, 17 mar. 2014. Disponível em: <https://exame.abril.com.br/ciencia/com-medo-de-voar-e-mais-facil-morrer-atacado-por-um-cao/>. Acesso em: 20 jan. 2022.

CARDOSO, J. R. **O fim da guerra dos sexos**. Lisboa: Guerra e Paz, 2007.

CARNEGIE, D. **Como fazer amigos e influenciar pessoas**. Tradução de Fernando Tude de Souza. 52. ed. São Paulo: Companhia Editora Nacional, 2012.

CAZUZA; FREJAT. Maior abandonado. Intérprete: Barão Vermelho. In: BARÃO VERMELHO. **Maior abandonado**. Rio de Janeiro: CBS, 1984. Faixa 1.

CENTRE FOR BHUTAN STUDIES & GNH RESEARCH. **A Compass towards a Just and Harmonious Society**: 2015 GNH Survey Report. Thimphu, Bhutan, 2016. Disponível em: <https://www.bhutanstudies.org.bt/publicationFiles/2015-Survey-Results.pdf>. Acesso em: 8 fev. 2022.

CHAMORRO-PREMUZIC, T. **Why Do So Many Incompetent Men Become Leaders?** (And How to Fix It). Boston: Harvard Business Review, 2019.

CIALDINI, R. B. **As armas da persuasão**. Rio de Janeiro: Sextante, 2012a.

CIALDINI, R. B. **Influence**. 2012b. Palestra proferida no WORLD.MINDS Annual Symposium. Disponível em: <https://www.youtube.com/watch?v=HNxDinw_Kjo>. Acesso em: 27 jan. 2022.

CIALDINI, R. B. **O poder da persuasão**: você pode ser mais influente do que imagina. Tradução de Marcello Lino. Rio de Janeiro: Elsevier; São Paulo: HSM, 2006.

COLLINS, J. **Good to Great**: Why Some Companies Make the Leap… and Others Don't. New York: Harper Business, 2001.

COMO aguçar os 5 sentidos do cliente no supermercado. **Blog APAS Show**, 5 abr. 2018. Disponível em: <http://apasshow.com.br/blog/index.php/2018/04/05/como-agucar-os-5-sentidos-do-cliente-no-supermercado/#.WszkcTTApbc.linkedin>. Acesso em: 27 jan. 2022.

COSTA, M. da. Criptotrambique: golpes de pirâmides financeiras se modernizam. **Veja**, 24 out. 2019. Disponível em: <https://veja.abril.com.br/economia/criptotrambique-golpes-de-piramides-financeiras-se-modernizam>. Acesso em: 3 fev. 2022.

COTIAS, A. Gestoras fazem treinamento 'antiviés' comportamental. **Valor Econômico**, jun. 2019.

COTIAS, A.; SCHINCARIOL, J. Aplicação fora do sistema dá margem a fraude. **Valor Econômico**, 11 mar. 2019. Disponível em: <https://valor.globo.com/financas/noticia/2019/03/11/aplicacao-fora-do-sistema-da-margem-a-fraude.ghtml>. Acesso em: 3 fev. 2022.

CPP GLOBAL. **Human Capital Report**: Workplace Conflict and How Business Can Harness It to Thrive. Jul. 2008.

CRESSEY. D. R. **Other People's Money**: a Study in the Social Psychology of Embezzlement. New York: The Free Press, 1953.

CREDIT SUISSE. **Global Wealth Report 2019**. 2019. Disponível em: <https://www.credit-suisse.com/media/assets/corporate/docs/about-us/research/publications/global-wealth-report-2019-en.pdf>. Acesso em: 30 jul. 2021.

CREDIT SUISSE. **Global Wealth Report 2021**. 2021. Disponível em: <https://www.credit-suisse.com/media/assets/corporate/docs/about-us/research/publications/global-wealth-report-2021-en.pdf>. Acesso em: 20 dez. 2021.

CSIKSZENTMIHALYI, M. **Flow**: the Psychology of Optimal Experience. New York: Harper & Row, 1990.

CVM – Comissão de Valores Mobiliários. **Ofertas/atuações irregulares**. Disponível em: <http://www.cvm.gov.br/menu/investidor/alertas/ofertas_atuacoes_irregulares.html>. Acesso em: 3 fev. 2022.

CVM – Comissão de Valores Mobiliários. **Vieses do consumidor**. Rio de Janeiro, 2017. (Série CVM Comportamental, v. 3). Disponível em: <https://www.investidor.gov.br/portaldoinvestidor/export/sites/portaldoinvestidor/publicacao/Serie-CVMComportamental/CVMComportamental_Vol3_ViesesConsumidor.pdf>. Acesso em: 7 fev. 2022.

CVM – Comissão de Valores Mobiliários. **Vieses do investidor**. Rio de Janeiro, 2015. (Série CVM Comportamental, v. 1). Disponível em: <https://www.investidor.gov.br/portaldoinvestidor/export/sites/portaldoinvestidor/publicacao/Serie-CVMComportamental/CVMComportamental-Vol1-ViesesInvestidor.pdf>. Acesso em: 7 fev. 2022.

CVM – Comissão de Valores Mobiliários. **Vieses do poupador**. Rio de Janeiro, 2016. (Série CVM Comportamental, v. 2). Disponível em: <https://www.investidor.gov.br/portaldoinvestidor/export/sites/portaldoinvestidor/publicacao/Serie-CVMComportamental/CVMComportamental_vol2_ViesesPoupador.pdf>. Acesso em: 7 fev. 2022.

CVM – Comissão de Valores Mobiliários; GET-PE – Grupo de Estudos e Trabalho em Psicologia Econômica. O impacto das emoções na nossa vida financeira e em nossos investimentos. In: SEMANA NACIONAL DE EDUCAÇÃO FINANCEIRA, 2016, São Paulo. 51 slides. Disponível em: <https://pensologoinvisto.cvm.gov.br/wp-content/uploads/2016/06/Apresent-GETPE-Impacto-Emocoes.pdf>. Acesso em: 3 jan. 2022.

DAMASIO, A. R. **Descartes' Error**: Emotion, Reason, and the Human Brain. New York: G. P. Putnam, 1994.

DAMODARAN, A. **Valuation**: como avaliar empresas e escolher as melhores ações. Tradução de Afonso Celso da Cunha Serra. Rio de Janeiro: LTC, 2018.

DARLEY, J. M.; LATANE, B. Bystander Intervention in Emergencies: Diffusion of Responsibility. **Journal of Personality and Social Psychology**, v. 8, n. 4, p. 377-383, 1968.

DEATON, A. **A grande saída**: saúde, riqueza e as origens da desigualdade. Tradução de Marcelo Levy. Rio de Janeiro: Intrínseca, 2017.

DEATON, A. Income, Health, and Well-Being around the World: Evidence from the Gallup World Poll. **Journal of Economic Perspectives**, v. 22, n. 2, p. 53-72, Spring 2008.

DELANEY, L.; LADES, L. Present Bias and Everyday Self-Control Failures. **Stirling Economics Discussion Paper**, Stirling: University of Stirling, 2015. Discussion Paper. Disponível em: <https://dspace.stir.ac.uk/bitstream/1893/24908/1/SEDP-2015-01-Delaney-Lades.pdf>. Acesso em: 29 dez. 2021.

DESCARTES, R. **Discurso do método**. Tradução de Paulo Neves. Porto Alegre: L&PM, 2014.

DEURSEN, F. van. A ciência dos preços. **Superinteressante**, 31 out. 2016. Disponível em: <https://super.abril.com.br/comportamento/a-ciencia-dos-precos/>. Acesso em: 7 fev. 2022.

DIAS, E. W. **O inédito viável em finanças pessoais**: dinheiro caro, filosofia barata. São Paulo: Dlivros, 2016.

DIAS, E. W. **O inédito viável na gestão de pessoas**: reflexões e filosofia prática sobre liderança. São Paulo: Dlivros, 2015.

DIAS, E. W. **O inédito viável**. São Paulo: Dlivros, 2013.

DICKINSON, E. GDP: a Brief History. **Foreign Policy**, 3 Jan. 2011. Disponível em: <https://foreignpolicy.com/2011/01/03/gdp-a-brief-history>. Acesso em: 9 set. 2021.

DIENER, E. Subjective Well-Being. **Psychological Bulletin**, v. 95, n. 3, p. 542-575, 1984.

DOLAN, P. et al. **Mindspace**: Influencing Behaviour throug Public Policy. London: Institute of Government, 2010. Disponível em: <https://www.instituteforgovernment.org.uk/sites/default/files/publications/MINDSPACE.pdf>. Acesso em: 3 fev. 2022.

DOLAN, P. **Happiness by Design**: Finding Pleasure and Purpose in Everyday Life. London: Penguin, 2014.

DOLAN, P.; PEASGOOD, T.; WHITE, M. Do We Really Know What Makes Us Happy? A Review of the Economic Literature on the Factors Associated with Subjective Well-Being. **Journal of Economic Psychology**, v. 29, n. 1, p. 94-122, Feb. 2008.

EASTERLIN, R. A. Does Economic Growth Improve the Human Lot? Some Empirical Evidence. In: DAVID, R.; REDER, R. (Ed.). **Nations and Households in Economic Growth**: Essays in Honor of Moses Abramovitz. New York: Academic Press, 1974. p. 98-125.

ECHENIQUE, M. **A vocação nossa de cada dia**. Belo Horizonte: Nova Acrópole, 2010.

EISENBERGER, N. I.; LIEBERMAN, M. D.; WILLIAMS, K. D. Does Rejection Hurt? An FMRI Study of Social Exclusion. **Science**, v. 302, n. 5643, p. 290-292, 2003.

ELKINGTON, J. **Cannibal with Forks**: the Triple Bottom Line of 21st Century Business. Oxford: Capstone, 1997.

ELLSBERG, D. Risk, Ambiguity and the Savage Axioms. **Quarterly Journal of Economics**, v. 75, n. 4, p. 643-669, Nov.1961.

ENTENDA o que é grau de investimento. **Uol**, 21 dez. 2019. Disponível em: <https://economia.uol.com.br/noticias/redacao/2019/12/21/grau-de-investimento-rating-classificacao-de-risco.htm>. Acesso em: 20 jan. 2022.

EUGENE Fama, Lars Hansen e Robert Shiller levam Nobel de Economia. **G1**, 14 out. 2013. Disponível em: <http://g1.globo.com/economia/noticia/2013/10/eugene-fama-lars-hansen-e-robert-shiller-ganham-nobel-de-economia-2013.html>. Acesso em: 2 fev. 2022.

FALCONI, V. **O verdadeiro poder**: práticas de gestão que conduzem a resultados revolucionários. Nova Lima: INDG Tecnologia, 2009.

FAMA, E. F. Efficient Capital Markets: a Review of Theory and Empirical Work. **Journal of Finance**, v. 25, n. 2, p. 383-417, May 1970.

FERREIRA, V. R. M. **A cabeça do investidor**: conheça suas emoções para investir melhor. São Paulo: Évora, 2011a.

FERREIRA, V. R. M. **Decisões econômicas**: Você já parou para pensar? São Paulo: Évora, 2011b.

FERREIRA, V. R. M. **Psicologia econômica**: como o comportamento econômico influencia nas nossas decisões. Rio de Janeiro: Elsevier, 2008.

FERREIRA, V. R. de M. **Semáforo emocional em tempos de pandemia**. Vera Rita de Mello Ferreira. Coluna do #valorinveste. 23 mar. 2020. Disponível em: <https://www.youtube.com/watch?v=BjiGGttDlAg>. Acesso em: 4 jan. 2022.

FILGUEIRAS, I. Redes sociais e desejo de consumo são os grandes inimigos da saúde financeira, diz guru das finanças comportamentais. **Valor Investe**, 23 jul. 2019. Disponível em: <https://valorinveste.globo.com/objetivo/gastar-bem/noticia/2019/07/23/redes-sociais-e-desejo-de-consumo-sao-os-grandes-inimigos-da-saude-financeira-diz-guru-das-financas-comportamentais.ghtml>. Acesso em: 1º set. 2021.

FILGUEIRAS, M. L. Fusões e aquisições somam US$ 1,5 tri no mundo no semestre. **Valor Econômico**, 26 set. 2019. Disponível em: <https://valor.globo.com/financas/noticia/2019/09/26/fusoes-e-aquisicoes-somam-us-15-tri-no-mundo-no-semestre.ghtml>. Acesso em: 3 fev. 2021.

FISCHER, R.; URY, W.; PATTON, B. **Como chegar ao sim**: como negociar acordos sem fazer concessões. Tradução de Ricardo Vasques Vieira. Rio de Janeiro: Solomon, 2014.

FRANCESCHINI, C. Introdução a finanças comportamentais. In: ÁVILA, F.; BIANCHI, A. M. (Org.). **Guia da economia comportamental**. São Paulo: EconomiaComportamental. org, 2015. p. 157-159. Disponível em: <http://www.economiacomportamental.org/wp-content/uploads/2015/11/guia-economia-comportamental-2-edicao.pdf>. Acesso em: 17 dez. 2021.

FRANKENBERG, L. Quarta capa. In: DIAS, E. W. **O inédito viável**. São Paulo: Dlivros, 2013.

FRANKL, V. **Em busca de sentido**: um psicólogo no campo de concentração. Tradução de Carlos C. Aveline. Porto Alegre: Sulina, 1987.

FREDERICK, S.; LOEWENSTEIN, G. Hedonic Adaptation. In: KAHNEMAN, D.; DIENER, E.; SCHWARZ, N. (Ed.). **Well-Being**: the Foundations of Hedonic Psychology. New York: Russel Sage Foundation, 1999. p. 302-329.

FREIRE, P. **Pedagogia da autonomia**: saberes necessários à prática educativa. 54. ed. Rio de Janeiro: Paz e Terra, 2016.

FREIRE, P. **Pedagogia do oprimido**. 57. ed. Rio de Janeiro: Paz e Terra, 2014.

FRENCH, K. R.; POTERBA, J. M. Investor Diversification and International Equity Markets. **American Economic Review**, v. 81, n. 2, p. 222-226, May 1991. Disponível em: <https://economics.mit.edu/files/19857>. Acesso em: 2 fev. 2022.

FREUD, S. Além do princípio de prazer. In: FREUD, S. **Além do princípio do prazer, Psicologia de grupo e outros trabalhos (1920-1922)**. Rio de Janeiro: Imago, 1996. p. 12-75. (Obras Psicológicas Completas de Sigmund Freud, v. XVIII).

FREUD, S. **Além do princípio do prazer, Psicologia de grupo e outros trabalhos (1925-1926)**. Rio de Janeiro: Imago, 1976a. (Obras Psicológicas Completas de Sigmund Freud, v. XVIII).

FREUD, S. **O ego e o ID e outros trabalhos (1923-1925)**. Rio de Janeiro: Imago, 1976b. (Obras Psicológicas Completas de Sigmund Freud, v. XIX).

FREUD, S. **O futuro de uma ilusão, O mal-estar na civilização e outros trabalhos (1927-1931)**. Rio de Janeiro: Imago, 1976c. (Obras Psicológicas Completas de Sigmund Freud, v. XXI).

FREUD, S. **Psicologia das massas e análise do eu**. Porto Alegre: L&PM, 2013.

FREY, B. S.; STUTZER, A. What Can Economists Learn from Happiness Research? **Journal of Economic Literature**, v. 40, n. 2, p. 402-435, June 2002.

FROMER, M.; ANTUNES, A.; BRITTO, S. Comida. Intérprete: Titãs. In: TITÃS. **Jesus não tem dentes no país dos banguelas**. Rio de Janeiro: WEA, 1987. Faixa 2.

FROMM, E. **Escape from Freedom**. New York: Farrar & Rinehart, 1941.

FURNHAM, A.; ARGYLE, M. **The Psychology of Money**. London: Routledge, 1998.

GARBER, P. M. **Famous First Bubbles**: the Fundamentals of Early Manias. Cambridge: MIT Press, 2000.

GARCIA, M. F. Brasil: 9,4 milhões de crianças vivem na extrema pobreza. **Observatório do Terceiro Setor**, 29 jul. 2019. Disponível em: <https://observatorio3setor.org.br/noticias/brasil-94-milhoes-de-criancas-vivem-na-extrema-pobreza>. Acesso em: 27 jan. 2022.

GIBSON, J. L. et al. **Organizações**: comportamentos, estrutura e processos. 12. ed. São Paulo: McGraw-Hill, 2006.

GNH CENTRE BHUTAN. **History of GNH**. Disponível em: <http://www.gnhcentrebhutan.org/what-is-gnh/history-of-gnh/>. Acesso em: 8 fev. 2022a.

GNH CENTRE BHUTAN. **The 9 Domains of GNH**. Disponível em: <http://www.gnhcentrebhutan.org/what-is-gnh/the-9-domains-of-gnh/>. Acesso em: 8 fev. 2022b.

GOLDSTEIN, D. G.; HERSHFIELD, H. E.; BENARTZI, S. The Illusion of Wealth and Its Reversal. **Journal of Marketing Research**, v. 53, n. 5, p. 804-813, 2016.

GOLEMAN, D. **Inteligência emocional**: a teoria revolucionária que redefine o que é ser inteligente. Tradução de Marcos Santarrita. Rio de Janeiro: Objetiva, 1995.

GOLEMAN, D.; BOYATZIS, R. Social Intelligence and the Biology of Leadership. **Harvard Business Review**, Sept. 2008. Disponível em: <https://hbr.org/2008/09/social-intelligence-and-the-biology-of-leadership>. Acesso em: 28 jan. 2021.

GOLPES e fraudes por e-mail e telefone disparam no Brasil durante a pandemia. **G1**, 14 abr. 2021. Disponível em: <https://g1.globo.com/jornal-nacional/noticia/2021/04/16/golpes-e-fraudes-por-telefone-e-e-mail-disparam-no-brasil-durante-a-pandemia.ghtml>. Acesso em: 3 fev. 2022.

HAM, P. Paul Ham sobre o lançamento de seu livro "O Jovem Hitler". **Veja**, 11 mar. 2020. Entrevista. Disponível em: <https://veja.abril.com.br/cultura/o-jovem-hitler-vai-da-formacao-politica-a-vida-sexual-do-nazista/>. Acesso em: 15 fev. 2022.

HARARI, Y. N. **Sapiens**: uma breve história da humanidade. Tradução de Janaína Marcoantonio. 15. ed. Porto Alegre: L&PM, 2016.

HARFORD, T. 'Se você quer que as pessoas façam algo, facilite'. **Valor Econômico**, 5 ago. 2019. Disponível em: <https://valor.globo.com/financas/noticia/2019/08/05/se-voce-quer-que-as-pessoas-facam-algo-facilite.ghtml>. Acesso em: 4 fev. 2022.

HAUSHOFER, J.; FEHR, E. On the Psychology of Poverty. **Science**, v. 344, n. 6186, p. 862-867, 23 May 2014.

HELLIWELL, J. F.; LAYARD, R.; SACHS, J. D. (Ed.). **World Happiness Report 2019**. New York: Sustainable Development Solutions Network, 2019. Disponível em: <https://worldhappiness.report/ed/2019/>. Acesso em: 7 fev. 2022.

HERSEY, P.; BLANCHARD, K. H. **Psicologia para administradores de empresas**: a utilização de recursos humanos. Tradução de Dante Moreira Leire. 2. ed. São Paulo: EPU, 1977.

HOMERO. **Odisseia**. Tradução de Manoel Odorico Mendes. [S.l.]: eBooksBrasil, 2009.

IDEC – Instituto Brasileiro de Defesa do Consumidor. **8 maneiras de economizar dinheiro no supermercado**, 28 abr. 2011. Disponível em: <https://idec.org.br/consultas/dicas-e-direitos/como-economizar-no-supermercado>. Acesso em: 14 fev. 2022.

IOSCO – International Organization of Securities Commissions; OECD – Organisation for Economic Co-Operation and Development. **The Application of Behavioural Insights to Financial Literacy and Investor Education Programmes and Initiatives**. 2018. Disponível em: < https://www.oecd.org/finance/The-Application-of-Behavioural-Insights-to-Financial-Literacy-and-Investor-Education-Programmes-and-Initiatives.pdf>. Acesso em: 29 dez. 2021.

JAGGER, M.; RICHARDS, K. You Can't Always Get What You Want. Intérprete: The Rolling Stones. In: THE ROLLING STONES. **Let It Bleed**. Londres: Decca, 1969. Faixa 9.

JEVONS, W. S. **A teoria da economia política**. Tradução de Cláudia Laversveiler de Morais. São Paulo: Nova Cultural, 1996. (Coleção Os Economistas).

JUNG, C. G. **O desenvolvimento da personalidade**. 14. ed. Petrópolis: Vozes, 2013.

JUNG, C. G. **Tipos psicológicos**. Tradução de Álvaro Cabral. 2. ed. Rio de Janeiro: Zahar, 1974.

JUNG, M.; KYRILLOS, L. **Comunicar para liderar**: como usar a comunicação para liderar sua empresa, sua equipe e sua carreira. São Paulo: Contexto, 2015.

KAHNEMAN, D. et al. Would You Be Happier If You Were Richer? A Focusing Illusion. **Science**, v. 312, n. 5782, p. 1908-1910, 2006.

KAHNEMAN, D. **Rápido e devagar**: duas formas de pensar. Tradução de Cássio de Arantes Leite. São Paulo: Objetiva, 2012.

KAHNEMAN, D.; DEATON, A. High Income Improves Evaluation of Life But Not Emotional Well-Being. **Proceedings of the National Academy of Science of the USA**, v. 107, n. 38, p. 16489-16493, Aug. 2010.

KAHNEMAN, D.; KRUEGER, A. B. Developments in the Measurement of Subjective Well-Being. **Journal of Economic Perspectives**, v. 20, n. 1, p. 3-24, Winter 2006.

KAHNEMAN, D.; LOVALLO, D. Timid Choices and Bold Forecasts: a Cognitive Perspective on Risk Taking. **Management Science**, v. 39, n. 1, p. 17-31, Jan. 1993.

KAHNEMAN, D.; TVERSKY, A. Prospect Theory: an Analysis of Decision under Risk. **Econometrica**, v. 47, n. 2, p. 263-291, Mar. 1979.

KIRCHLER, E.; HÖLZL, E. Economic Psychology. **International Review of Industrial and Organizational Psychology**, v. 18, p. 29-81, 2003.

KLEINMAN, P. **Tudo o que você precisa saber sobre psicologia**: um livro sobre o estudo da mente humana. Tradução de Leonardo Abramowicz. São Paulo: Gente, 2015.

KNETSCH, J. L. The Endowment Effect and Evidence of Nonreversible Indifference Curves. **American Economic Review**, v. 79, n. 5, p. 1277-1284, 1989.

KNIGHT, F. H. **Risk, Uncertainty and Profit**. Boston/New York: Houghton Mifflin Company/The Riverside Press Cambridge, 1921.

KRINGELBACH, M. L. The Human Orbitofrontal Cortex, Linking Reward to Hedonic Experience. **Nature Reviews Neuroscience**, n. 6, p. 691-702, Sept. 2005.

LAIRD, D. A. How the Consumer Estimates Quality by Subconscious Sensory Impressions. **Journal of Applied Psychology**, v. 16, n. 3, p. 241-246, 1932.

LAMEIRA, A. P.; GAWRYSZEWSKI, L. de G.; PEREIRA JR., A. Neurônios espelho. **Psicologia USP**, São Paulo, v. 17, n. 4, p. 123-133, 2006. Disponível em: <https://www.scielo.br/j/pusp/a/LDNz5B6sgj84PT5PfhJJtmx/?format=pdf&lang=pt>. Acesso em: 28 jan. 2022.

LANDIS, B.; GLADSTONE, J. J. Personality, Income, and Compensatory Consumption: Low-Income Extraverts Spend More on Status. **Psychological Science**, v. 28, n. 10, p. 1518-1520, Aug. 2017. Disponível em: <https://journals.sagepub.com/doi/full/10.1177/0956797617714811>. Acesso em: 29 dez. 2021.

LARGHI, N. Fusões e aquisições têm melhor 1º semestre em oito anos, aponta Anbima. **Valor Econômico**, 12 set. 2018a. Disponível em: <https://valor.globo.com/financas/noticia/2018/09/12/fusoes-e-aquisicoes-tem-melhor-1o-semestre-em-oito-anos-aponta-anbima.ghtml>. Acesso em: 3 fev. 2022.

LARGHI, N. Volume de fusões e aquisições é recorde. **Valor Econômico**, 13 set. 2018b. Disponível em: <https://valor.globo.com/financas/noticia/2018/09/13/volume-de-fusoes-e-aquisicoes-e-recorde.ghtml>. Acesso em: 3 fev. 2022.

LAS CASAS, A. L. **Administração de marketing**. 2. ed. São Paulo: Atlas, 2019.

LEE L.; FREDERICK S.; ARIELY D. Try It, You'll Like It: the Influence of Expectation, Consumption, and Revelation on Preferences for Beer. **Psychological Science**, v. 17, n. 12, p. 1054-1058, Dec. 2006.

LEVAN, J.; MCGRAW, A. Emotional Accounting: How Feelings about Money Influence Consumer Choice. **Journal of Marketing Research**, v. 46, n. 1, p. 66-80, Feb. 2009.

LEWIS, A.; WEBLEY, P.; FURNHAM, A. **The New Economic Mind**: the Social Psychology of Economic Behaviour. London: Harvester; Wheatsheaf, 1995.

LIMA, A.; OURO PRETO, F. Não olhe pra trás. Intérprete: Capital Inicial. In: CAPITAL INICIAL. **Gigante**. [S.l.]: BMG, 2004. Faixa 5.

LOPES, A. "Golpe da festa": a recente armadilha para sequestrar contas do WhatsApp. **Veja**, 31 jan. 2020. Disponível em: <https://veja.abril.com.br/tecnologia/golpe-da-festa-a-recente-armadilha-para-sequestrar-contas-do-whatsapp>. Acesso em: 3 fev. 2022.

LYUBOMIRSKY. S.; KING. L.; DIENER, E. The Benefits of Frequent Positive Affect: Does Happiness Lead to Success? **Psychological Bulletin**, v. 131, n. 6, p. 803-855, 2005.

MACKAY, C. **Ilusões populares e a loucura das massas**. São Paulo: Ediouro, 2001.

MACKERRON, G. Happiness Economics from 35000 Feet. **Journal of Economic Surveys**, v. 26, n. 4, p. 705-735, Sept. 2012.

MANFREDINI, R. J. Tempo perdido. Intérprete: Legião Urbana. In: LEGIÃO URBANA. **Dois**. Rio de Janeiro: EMI, 1986. Faixa 6.

MANFREDINI, R. J.; VILLA LOBOS, E. D.; BONFÁ, M. A. Há tempos. Intérprete: Legião Urbana. In: LEGIÃO URBANA. **As quatro estações**. Rio de Janeiro: EMI, 1989. Faixa 1.

MANI, A. et al. Poverty Impedes Cognitive Function. **Science**, v. 341, n. 6149, p. 976-980, 2013.

MARKOWITZ, H. Portfolio Selection. **The Journal of Finance**, v. 7, n. 1, p. 77-91, Mar. 1952.

MASLOW, A. H. **Motivation and Personality**. New York: Harper & Row, 1954.

MAUSS, M. **Sociologia e antropologia**. Tradução de Paulo Neves. São Paulo: Cosac Naify, 2003.

MAXIMIANO, A. C. A. **Teoria geral da administração**: da revolução urbana à revolução digital. 8. ed. São Paulo: Atlas, 2021.

MEIRELES, C. **Ou isto ou aquilo**. 5. ed. Rio de Janeiro: Nova Fronteira, 1990.

MERCER Research Report: Mitigating Culture Risk to Drive Deal Value. 2021. Disponível em: <https://info.mercer.com/rs/521-DEV-513/images/FRANCE-FINAL%20-%20Mitigating%20Culture%20Risk%20FULL%20Report%202018.pdf>. Acesso em: 3 fev. 2022.

MERTON, R. K. The Self-Fulfilling Prophecy. **The Antioch Review**, v. 8, n. 2, p. 193-210, 1948.

MILL, J. S. **On Liberty**. Connecticut: Yale University Press, 2003.

MILL, J. S. **Utilitarianism**. Londres: Routledge, 2004.

MINTZBERG, H.; AHLSTRAND, B.; LAMPEL, J. **Safari de estratégia**: um roteiro pela selva do planejamento estratégico. Tradução de Lene Belon Ribeiro. Porto Alegre: Bookman, 2010.

MLODINOW, L. **Subliminar**: como o inconsciente influencia nossas vidas. Tradução de Claudio Carina. Rio de Janeiro: Zahar, 2013.

MOREIRA, T.; CAMPOS, Á. Disparada de investimento 'clandestino' desafia CVM. **Valor Econômico**, 1º jul. 2019. Disponível em: <https://valor.globo.com/financas/noticia/2019/07/01/disparada-de-investimento-clandestino-desafia-cvm-1.ghtml>. Acesso em: 3 fev. 2022.

MORIN, E. **Amor, poesia, sabedoria**: epistemologia e sociedade. Tradução de Ana Paula de Viveiros. Lisboa: Instituto Piaget, 1997.

MORIN, E. **Os sete saberes para a educação**: horizontes pedagógicos. Tradução de Ana Paula de Viveiros. Lisboa: Instituto Piaget, 1999.

MULLAINATHAN, S.; SHAFIR, E. **Scarcity**: Why Having Too Little Means So Much. New York: Times Books, 2013.

MURAMATSU, R. Lições da economia comportamental do desenvolvimento e pobreza. In: ÁVILA, F.; BIANCHI, A. M. (Org.). **Guia da economia comportamental**. São Paulo: EconomiaComportamental.org, 2015. p. 157-159. Disponível em: <http://www.economiacomportamental.org/wp-content/uploads/2015/11/guia-economia-comportamental-2-edicao.pdf>. Acesso em: 17 dez. 2021.

NÃO seja o pato em 2009: saiba proteger seu dinheiro. **Veja**, 9 jan. 2009. Disponível em: <https://veja.abril.com.br/brasil/nao-seja-o-pato-em-2009-saiba-proteger-seu-dinheiro/>. Acesso em: 7 fev. 2021.

NBC NEWS. **Tweet**. 2 jan. 2018. Disponível em: <https://twitter.com/NBCNews/status/948357374162726913>. Acesso em: 9 set. 2021.

OBSTFELD, M.; ROGOFF, K. The Six Major Puzzles in International Macroeconomics: Is There a Common Cause? In: BERNANKE, B. S.; ROGOFF, K. (Ed.). **NBER Macroeconomics Annual 2000**. Cambridge: MIT Press, 2001. v. 15. p. 339-412.

O'DONOGHUE, T.; RABIN, M. Doing It Now or Later. **American Economic Review**, v. 89, n. 1, p. 103-124, Mar. 1999.

OINEGUE, E. A alma da opinião pública. **Veja**, 30 jul. 2020. Disponível em: <https://veja.abril.com.br/revista-veja/a-alma-da-opiniao-publica>. Acesso em: 19 jan. 2022.

O LIVRO da economia. Tradução de Carlos S. Mendes Rosa. São Paulo: Globo, 2013.

O LIVRO da psicologia. Tradução de Clara M. Hermeto e Ana Luisa Martins. São Paulo: Globo, 2012.

O QUE É disforia pós-sexo, a tristeza que toma algumas pessoas após o orgasmo. **BBC**, 3 ago. 2018. Disponível em: <https://www.bbc.com/portuguese/geral-45056096>. Acesso em: 17 dez. 2021.

ORTEGA Y GASSET, J. Meditaciones del Quijote. In: ORTEGA Y GASSET, J. **Obras completas**. 7. ed. Madrid: Revista de Occidente, 1966. v. 1. p. 310-400.

OTERO-LÓPEZ, J. M. et al. Materialism, Life-Satisfaction and Addictive Buying: Examining the Causal Relationships. **Personality and Individual Differences**, v. 50, n. 6, p. 772-776, Apr. 2011.

OXFAM. **Tempo de cuidar**: o trabalho de cuidado não remunerado e mal pago e a crise global da desigualdade. jan. 2020. Disponível em: <https://d2v21prk53tg5m.cloudfront.net/wp-content/uploads/2021/04/1579272776200120_Tempo_de_Cuidar_PT-BR_sumario_executivo.pdf>. Acesso em: 20 dez. 2021.

PFEFFER, J. **Leadership BS**: Fixing Workplaces and Careers One Truth at a Time. New York: Harper Business, 2015.

PHILLIPS, D. P. The Influence of Suggestion on Suicide: Substantive and Theoretical Implications of the Werther Effect. **American Sociological Review**, v. 39, n. 3, p. 340-354, June 1974.

PINK, D. **Motivação 3.0**: os novos fatores motivacionais que buscam tanto a realização pessoal quanto profissional. Rio de Janeiro: Elsevier, 2010.

PLATÃO. **A república (ou Da justiça)**. Tradução de Edson Bini. 2. ed. São Paulo: Edipro, 2014.

PLATÃO. **Fedro ou do belo**. Tradução de Edson Bini. São Paulo: Edipro, 2012a.

PLATÃO. **O banquete**. Tradução de Edson Bini. São Paulo: Edipro, 2012b.

PORTER, R. The Language of Quackery in England. In: BURKE, P.; PORTER, R. (Ed.). **The Social History of Language**. Cambridge: Cambridge University Press, 1987.

POUNDSTONE, W. **Priceless**: the Myth of Fair Value (and How to Take Advantage of It). New York: Hill & Wang, 2010.

PRELEC, D.; LOEWENSTEIN, G. The Red and the Black: Mental Accounting of Savings and Debt. **Marketing Science**, v. 17, n. 1, p. 4-28, 1998.

PURSCHE, B. **Do Most Mergers Really Fail?** 2001. Disponível em: <http://firstcalladvisors.com/files/DoMostMergersReallyFail_v6.pdf>. Acesso em: 3 fev. 2022.

READ, D. A ciência comportamental e a tomada de decisão pelo consumidor: algumas questões para os reguladores. In: ÁVILA, F.; BIANCHI, A. (Org.). **Guia da economia comportamental.** São Paulo: EconomiaComportamental.org, 2015. p. 129-135. Disponível em: <http://www.economiacomportamental.org/wp-content/uploads/2015/11/guia-economia-comportamental-2-edicao.pdf>. Acesso em: 17 dez. 2021.

RICK, S.; LOEWENSTEIN, G. Intangibility in Intertemporal Choice. **Philosophical Transaction of the Royal Society Biological Sciences**, v. 363, n. 1511, p. 3813-3824, Oct. 2008. Disponível em: <https://royalsocietypublishing.org/doi/pdf/10.1098/rstb.2008.0150>. Acesso em: 3 jan. 2022.

ROLL, R. The Hubris Hypothesis of Corporate Takeovers. **The Journal of Business**, v. 59, n. 2, p. 197-216, Apr. 1986.

ROSENTHAL, R.; JACOBSON, L. Teacher's Expectancies, Determinants of Pupil's IQ Gains. **Psychological Reports**, v. 19, n. 1, p. 115-118, Aug. 1966.

ROSS, S. A.; WESTERFIELD, R. W.; JAFFE, J. F. **Administração financeira.** Tradução de Antonio Zoratto Sanvicente. São Paulo: Atlas, 1995.

ROZIN, P.; ROYZMAN. E. B. Negativity Bias, Negativity Dominance, and Contagion. **Personality and Social Psychology Review**, v. 5, n. 4, p. 296-320, Nov. 2001.

RUSSEL, B. The Triumph of Society. **Bertrand Russell**: Portal Site for Russellian in Japan. Disponível em: <https://russell-j.com/0583TS.HTM>. Acesso em: 19 jan. 2022.

RYDLEWSKI, C. Quando os sócios sobem ao ringue. **Valor Econômico**, 3 ago. 2018. Disponível em: <https://valor.globo.com/eu-e/noticia/2018/08/03/quando-os-socios-sobem-ao-ringue.ghtml>. Acesso em: 21 dez. 2021.

RYFF, C. D.; KEYES, C. L. M. The Structure of Psychological Well-Being Revisited. **Journal of Personality and Social Psychology**, v. 69, n. 4, p. 719-727, 1995.

SAINT-EXUPÉRY, A. **O pequeno príncipe**. Rio de Janeiro: Agir, 2015.

SAMSON, A. **Behavioral Economics**: an Exercise in Design and Humility. 23 jun. 2015a. Disponível em: <https://www.psychologytoday.com/us/blog/consumed/201506/behavioral-economics-exercise-in-design-and-humility>. Acesso em: 18 ago. 2021.

SAMSON, A. Parte I: Introdução à economia comportamental e experimental. In: ÁVILA, F.; BIANCHI, A. M. (Org.). **Guia de economia comportamental e experimental**. São Paulo: EconomiaComportamental.org, 2015b. p. 26-60. Disponível em: <http://www.economiacomportamental.org/wp-content/uploads/2015/11/guia-economia-comportamental-2-edicao.pdf>. Acesso em: 17 dez. 2021.

SAMSON, A. (Ed.). **The Behavioral Economics Guide 2014**. [S.l.]: [s.n.], 2014.

SAMSON, A. (Ed.). **The Behavioral Economics Guide 2015**. [S.l.]: [s.n.], 2015c. Disponível em: <http://www.behavioraleconomics.com/wp-content/uploads/delight ful-downloads/2015/06/BEGuide2015.pdf>. Acesso em: 17 dez. 2021.

SANDEL, M. J. **Justiça**: o que é fazer a coisa certa. Tradução de Heloísa Matias e Maria Alice Máximo. 12. ed. Rio de Janeiro: Civilização Brasileira, 2013.

SANDRONI, P. **Novo dicionário de economia**. 4. ed. São Paulo: Best Seller, 1994.

SCARAMUZZO, M. Ofertas de ações turbinam a temporada de aquisições. **Valor Econômico**, 17 ago. 2021. Disponível em: <https://valor.globo.com/impresso/noticia/2021/08/17/ofertas-de-acoes-turbinam-a-temporada-de-aquisicoes.ghtml>. Acesso em: 3 fev. 2022.

SCHOPENHAUER, A. **A arte de ser feliz**: exposta em 50 máximas. Tradução de Marion Fleischer, Eduardo Brandão e Karina Jannini. São Paulo: M. Fontes, 2001a.

SCHOPENHAUER, A. **Aforismos sobre a sabedoria de vida**. Tradução de Jair Barbosa. São Paulo: Folha de S. Paulo, 2015.

SCHOPENHAUER, A. **O mundo como vontade e representação**. Tradução de M. F. Sá Correia. Rio de Janeiro: Contraponto, 2001b.

SCHWAB. K.; VANHAM, P. **Stakeholder Capitalism**: a Global Economy that Works for Progress, People and Planet. Hoboken: John Wiley & Sons, 2021.

SCHUMPETER, J. A. **Capitalism, Socialism & Democracy**. London: Routledge, 2003.

SEBRAE – Serviço de Apoio às Micro e Pequenas Empresas. **Sobrevivência das empresas no Brasil**. Brasília: Sebrae, 2016. Disponível em: <https://www.sebrae.com.br/Sebrae/Portal%20Sebrae/Anexos/sobrevivencia-das-empresas-no-brasil-102016.pdf>. Acesso em: 31 ago. 2021.

SEGAL, U. The Ellsberg Paradox and Risk Aversion: an Anticipated Utility Approach. **International Economic Review**, v. 28, n. 1, p. 175-202, Feb. 1987.

SELIGMAN, M. **Felicidade autêntica**: usando a nova psicologia positiva para realização permanente. Tradução de Neuza Capelo. Rio de Janeiro: Objetiva, 2004.

SEWELL, M. **Behavioural Finance**. Feb. 2007. Disponível em: <http://www.behaviouralfinance.net/behavioural-finance.pdf>. Acesso em: 20 dez. 2021.

SHAFIR, E.; DIAMOND, P.; TVERSKY, A. Money Illusion. **Quarterly Journal of Economics**, v. 112, n. 2, p. 341-374, May 1997.

SHAKESPEARE, W. **Macbeth**. [S.l.]: ebooksBrasil.com, 2000.

SHAKESPEARE, W. **The Tragedy of Hamlet, Prince of Denmark**. Disponível em: <https://www.w3.org/People/maxf/XSLideMaker/hamlet.pdf>. Acesso em: 4 fev. 2022.

SHEFRIN, H. **Beyond Greed and Fear**: Understanding Behavioral Finance and The Psychology of Investing. Oxford: Oxford University Press, 2002.

SHEPPERD, J. A. et al. Exploring the Causes of Comparative Optimism. **Psychologica Belgica**, v. 42, m. 1-2, p. 65-98, 2002. Disponível em: <https://www.psychologicabelgica.com/articles/abstract/10.5334/pb.986/>. Acesso em: 2 fev. 2022.

SHILLER, R. J. **Exuberância irracional**. São Paulo: Makron Books, 2000.

SILBOR, F. Lições de Peter Drucker. **Administradores.com**, 7 jun. 2020. Disponível em: <https://administradores.com.br/artigos/licoes-de-peter-drucker>. Acesso em: 20 jan. 2022.

SILVA, C. R. L.; LUIZ, S. **Economia e mercados**: introdução à economia. 11. ed. São Paulo: Saraiva, 1993.

SIMON, H. A. **Administrative Behavior**: a Study of Decision Making Processes in Administration Organizations. 4. ed. New York: The Free Press, 1997.

SIMON, H. A. Rational Decision Making in Business Organizations. **The American Economic Review**, v. 69, n. 4, p. 493-513, Sept. 1979.

SIMONS, D. J.; CHABRIS, C. F. Gorillas in Our Midst: Sustained Inattentional Blindness for Dynamic Events. **Perception**, v. 28, n. 9, p. 1059-1074, 1999.

SMITH, A. **A riqueza das nações**: investigação sobre sua natureza e suas causas. Tradução de Luiz João Baraúna. São Paulo: Nova Cultural, 1996. v. 1. (Coleção Os Economistas).

SMITH, A. **Teoria dos sentimentos morais ou ensaio para uma análise dos princípios pelos quais os homens naturalmente julgam a conduta e o caráter, primeiro de seus próximos, depois de si mesmos**: acrescida de uma dissertação sobre a origem das línguas. Tradução de Lya Luft. 2. ed. São Paulo: M. Fontes, 2015.

SPM – Sociedade Portuguesa de Matemática. Frase do matemático Isaac Newton "o que sabemos é uma gota, o que ignoramos é um oceano". **Clube de Matemática**, 6 jan. 2019. Disponível em: <https://clube.spm.pt/news/frase-do-matemtico-do-isaac-newton-o-que-sabemos-uma-gota-o-que-ignoramos-um-oceano>. Acesso em: 19 jan. 2022.

SROUR, R. H. **Casos de ética empresarial**: chaves para entender e decidir. 2. ed. Rio de Janeiro: Elsevier, 2014.

STEIN, S. J.; BOOK, H. E. **The EQ Edge**: Emotional Intelligence and Your Success. 3. ed. Hoboken: Jossey-Bass, 2011.

STIGLITZ, J. E.; SEN, A.; FITOUSSI, J.-P. **Mismeasuring Our Lives**: Why GDP Doesn't Add up – The Report by the Commission on the Measurement of Economic Performance and Social Progress. New York: The New Press, 2010.

SUASSUNA, A. **Palestra proferida no Sindicato dos Professores de São Paulo**. 29 set. 2011. Disponível em: <https://www.youtube.com/watch?v=HuRc-UVxIbk>. Acesso em: 20 jan. 2022.

SUNSTEIN, C. R. Nudging: a Very Short Guide. **Journal of Consumer Policy**, v. 37, p. 583-588, 2014.

TALEB, N. N. **A lógica do cisne negro**: o impacto do altamente improvável. Tradução de Marcelo Schild. 6. ed. Rio de Janeiro: Best Seller, 2012.

TALEB, N. N. **Antifrágil**. Tradução de Eduardo Rieche. Rio de Janeiro: Best Business, 2014.

THALER, R. H. **Advances in Behavioral Finance**. New York: Russell Sage Foundation, 1993. v. 1.

THALER, R. O Estado evoluído. **Veja**, 27 mar. 2019. Entrevista.

THALER, R. H. **Misbehaving**: the Making of Behavioral Economics. New York: W. W. Norton & Co., 2015.

THALER, R. H. The End of Behavioral Finance. **Financial Analysts Journal**, v. 55, n. 6, p. 12-17, Nov./Dec. 1999.

THALER, R.; SUNSTEIN, C. **Nudge**: Improving Decisions about Health, Wealth, and Happiness. New Haven: Yale University Press, 2008.

THORNHILL, J. Uber, Lyft, Pinterest e Airbnb impressionam, mas não dão lucro. **Valor Econômico**, 9 abr. 2019. Disponível em: <https://www.valor.com.br/empresas/6203343/uber-lyft-pinterest-e-airbnb-impressionam-mas-nao-dao-lucro>. Acesso em: 15 fev. 2022.

TOLEDO, C. Por que elegemos idiotas? **Exame**, 26 mar. 2018. Disponível em: <https://exame.com/blog/celso-toledo/por-que-elegemos-idiotas/>. Acesso em: 28 jan. 2022.

TVERSKY, A.; KAHNEMAN, D. Belief in the Law of Small Numbers. **Psychological Bulletin**, v. 76, n. 2, 105-110, 1971.

TVERSKY, A.; KAHNEMAN, D. Judgment under Uncertainty: Heuristics and Biases. **Science**, v. 185, n. 4.157, p. 1124-1131, 1974.

UBER Announces Results for Fourth Quarter and Full Year 2020. **Uber Investor**, 20 fev. 2021. Disponível em: <https://investor.uber.com/news-events/news/press-release details/2021/Uber-Announces-Results-for-Fourth-Quarter-and-Full-Year-2020/default.aspx>. Acesso em: 25 jan. 2022.

USA – United States of America. **Declaration of Independence**. Philadelphia, 1776. National Archives. Disponível em: <https://www.archives.gov/founding-docs/declaration-transcript>. Acesso em: 7 fev. 2022.

VASCONCELOS, G. S. **IFRS e a divulgação das medidas de desempenho não-GAAP "EBITDA" e "EBITDA" ajustado no cenário corporativo brasileiro**. 151 f. Dissertação (Mestrado em Ciências) – Universidade de São Paulo, São Paulo, 2017. Disponível em: <https://www.teses.usp.br/teses/disponiveis/12/12136/tde-20022018-173154/publico/CorrigidaGabriela.pdf>. Acesso em: 25 jan. 2022.

VELLOSO, A.; MATTOS, V.; DINOEL. Lenda das sereias, rainha do mar. Intérprete: Marisa Monte. In: MONTE, M. **MM Ao Vivo**. Rio de Janeiro: EMI, 1989. Faixa 8.

VIDALE, G. Vale mais do que pesa. **Veja**, ed. 2734, ano 54, n. 15, p. 76-77, 21 abr. 2021.

VOSOUGHI, S.; ROY, D.; ARAL, S. The Spread of True and False News Online. **Science**, v. 359, n. 6380, p. 1146-1151, 9 Mar. 2018. Disponível em: <https://www.science.org/doi/10.1126/science.aap9559>. Acesso em: 19 jan. 2022.

VRIES, M. F. R. K. de; CHEAK. A. Psychodynamic Approach. In: NORTHOUSE, P. G. L. **Leadership**: Theory and Practice. 7. ed. Thousand Oaks: Sage, 2016. p. 295-327.

VRIES, M. K. **Reflexões sobre caráter e liderança**. Tradução de Ayresnede Casarin Rocha. Porto Alegre: Bookman, 2010

VOLTAIRE. **Tratado sobre a tolerância**. Tradução de Antonio Geraldo da Silva. São Paulo: Lafonte, 2017.

WARBURTON, N. **Uma breve história da filosofia**. Tradução de Rogério Bettoni. Porto Alegre: L&PM, 2015.

WEBER, M. **Economia e sociedade**: fundamentos da sociedade compreensiva. Tradução de Regis Barbosa e Karen E. Barbosa. 4. ed. Brasília: Ed. da UnB, 2012. v. 1.

WEIL, P.; TOMPAKOW, R. **O corpo fala**: a linguagem silenciosa da comunicação não verbal. 72. ed. Petrópolis: Vozes, 2013.

WEST, L. J.; MARTIN, P. R. Pseudo-Identity and the Treatment of Personality Change in Victims of Captivity and Cults. **Cultic Studies Journal**, v. 13, n. 2, p. 125-152, 1996.

WILSON, W. Correlates of Avowed Happiness. **Psychological Bulletin**, v. 67, n. 4, p. 294-306, 1967.

ZAK, P. J. **The Trust Factor**: the Science of Creating High-Performance Companies. New York: Amacom, 2017.

ZIMERMAN, D. E. **Bion**: da teoria à prática – uma leitura didática. 2. ed. Porto Alegre: Artmed, 2008.

sobre o autor

Emerson Weslei Dias é doutorando em Ciências Sociais pela Universidade Presbiteriana Mackenzie; mestre em Administração – Gestão de Negócios pela Fundação Instituto de Administração/Universidade de São Paulo (FIA/USP), com dissertação na área de liderança; MBA Internacional em Gestão Estratégica de Pessoas pela Fundação Getulio Vargas (FGV) e em Empreendedorismo pelo Babson College, nos Estados Unidos; bacharel em Ciências Contábeis pela Faculdade de Ciências Econômicas e Administrativas de Osasco (Feao); pós-graduado em Controladoria pela Trevisan; e especialista em Psicologia Econômica pela Fundação Instituto de Pesquisas Contábeis, Atuariais e Financeiras (Fipecafi), em Psicologia no Ambiente Organizacional pela FIA e em Direito Societário e Tributário pela Associação Paulista de Estudos Tributários (Apet).

Tem certificações internacionais para a aplicação de instrumentos psicométricos e *assessments* como MBTI® (tipos psicológicos), EQ-i (inteligência emocional) e BIRKMAN (carreira). É autor de quatro livros: *Carreira: a essência sobre a forma*, *O inédito viável*, *O inédito viável na gestão de pessoas: reflexões e filosofia prática sobre liderança* e *O inédito viável em finanças pessoais: dinheiro caro, filosofia barata*, além de coautor das obras *Coaching: a hora da virada* e *Manual completo de empreendedorismo*. Atua como consultor independente de negócios e carreira. É também professor dos cursos de graduação, pós-graduação e executivos da Fipecafi, lecionando sobre temáticas como contabilidade, administração, ética, *compliance*, liderança, gestão de pessoas e finanças comportamentais; professor dos MBAs da FIA Business School, lecionando ética empresarial e gestão de talentos; e professor convidado do Insper no MBA Executivo. Ainda, foi professor do MBA da Universidade Municipal de São Caetano do Sul (USCS) e da Universidade São Judas Tadeu (USJT), nos temas de finanças comportamentais e gestão de pessoas.

É colunista na Rádio Trianon, vice-presidente de Capital Humano da Associação Nacional dos Executivos de Finanças, Administração e Contabilidade (Anefac) e membro da Comissão de Educação Profissional Continuada do Conselho Regional de Contabilidade do Estado de São Paulo (CRCSP).

Como executivo, foi diretor, *senior controller* e gerente em grandes empresas multinacionais. Tem presença constante na mídia comentando assuntos relativos a aspectos de carreira, comportamento e dinheiro.

Os papéis utilizados neste livro, certificados por instituições ambientais competentes, são recicláveis, provenientes de fontes renováveis e, portanto, um meio responsável e natural de informação e conhecimento.

FSC
www.fsc.org
MISTO
Papel produzido a partir de fontes responsáveis
FSC® C103535

Impressão: Reproset
Março/2023